自治体の実例でわかる

マイナンバー条例対応の実務

地域情報プラットフォーム活用から
特定個人情報保護評価まで

弁護士 水町雅子 ◇編著　APPLIC（一般財団法人 全国地域情報化推進協会）◇協力

学陽書房

推薦のことば

　私ども一般財団法人　全国地域情報化推進協会（以下、「APPLIC」という）は、平成18年5月に設立されましたが、以来、地域情報化施策の総合的な推進を図り、多彩なICT利活用による高付加価値ICTサービスを享受できる地域社会の構築を目指し、自治体と民間企業によるオープンな共同作業、国の施策との有機的な連携のもと、様々な活動を行っております。

　なかでも、地方公共団体の情報システムの抜本的改革のため、地域における多数の情報システムをオープンに連携させる基盤である地域情報プラットフォーム（以下、「地プラ」という）の構築を進め、その標準仕様を公開し、導入を推進してまいりました。

　地プラでは、自治体の基幹的な業務である、住民基本台帳、印鑑登録、固定資産税、国民健康保険、国民年金、生活保護など26業務について標準仕様が策定されており、ワンストップサービス連携の実現、住民の利便性向上、職員の業務効率化などに役立てていただいています。

　この標準仕様については、これまで、税法の改正や、児童手当・外国人登録といった制度改正に対応すべく、その都度、マイナーバージョンアップを図ってきていますが、平成27年度には、番号制度に対応するためのメジャーバージョンアップを図り、地プラVer.3を策定しました。

　これを機にAPPLICでは、平成28年5月から全国各地で当協会のベンダーや自治体の皆様を対象に講習会を開催し、地プラVer.3についてご説明させていただくとともに、自治体での番号制度対応に係るシステム改修や条例の整備等の実施に際して、地プラを有効に活用していただくことを目的に講習会を開催してきました。

　また、これに引き続き、本書の著者である水町雅子弁護士とご賛同いただいた4つの自治体にご参画いただき、地プラVer.3を活用した業務分析を行い、条例改正につなげていく手法について研究会を開催してまいりました。本書では、研究会において考案された業務別連携シートを活用した業務分析の手法が具体的に紹介されております。これにより庁内における複雑な情報

連携が体系的に整理され、マイナポータルの導入や今後のシステム改修、制度変更に伴う条例の改正などの基礎資料になると思います。

　いうまでもなく、番号制度では、「行政の効率化」、「国民の利便性の向上」が期待されておりますが、地域の皆さんの目線で見ると、「自分が予期できない利用は制限されている」という安心感が制度の根幹になっております。

　そういう意味で、本書は、番号制度に係る地域の皆さんの信頼を得るためにも正確に行うべき情報連携について分かりやすく記述いただいており、大変なご苦労をされていらっしゃる自治体の皆様に大いに役立つと思いますので、ここにご推薦申し上げます。

　平成29年1月

一般財団法人　全国地域情報化推進協会
理事長　有冨　寛一郎

はしがき

　本書では、自治体の職員の方へ向けて、番号制度に対応した条例整備・運用の道すじを示した。

　自治体にとって特に喫緊の課題は、条例整備・運用をめぐる問題である。条例が正確に整備されることなく事務処理がなされたならば、当該事務処理が違法であったり、プライバシー権を侵害するものと判断されるおそれもある。自治体の事務は、法律・条例に基づくことが大前提であり、正しい条例はまずもってクリアしなければならない課題である。特に、自治体の内部で特定個人情報を共有することは、全自治体で想定されるものの、そのために必要な条例がいまだ精査されていない自治体も多い。

　筆者はこれまで微力ながら、各自治体の条例制定支援を行ってきており、条例案についても別書（『施行令完全対応　自治体職員のための番号法解説［実務編］』（第一法規、2014年）で公表してきた。しかし自治体からは、条例案そのものよりも、むしろ別表部分、すなわち、自団体における庁内連携の網羅的把握が課題であるという意見を多数頂戴した。

　筆者は自治体実務を実際に遂行したことがないため、この点に関する助言を行うことがこれまでは困難であったが、一般財団法人　全国地域情報化推進協会（以下、「APPLIC」という）の地域情報プラットフォーム（以下、「地プラ」という）との出会いを経て、地プラを活用することで、多くの地方公共団体において課題となっている問題を解消できるのではないかと考えるようになった。

　地プラとは、様々な電子情報のやりとり（システム連携）等を可能にするために定めた、業務面や技術面のルール（標準仕様）のことである。これを自治体の方が業務に取り入れることで、業務・システムの効率化が期待できる。

　実際に、4つの自治体（宮崎県小林市、福島県白河市、高知県南国市、茨城県つくば市）において、APPLICの協力を得て、地プラを活用した条例整備を行うことができた。

そこで本書では、APPLICと4団体において実践した、地プラを活用することで番号制度対応条例を効率的かつ正確に制定する手法について詳しく解説していきたい。地プラを基に作成した「地プラ連携確認シート」を使って現状を見える化する手法である。地プラ連携確認シートは大部に渡るため本書にそのすべてを掲載することはしていないが、Webサイトからすべてをダウンロードできる。

　また、番号制度をめぐる課題は条例制定のみではなく、地プラ等を活用することで、そのほかの課題解決にもつながるものと考えられる。そのため、条例制定以外の課題についても、紙幅の許す限り、本書で解説していきたい。特に、特定個人情報保護評価（PIA）をめぐっては、複雑・難解な評価書が多数公表され、特定個人情報保護評価を一体何のために実施するのかわからない状況も散見される。筆者が審査委員会を務める茨城県つくば市をはじめとした自治体の実例をベースに、わかりやすい特定個人情報保護評価の作成についても解説していきたい。

　なお、番号法の改正は段階的に行われるが、本書の記述においてはすべての規定が施行された段階での条文番号を用いることとした。

　小職と自治体の実際の作業結果を書籍とすることで、他の自治体の参考となれば大変幸甚である。

　番号制度が個人、そして自治体にとって真に役立つ制度になることを心より願って。

平成29年1月

弁護士　水町雅子

目次

自治体の実例でわかるマイナンバー条例対応の実務
～地域情報プラットフォーム活用から特定個人情報保護評価まで～

推薦のことば……………………………………………………………2
はしがき…………………………………………………………………4
凡例………………………………………………………………………15
本書の見かた……………………………………………………………16

第1編　これからのマイナンバー実務に必要なことは何か

第1章　番号制度を適法に遂行し効果的に活用する

1. 適法な番号制度対応を持続することが必要……………………18
2. どのような条例整備が必要か……………………………………19
   - (1) 番号制度対応として義務付けられる条例改正等…………19
   - (2) 法律・条例の関係性を正しく把握する……………………20
   - (3) 個人番号の利活用は庁内連携条例がカギ…………………21
   - (4) 法改正を自治体事務に反映する必要性……………………21
3. これからの番号制度のためのICTシステムの事務・運用……22
   - (1) ICTシステムにはメンテナンスが欠かせない……………22
   - (2) ICTシステムと法律・条例対応は切り離せない…………22
4. 番号制度・ICTシステムは事務処理を効率化するツール……23

- （1）番号制度・ICTシステムを活用するという視点 ……………… 23
- （2）番号制度の効果——対象者特定 ……………………………… 24
- （3）番号制度の効果——情報連携 ………………………………… 25
- （4）番号制度の効果——国民の利便性向上 ……………………… 27
- （5）ICTシステムによる正確性・効率性の向上 ………………… 27
- （6）番号制度・ICTシステムを活用するという視点 ……………… 28

5 特定個人情報評価の再評価の活用 …………………………………… 29

- （1）特定個人情報保護評価の再評価のタイミング ……………… 29
- （2）特定個人情報保護評価の効果①
  ——コンプライアンスの促進 ………………………………… 29
- （3）特定個人情報保護評価の効果②
  ——ICTシステムの把握とリスク対策が可能に ……………… 30
- （4）特定個人情報保護評価の効果③
  ——市民への説明責任を果たせる ……………………………… 30
- （5）特定個人情報保護評価を活用するという視点 ……………… 31
- （6）計画管理書の活用 ……………………………………………… 32

6 番号制度対応への地域情報プラットフォームの活用 …… 32

- （1）地域情報プラットフォーム活用の意義 ……………………… 32
- （2）地プラとは ……………………………………………………… 33

第2章 先進事例でわかる 保護をめぐるマイナンバー条例の運用

1 特定個人情報保護にかかる条例の運用のポイント ……… 36

- （1）なぜ条例整備が必要となるのか？ …………………………… 36
- （2）条例改正でも新設でもどちらでもOK ………………………… 37

2 先進の自治体条例からみる逐条解説 ······················· 38
　（1）特則が定められているかがポイント ····················· 38
　（2）鹿屋市個人情報保護条例にみる番号法の適用関係 ········· 38

3 条例改正を行わないための方法・政策はあるのか？ ······· 67

第3章　先進事例でわかる利活用をめぐるマイナンバー条例の整備

1 マイナンバー利活用のための独自事務条例 ················ 70
　（1）さまざまな独自事務条例の例 ··························· 70
　（2）独自事務条例で法定の範囲を超えた利活用が可能に ······· 70

2 庁内連携条例整備のポイント ··························· 73
　（1）庁内連携条例の整備は全自治体で必須 ··················· 73
　（2）不充分な庁内連携条例になっていないか？ ··············· 77
　（3）現実に合わせた庁内連携条例が必要 ····················· 78
　（4）庁内連携条例が必須な場合・そうではない場合 ··········· 79
　（5）宛名番号で連携しても庁内連携条例は必要 ··············· 80
　（6）事務で個人番号を直接保有しなくても庁内連携条例は必要 ··· 82
　（7）書面・口頭・システム等方法の別を問わず
　　　 庁内連携条例は必要 ································· 82
　（8）庁内連携をめぐる他の解釈 ····························· 82

3 団体内他機関連携条例の整備のポイント ················· 83
　（1）同一自治体内の他機関の連携が可能に ··················· 83
　（2）東京都港区の団体内他機関連携条例の例 ················· 85

（3）団体内他機関連携・庁内連携の関係 ·· 85

4　マイナンバーカード活用条例 ··· 85

　　（1）全自治体が制定する必要はない ·· 85
　　（2）全国のマイナンバーカード活用条例の例 ··································· 86

第4章　わかりやすい特定個人情報保護評価書をつくる方法

1　特定個人情報保護の運用・改善のポイント ······································· 88

　　（1）特定個人情報保護評価の現状と理念 ·· 88
　　（2）特定個人情報保護評価をもっと理解するために ························· 89
　　（3）茨城県つくば市の実例 ·· 89

2　特定個人情報保護評価書の作成のポイント ······································ 90

　　（1）どのような事務か説明する ··· 90
　　（2）特定個人情報をどのように取り扱うか説明する ························· 95
　　（3）委託について説明する ·· 100
　　（4）目的外入手リスク対策について説明する ································· 101
　　（5）過剰紐づけリスク対策について説明する ································· 105
　　（6）無権限者使用リスク対策について説明する ····························· 108
　　（7）委託先の不正リスク対策について説明する ····························· 111
　　（8）不正提供・不正移転リスク対策について説明する ··················· 116
　　（9）情報提供ネットワークシステムによる
　　　　不正リスク対策について説明する ·· 119
　　（10）開示請求・問合せについて説明する ······································ 124
　　（11）評価書の構成 ·· 125
　　（12）評価書の全体構成 ··· 126

3 特定個人情報保護評価書の効果 ……………………………… 128

（1）情報保護に関する自治体のアピールになる ……………… 128
（2）職員研修にもなり職員意識の向上につながる …………… 129

4 充実した特定個人情報保護評価が求められる ……………… 129

第5章 条例の精査・改正対応のために行うべきこと

1 事務の洗い出しが必須 …………………………………………… 132

2 照会を容易にする地プラの活用 ……………………………… 133

（1）地プラをベースにした照会 ……………………………… 133
（2）地プラをベースにした照会のメリット ………………… 134

3 照会方法 …………………………………………………………… 136

4 条例精査だけではない地プラの活用 ………………………… 137

（1）法改正対応 ………………………………………………… 137
（2）システム改修・刷新対応 ………………………………… 138
（3）特定個人情報保護評価対応 ……………………………… 139
（4）地プラ連携確認シートの維持の重要性 ………………… 139

第6章 今後のICTシステム・実務運用のポイント

1 これまで以上に強固な情報ガバナンスの必要性 ……… 142
  (1) 特定個人情報の保護という新たな命題 ……… 142
  (2) 特定個人情報に対する安全管理措置という取組み ……… 144
  (3) 技術的な整備と条例との整合性という困難 ……… 145
  (4) 情報ガバナンスの強化と現状の可視化 ……… 148

2 法改正対応のポイント ……… 149
  (1) 法改正の影響 ……… 149
  (2) 別表第一事務の増減 ……… 150
  (3) 別表第二事務の増減 ……… 152
  (4) 法改正対応に必要となる現状の可視化 ……… 153

3 全庁システムを見すえたシステム改修への対応 ……… 154
  (1) システム観点での特定個人情報庁内連携 ……… 154
  (2) 実運用の外見だけではわからない世界 ……… 155
  (3) ブラックボックスでよいのか ……… 157
  (4) ベンダーとの協力体制 ……… 158

4 情報ガバナンス強化と可視化の責任 ……… 160
  (1) イザというときのための現状の把握と可視化を ……… 160
  (2) たんなる番号制度導入にとどまらないために ……… 161

第2編　実務対応

第1章　地域情報プラットフォームの活用で現状を可視化する

1 地域情報プラットフォームとは ……164
- （1）地プラの概要……165
- （2）デファクトスタンダードといえる地プラ……165
- （3）地プラで標準化されている事項……166
- （4）地プラと現状調査の関係……169

2 地プラを活用した現状調査 ……170
- （1）現状調査の必要性……170
- （2）地プラ連携確認シート……171
- （3）地プラ連携確認シートの記入項目……172
- （4）具体例での説明……176
- （5）調査の流れ……177

第2章　自治体における地プラの活用事例

- ケース1　宮崎県小林市……184
- ケース2　福島県白河市……191
- ケース3　高知県南国市……195
- ケース4　茨城県つくば市……206

資料編

地プラ連携確認シートのダウンロードについて……216

巻末資料

- ◆原課照会依頼書例……………………………………………217
- ◆地プラ連携確認シートの実例………………………………224
  - ①児童手当の例　Ａ市／Ｂ市／Ｃ市……………………224
  - ②児童扶養手当の例　Ａ市／Ｂ市／Ｃ市………………234
- ◆参考条例・規則
  - ・小林市行政手続における特定の個人を識別するための番号の利用等に関する法律に基づく個人番号の利用及び特定個人情報の提供に関する条例……………………………256
  - ・小林市行政手続における特定の個人を識別するための番号の利用等に関する法律に基づく個人番号の利用及び特定個人情報の提供に関する条例施行規則…………………262
  - ・白河市個人番号の利用及び特定個人情報の提供に関する条例………………………………………………………272
  - ・白河市個人番号の利用及び特定個人情報の提供に関する条例施行規則…………………………………………276
  - ・（南国市）行政手続における特定の個人を識別するための番号の利用等に関する法律に基づく個人番号の利用及び特定個人情報の提供に関する条例………………………282
  - ・（南国市）行政手続における特定の個人を識別するための番号の利用等に関する法律に基づく個人番号の利用及び特定個人情報の提供に関する条例施行規則…………286

・つくば市個人番号の利用及び特定個人情報の提供に関する条例 …………………………………………………………………………291
・つくば市個人番号の利用及び特定個人情報の提供に関する条例施行規則 ……………………………………………………………296

事項索引……………………………………………………………………305
おわりに……………………………………………………………………307
執筆者紹介…………………………………………………………………308

凡例

番号法	行政手続における特定の個人を識別するための番号の利用等に関する法律
番号法施行令	行政手続における特定の個人を識別するための番号の利用等に関する法律施行令
番号法施行規則	行政手続における特定の個人を識別するための番号の利用等に関する法律施行規則
別表第一主務省令	行政手続における特定の個人を識別するための番号の利用等に関する法律別表第一の主務省令で定める事務を定める命令
別表第二主務省令	行政手続における特定の個人を識別するための番号の利用等に関する法律別表第二の主務省令で定める事務及び情報を定める命令
カード・ネットワークシステム等省令	行政手続における特定の個人を識別するための番号の利用等に関する法律の規定による通知カード及び個人番号カード並びに情報提供ネットワークシステムによる特定個人情報の提供等に関する省令
特定個人情報保護評価規則	特定個人情報保護評価に関する規則
特定個人情報保護評価指針	特定個人情報保護評価指針 〈http://www.ppc.go.jp/files/pdf/20160101_shishin.pdf〉
特定個人情報保護評価指針解説	特定個人情報保護評価指針の解説 〈http://www.ppc.go.jp/files/pdf/20160101_kaisetsu.pdf〉
行政機関個人情報保護法	行政機関の保有する個人情報の保護に関する法律
独立行政法人等個人情報保護法	独立行政法人等の保有する個人情報の保護に関する法律
個人情報保護法	個人情報の保護に関する法律
特定個人情報ガイドライン	個人情報保護委員会「特定個人情報の適正な取扱いに関するガイドライン（行政機関等・地方公共団体等編）」 http://www.ppc.go.jp/files/pdf/280401_guideline_gyousei_chikoutai.pdf
委員会Q&A	個人情報保護委員会「特定個人情報の適正な取扱いに関するガイドライン（事業者編）」及び「（別冊）金融業務における特定個人情報の適正な取扱いに関するガイドライン」に関するQ＆A http://www.ppc.go.jp/legal/policy/faq/
地プラ	地域情報プラットフォーム
地プラ連携確認シート	地プラを利用した業務別連携確認シート

※本書における番号法についての記述は、平成28年5月現在の内容です。

本書の見かた

これからのマイナンバー条例対応の実務に必要なこと

条例運用	個人情報保護条例の適用関係を理解しよう Check➡第1編第2章
条例整備	庁内連携条例を精査しよう 基本　Check➡第1編第3章・5章 実践　Check➡第2編第1章 実例　Check➡第2編第2章
特定個人情報 保護評価（PIA）	評価書の概要を理解しよう Check➡第1編第4章
ICTシステム	情報ガバナンスを強化しよう Check➡第1編第6章
番号制度活用	職員の作業量の軽減・ 住民の利便性向上の視点を持とう Check➡第1編第4章

第1編

これからの
マイナンバー実務に
必要なことは何か

第1章 番号制度を適法に遂行し効果的に活用する

1 適法な番号制度対応を持続することが必要

　番号制度の目的は、行政効率化・国民の利便性向上である。しかし、番号制度を日常業務の中で取り扱っていく自治体においては、これまで、番号制度によって業務効率化の効果を享受するよりも、まずは番号制度導入をつつがなく完了させることに注力してきたと考えられる。

　番号制度は、平成21年の民主党（現、民進党）マニフェストに端を発した制度である。民主党政権下で平成24年に番号法が国会提出されたものの廃案になり、その後の自由民主党・公明党政権下の平成25年に番号法が成立・一部施行された。自治体へ大きな影響を及ぼした施行日は、平成27年10月5日からの付番開始、そして平成28年1月1日からの利用開始にかかる施行日であろう。また、平成29年には情報提供ネットワークシステムやマイナポータルの稼働開始も予定されている。

　番号制度は多段階に渡り施行され、数多くの事務に影響をもたらす制度であることから、自治体では番号制度準備のために長期間を要したものと考えられる。そのため自治体においては、個人番号の付番開始、個人番号の利用開始、個人番号カードの交付、情報提供ネットワークシステムを使用した情報連携の開始に焦点を当てた対応が行われ、これらの開始をもって、番号制度対応もひと段落であると考えられる向きも一部にある。

　しかし、番号制度は、導入すればそれで完了する制度ではなく、番号制度が存続し続ける限り、自治体において運用していくことが求められる。さらには、番号制度は行政効率化・国民の利便性向上を図る制度であるが、番号制度運用によって、その目的達成度合いについて、国だけではなく自治体に

おいても、情報公開が求められることも考えられる。

　加えて、番号制度で取り扱う個人番号は、悪用された場合に個人の権利利益を侵害する恐れがあることから、それ以外の個人情報よりも慎重な取扱いが求められる。個人番号を取り扱っていくからには、法や条例が求める規制を正しく理解し、適法な取扱いを確保していかなければならない。

　特に番号制度は、これまで、「国民総背番号制」と呼ばれるなどして検討中止となった、全省庁統一コード、納税者番号、グリーン・カード制度等と類似の制度であるし、全国的に反対運動が展開された住民基本台帳ネットワークシステムにも類似する仕組みである。このような仕組みについては、プライバシー権侵害が発生するのではないか、行政機関や自治体といった公権力が国民・住民を監視・管理するのではないかといった根深い懸念もあり、この懸念を払しょくするような、適切な正しい取扱いが強く求められる。

　また海外では、番号制度に類似する制度でなりすまし被害等も報道されており、わが国における番号制度でもなりすまし被害等が発生しないよう、慎重な対応も求められる。

2 どのような条例整備が必要か

(1) 番号制度対応として義務付けられる条例改正等

　自治体においては、番号制度対応として、条例の改正・新設が義務付けられる（番号法32条）。必要となる条例は、（Ⅰ）特定個人情報保護にかかる条例、（Ⅱ）個人番号の利活用にかかる条例の二種類に大別される。

　（Ⅰ）特定個人情報保護については、個人情報保護条例の改正又は特定個人情報保護条例の新設が必要となる。また、一部の自治体においては、個人情報保護審議会又は個人情報保護審査会の所掌事務追加にかかる条例改正も必要となる。

　（Ⅱ）個人番号の利活用にかかる条例は幅広く、①独自事務条例、②庁内連携条例、③団体内他機関連携条例、④個人番号カード活用条例の4種類がある。個人番号の利活用にかかる条例というと、個人番号を独自に活用した

い自治体においてのみ必要となるというイメージも強いが、それは誤りである。全自治体において「②庁内連携条例」の制定が必要となるし、「①独自事務条例」や、「③団体内他機関連携条例」も制定しなければ、事務遂行に支障が生じる場合も考えられる。

(2) 法律・条例の関係性を正しく把握する

　特定個人情報保護にかかる条例については、全自治体で既に対応済と考えられる。しかし、条例改正又は条例新設がすでに完了していれば、今後とも特段の支障がないというものではない。

　番号制度を運用していくにあたって、遵守しなければならない法律・条例は複雑である。改正等された個人情報保護条例だけを遵守すればよいというものではない。個人番号に対しては番号法があるが、番号法はあくまで特別法であり、一般法は各自治体の定める個人情報保護条例になる。したがって、番号法と個人情報保護条例の二種類の法律・条例を遵守しなければならない。特定個人情報保護条例を新設した自治体においては、番号法と個人情報保護条例と特定個人情報保護条例という三種類の法律・条例を遵守しなければならない。

　ここでポイントとなるのは、個人番号に対しては、一般法である個人情報保護条例のすべての条項が適用になるわけではないという点である。特別法が特則を定めている部分については、一般法の規定は適用されずに特別法が適用される。しかし、特別法で特則が定められているかどうかが、一見してわからず、一般法と特別法の規制を見比べて解釈する作業が必須となるため、一般法である個人情報保護条例のどの条項が適用されずにどの条項は適用されるのかといった適用関係の把握が難しい。

　さらに、番号法の下位規範・ガイドラインも多数に渡り、番号法施行令、番号法施行規則、別表第一主務省令（個人番号の利用事務に関する定め）、別表第二主務省令（情報提供ネットワークシステムを使用した情報連携に関する定め）のほかにも、通知カード・個人番号カード・情報提供ネットワークシステム等についてはカード・ネットワークシステム等省令を、特定個人情報保護評価については特定個人情報保護評価規則、特定個人情報保護評価

指針、特定個人情報保護評価指針解説を参照する必要がある。個人情報保護委員会規則も多数あり、さらに特定個人情報ガイドラインもある。

　加えて、事務の根拠法も理解する必要がある。事務の根拠法とは、地方税事務であれば地方税法、後期高齢者医療事務であれば高齢者の医療の確保に関する法律等のことである。

　このように、複雑な法律・条例の関係の全体像をまずは理解しなくてはならない。その上で、実際に特定個人情報を取り扱う際には、自分が行っている行為について、どのような法律・条例規制があるのかを把握する必要がある。番号法は、行政法の中でも特に複雑・難解な法律であるにもかかわらず、さらに一般法である個人情報保護条例等と特別法である番号法の適用関係も検討しなければならない。

　番号制度対応は、条例が成立した後こそが本番であり、法律と条例の関係を正しく理解し、法律の規定通り、そして条例の規定通りに特定個人情報を取り扱っていく必要がある。

(3) 個人番号の利活用は庁内連携条例がカギ

　個人番号の利活用にかかる条例については、多くの自治体で、既に①独自事務条例、②庁内連携条例、③団体内他機関連携条例を制定済と考えられる。しかし、このうち特に「②庁内連携条例」をめぐっては課題が大きい。庁内連携条例の考え方が自治体にあまり浸透しておらず、通常の事務遂行に必要な庁内連携がすべて網羅されている条例が制定されているか、不透明な部分も残る。庁内連携条例が正しく制定されずに事務遂行がなされると、違法と判断される可能性もあり、精査が必要である。

(4) 法改正を自治体事務に反映する必要性

　番号法は平成27年に改正され、この後にも平成30年10月に向けて、個人番号の利用範囲の拡大や情報提供ネットワークシステムの範囲拡大などの検討が行われ（番号法制定附則6条1項）、検討結果によっては再改正の可能性がある。このほか、番号法別表第一や別表第二自体は、これらの改正以前に、事務の根拠法となる他法の改正等を受け、随時の改正が行われており、

別表第一主務省令、別表第二主務省令についても、改正が行われている。

さらには、個人情報保護法制自体も現在過渡期を迎え、平成17年に全面施行されて以来改正のなかった個人情報保護法も、平成27年に改正された。これを受け、行政機関個人情報保護法、独立行政法人等個人情報保護法も、平成28年に改正された。

このように、番号制度をめぐっては、法律自体の改正が行われている。別表第一主務省令、別表第二主務省令の改正を受けて、庁内連携条例の見直し等も必要となるし、また法改正を受けて、個人情報保護条例、庁内連携条例等の見直しも必要である。条例の正しい制定・改正、そして法律・条例を遵守した特定個人情報の取扱いのためには、このようなめまぐるしい法改正状況を把握していく必要がある。

3 これからの番号制度のためのICTシステムの事務

(1) ICTシステムにはメンテナンスが欠かせない

現代の事務処理は手作業では完結せず、ICTシステムを活用していると考えられるため、個人番号を取り扱って事務処理を行っていくためには、ICTシステム対応も必要である。ICTシステム内に個人番号を格納するスペースを設け、ICTシステム内で個人番号を処理するための対応を、各自治体では実施済であると考えられるが、これだけで対応が完了するものではない。

ICTシステム対応で特に時間を要するのは、たしかに導入時・大規模改修時ではあるが、その後も、事務処理を行い続ける限り、ICTシステムを運用・保守していかなければならない。また時間の経過とともにICTシステムの更新・刷新も必要である。

(2) ICTシステムと法律・条例対応は切り離せない

自治体では、法律・条例対応と、ICTシステム対応を分けて考える向きも見られなくはない。しかし法律・条例対応とICTシステム対応は密接不可分の関係にある。ICTシステムは、自治体が事務処理をするための手段・道

具である。そして自治体が事務処理をするにあたっては、法律・条例遵守が必要不可欠である。法律・条例に沿った事務処理を行わなければならないということは、法律・条例に沿ったICTシステムとしなければならないことを意味する。

特に、番号制度の効果は、個人番号を用いることで、改姓や転出入等の影響を受けることなく、対象者を正確に把握し、個人情報を効率的に検索・管理したり、他の事務・他の組織と個人情報を正確かつ効率的に情報連携したりすることにある。そのため、この個人番号の効果を発揮するためには、ICTシステムの活用が欠かせない。

そして、法律・条例が改正されれば、事務処理も変更になる可能性が高く、ICTシステムの改修が必要になることも考えられる。法律・条例が改正されなくても、事務処理の方法等が変更になれば、ICTシステムの改修が必要になることもある。

このように、番号制度とICTシステム対応を考えると、一度ICTシステム対応をすればそれで完了するというものではない。正しく番号制度が運用でき、事務処理が行えるようにするには、継続的なICTシステム対応が必要になるといえる。

4 番号制度・ICTシステムは事務処理を効率化するツール

(1) 番号制度・ICTシステムを活用するという視点

このように述べると、番号制度対応やICTシステム対応は、自治体にとってきわめて厄介なものというイメージを持たれることもあるかもしれない。現に番号制度に対しては、複雑・技術的な制度で情報量が多い、作業量が多いという評判も聞こえてくる。ICTシステム対応にしても、複雑・技術的なものゆえに、情報政策課等の所管課のみに頼りきっていたり、又はICTベンダーにすべて任せる自治体も少なくないと思われる。

確かに番号制度対応やICTシステム対応には、時間がかかる。しかし、これらは闇雲に自治体職員に負荷のみをかけるものではなく、本来は、事務処

理を効率化するためのツールである。これらを活用することで、自治体職員にかかる負荷の軽減につながるとともに、行政事務が効率化することで住民等に対する手続負担も軽減することができ、さらに住民の利便性向上も図ることができる。

(2) 番号制度の効果――対象者特定
①番号制度による対象者特定・名寄せ効果
　番号制度の最大の効果は、個人番号が、確実にその対象者のみを指し示す性質を持っていることである。例えば、氏名・住所といった情報であれば、改姓・転出入・同姓同名者・外字の存在等から、コンピュータ処理や目視だけでは対象者を特定できずに、結局、戸籍や住民票の写しを確認する等して、対象者を確実に特定することに時間を要する場合もある。この点、個人番号は、全住民に対しすべからく重複なく付番されている番号であるので、個人番号がわかれば、対象者を正確・効率的に特定することができる。

　事務処理の際に、対象者とおぼしき候補者が複数名存在する場合は、個人番号を用いることで、対象者が誰なのかが正確にわかるようになる。また、ICTシステム等で対象者を検索する際に、氏名や住所を入力するより、数字である個人番号を入力した方が、ミスも少なくタイピング速度も向上することが考えられる。

　自治体では多数の対象者の情報を長期間に渡って管理しているために、対象者特定のミス・困難さを抱える場合もある。例えば、自治体が同姓同名の別人に対して差押えをしたという事件も発生しており、「同姓同名　市」等とWeb検索すると、さまざまな事件・事例が発見される。

　自治体は重要な行政処分を行う権限を有しており、対象者を間違えてしまった場合に、対象者に与える被害は甚大である。また、税や保険料の賦課徴収だけではなく、給付金の支給などの場面でも、対象者を間違えてしまうと、金額の間違い等にもつながってしまう。

　番号制度対応はどの自治体においても必ず発生するものであるから、せっかく導入した個人番号が持つ対象者特定・名寄せ効果を、積極的に活用すべきである。

②事務フロー作成場面等でも番号制度の効果を念頭に置く

　番号制度対応というと、自治体の原課等に「事務フロー」を作成させる例もみられるが、この事務フローを形式的に作成してしまうと、作成に作業時間を要するわりに、その効果がなく、かえって投入した作業時間が無意味に帰す恐れがある。

　この点、番号制度を事務に導入することで、どう対象者特定・名寄せ効果を発揮していくか、事務処理の効率化、作業の省力化を図るかという視点から事務フローを作成したり、又は人事異動に伴う担当者変更に耐えられるという視点で事務フローを作成すると、作業量に見合った効果が期待できると考えられる。

(3) 番号制度の効果──情報連携
①対象者を正確に特定した情報連携

　番号制度の効果は、個人番号が、自団体以外とも、共通の番号であることにある。この点、宛名番号や税務署の整理番号、雇用保険被保険者番号、国民健康保険被保険者番号等であると、付番された組織や関連組織以外では、番号を伝えても、その対象者が誰であるかという共通認識が図れない。個人番号であれば、組織を超えて、事務を超えて、分野を超えて、対象者が誰であるかという共通認識を図ることができる。そのため、他団体との情報連携、国税と地方税の間の情報連携、他の保険者との情報連携等の際に、氏名・住所や宛名番号を用いる場合よりも、対象者が誰であるかを正確かつ効率的に特定することができる。

　さらに番号制度では情報提供ネットワークシステムが設置され、各種情報連携が半ば自動的に行えるようになる。多くの自治体では、番号制度の効果を、情報提供ネットワークシステムによる情報連携に期待しているようにも見られる。

②番号制度の効果を念頭に置いた事務処理の改善へ

　情報提供ネットワークシステム以外でも、個人番号の対象者特定機能は効果を発揮する。自団体内で他の事務と情報をやりとりする場合や他課と情報

をやりとりする場合、他機関と情報をやりとりする場合、自団体以外の他の組織と情報をやりとりする場合すべてにおいて、対象者特定機能の効果が発揮される。したがって、今行っている事務処理の中で、この効果をどう発揮させ、どう事務処理の効率化、作業の省力化を図るかという視点を持つことが、事務処理の改善につながるのである。

③情報提供ネットワークシステムによる情報連携の改善

情報提供ネットワークシステムによる情報連携には多くの期待が寄せられる一方で、改善を求める声も聞こえる。事務処理に必要な情報連携が網羅されていないという点や、情報提供ネットワークシステムの操作が複雑すぎるという点である。

この改善の前に、まず情報提供ネットワークシステムの法的位置づけについて触れたいと思う。個人番号には上記のような対象者特定効果があるため、各種行政事務の効率化や国民利便性向上が図れるなどの効果を有するが、その一方で、悪用された場合には、他人の個人番号がわかればさまざまな個人情報を入手できるような、プライバシー権が著しく侵害される危険も考えられる。そこで、番号法では個人番号が効果を発揮しつつも悪用が防止されるよう、個人番号に対するさまざまな規制が設けられている。

情報提供ネットワークシステムもその一つである。個人番号の対象者特定効果によって、異なる組織・事務間での情報連携が効率化するよう設けられたICTシステムであるが、万一悪用された場合には、不必要な個人情報を容易に収集・集約されたり、仮にサイバー攻撃を受けた場合には、さまざまな大量の個人情報が漏えいしたり悪用されたり改ざんされたりする危険がある。

そこで、情報提供ネットワークシステムを使用できる場合は、国会で議論された法律に基づく場合に限定される（番号法19条7号・8号、21条2項1号、26条）。また、情報提供ネットワークシステムは、受託者に操作させることはできず、委託元にて操作するものとされている（委員会Q&A　A8-1）。もっとも、権限の委任を受けた者は、情報提供ネットワークシステムを操作することができる（特定個人情報ガイドライン30ページ）。

したがって、事務処理に必要な情報連携が網羅されていないという点や、情報提供ネットワークシステムの操作が複雑すぎるという点は、改善すべきではある一方で、情報提供ネットワークシステムの危険性を踏まえた慎重な対応も求められることである。一概に、情報連携項目を増やせばよい、操作を単純化すればよいというものではない。かといって、情報連携項目が不足していたり、操作が過度に複雑であれば、番号制度の効果が発揮できない。情報提供ネットワークシステムの危険性を踏まえた保護措置を講じた上で、番号制度の効果が正しく発揮されるように、情報連携項目の増加や、操作方法の見直しなどについて、自治体と国とでより密な協議を行っていく必要がある。そして、国がこれらを改善するために、自治体が積極的かつ具体的に声をあげていくことが重要である。

(4) 番号制度の効果——国民の利便性向上

番号制度の効果として、国民の利便性の向上がある。行政手続をWeb上で行えるようにしたり、住民に必要な情報をWebで積極的に配信したり、個人番号カードで便利なサービスを受けられるなどすることで、国民利便性の向上が目指されている。

この多くはマイナポータルによって実現される。マイナポータルの仕様がまだ確定していない段階ではあるが、自治体においても、待ち時間が長い自庁内の手続や、口頭だと説明が複雑になりWebでの案内に適した手続などを洗い出し、Web上で手続できるようにすることを検討していくとよいだろう。

(5) ICTシステムによる正確性・効率性の向上

ICTシステムの効果としては、手作業で事務処理を行うよりも、計算や処理が正確になったり、情報管理が効率的になる等の点がある。ICTシステムというと調達に作業量を要するもの、操作を覚えるのが大変なものというイメージもあるかもしれないが、ICTシステムは本来、事務処理を効率化するためのツールである。

ICTシステムが事務処理を効率化するためには、業務知識を持った者が、

業務をどのように行っているのかという業務要件、そして現行のICTシステムではどのような点に課題がありどう改善したいかという要求を、ICTベンダーに正確に伝えることが必要である。事務処理を行う側であり、かつICTシステムを利活用するユーザである自治体が、業務要件や改善要求を正確に取りまとめることが、より良いICTシステムの実現につながる。ICTベンダーにすべて託すのではなく、発注者である自治体の積極的なリード・統括が必要である。

またICTシステムの設計に際しては、技術的な知識も確かに必要であるので、いくらやる気を持った自治体職員であっても、すぐにICTベンダーをリード・統括できるようになるのは難しい。

一般財団法人　全国地域情報化推進協会（以下、「APPLIC」という）では、総務省「地域情報化アドバイザー制度」委託事業を請け負っている。「地域情報化アドバイザー制度」を利用すると、自治体では費用を支出することなく、地域情報化に知見・ノウハウを持つ有識者の派遣を受けられる。「地域情報化アドバイザー制度」はこれまでに1,000回近くの派遣実績を有している。同制度の詳細は、総務省Webサイト＜http://www.soumu.go.jp/menu_seisaku/ictseisaku/ictriyou/manager.html＞を参照されたい。自治体が主体となったICT調達・設計のために、このような制度を活用することも十分検討されるべきである。また、専門的知識を持った内部人材の育成も欠かすことができない。自治体の組織として、長いスパンで専門的人材を育成すべく、研修の受講、資格試験の受験、民間への出向、独立行政法人等への出向等、さまざまな人材育成のスキームを検討していく必要がある。

(6) 番号制度・ICTシステムを活用するという視点

番号制度対応やICTシステム対応は、自治体にとってたしかに作業量・情報収集・知識習得が要求されるものではあるが、せっかく貴重な時間、人材、費用を投入して対応するものであるのだから、その効果を最大限に享受するという観点から、進めていくべきである。

現在の自治体実務において、一定以上の作業量を要していて対応に苦慮している部分や人による処理ミスが発生する恐れがある部分、住民等に一定以

上の待ち時間を余儀なくさせている部分、口頭での説明に向かずに窓口でも住民対応に苦戦している部分等について、番号制度やICTシステムを活用して改善できないかという視点を持つことが重要である。

5 特定個人情報保護評価の活用

(1) 特定個人情報保護評価の再評価のタイミング

　番号制度に基づき、自治体では特定個人情報保護評価を実施する義務がある（番号法28条・特定個人情報保護評価規則）。この特定個人情報保護評価も番号制度対応やICTシステム対応と同様、一度完了すればそれで足りるというものではなく、継続的取組が必要である。特定個人情報保護評価を一度実施した後も、再評価又は評価書の修正が必要となる。

　再評価が必要になるのは、①特定個人情報ファイルに対する重要な変更を加えようとするとき、②しきい値判断の結果が変化したとき、③一度情報保護評価を実施してから5年を経過しようとするときである。「①重要な変更」とは、特定個人情報保護評価書様式中で※が記載されている箇所への変更をいい、特定個人情報保護評価指針別表に一覧表示されている。評価書の修正は、評価書記載事項に変更があったときに求められる。そのため、少なくとも1年に1回、評価書に記載された内容に変更がないか見直すよう努めることが求められている（特定個人情報保護評価規則14条1項）。

(2) 特定個人情報保護評価の効果①──コンプライアンスの促進

　特定個人情報保護評価というと、難解かつ複雑な文章を作成しなければならず、自治体にとって負荷の高い制度というイメージが一部ではあるかもしれない。また、ICTベンダーに評価書を作成してもらったり、他団体の評価書を書き写したりするなどの対応も見られるところである。

　しかし、特定個人情報保護評価は、現在運用されているような制度では本来なく、これまで記してきたような番号制度の課題・ICTシステム対応の課題を解決する力をもった制度である。特定個人情報保護評価を実施すること

で、自治体におけるコンプライアンスの促進が期待される。評価書には、どのような事務処理を行い、そのためにどのような特定個人情報を保有し、どのように取り扱っているのかを記載しなければならない。この取扱い実態は、前述の通り、法律・条例を遵守したものでなければならないが、評価書を作成することで、自団体における処理が法律・条例のどの部分を根拠としているのかを確認することができ、特定個人情報の取扱いが法律・条例を遵守したものであることをチェックすることができる。

(3) 特定個人情報保護評価の効果②
——ICTシステムの把握とリスク対策が可能に

また事務処理及び特定個人情報の取扱いはICTシステムにおいて行われていることが多いため、評価書には、手作業処理のみならず、ICTシステム処理についても記載することが求められている。したがって、評価書を作成したり確認したりする過程で、自治体職員においては、自分が遂行する事務の中で、どのような法律・条例が関わることとなり、そしてどのようなICTシステムを利用して、ICTシステム内でどのような処理が行われているのかを、再確認することができる。

ICTに関する専門的知識を有しない自治体職員が、いきなりICTシステムの調達・設計をリードすることは難しいとしても、評価書を作成・確認することで、自分が遂行する事務とICTシステムの関わりを確認することができるし、またこれを通して、ICTシステムや手作業について、どのようなリスク対策を講ずるべきなのか、自身で検討することができるようになる効果が期待される。

(4) 特定個人情報保護評価の効果③——市民への説明責任を果たせる

国民・住民は番号制度に対して、「個人番号によって重大な情報が筒抜けになってしまうのではないか」「個人番号カードを紛失したら、プライバシー情報が漏れてしまうのではないか」というイメージを持っていることが多い。また前述した通り、番号制度に類似する制度にはかつてより根深い懸念が示されている。このような懸念への対応にも、特定個人情報保護評価は効

果を発揮する。特定個人情報保護評価(プライバシー影響評価)は国際的にも重要視されている制度である。

特定個人情報保護評価は、自団体が何のためにどのように特定個人情報を取り扱っていて、どのように適正性・安全性を確保しているかを、国民・住民にわかりやすく説明するためのものである。なぜか、現在の実務では、きわめて難解かつ複雑な評価書が作成され、国民・住民からすれば、何が記載されているのかわからないようなものとなってしまっている。中には作成者である自治体職員ですら、何を記載しているのかわからないと思われるようなものも散見される。しかし、特定個人情報保護評価はそのような制度ではない。

自治体においては、日々の業務に忙しい中でも、国民・住民のプライバシーに配慮し、個人情報を保護するためにさまざまな努力を重ねてきている。しかし国民・住民にそれがあまり伝わっておらず、自分の個人情報を預ける国民・住民にしてみれば、自治体を信頼して預けざるを得ず、実際にどのように自分の個人情報が取り扱われているかが全くもってわからないという実態がある。自治体職員にとっては、例えばSNSや検索エンジンといったWeb上のサービスで自身の個人情報がどう取り扱われているかわからないというのと、国民・住民にとって自治体で自身の個人情報がどう取り扱われているかわからないというのは、同じように考えることができるかもしれない。

自治体職員にとっては自明のことかもしれないが、自治体が国民・住民の特定個人情報をどのように取り扱い、どのように保護を図っているかについて、平易な言葉で、国民・住民に説明するというのが、特定個人情報保護評価の本来の趣旨である。

(5) 特定個人情報保護評価を活用するという視点

このように、特定個人情報保護評価は、本来の趣旨を念頭において実施すれば、さまざまな価値を有する制度である。評価書は本来、国民・住民等の、特定個人情報を取り扱われる者に対して実態を説明するものであるが、これは自治体職員における実態確認・評価にも役立つ制度である。番号制度には、

法律・条例、法改正、プライバシー権等保護、ICTシステムと、さまざまな複雑な要素が絡み合うが、特定個人情報保護評価を活用すれば、これらを、「自分が遂行している事務」という視点からまとめて確認することができる。ぜひ、特定個人情報保護評価を活用されたい。

本書では、第4章で特定個人情報保護評価を平易に理解できるよう、効果的に実施できるよう、解説を行う。なお、本書はあくまで現状の課題をいかに現実的な方法で解決していくかという観点からの書であるため、特定個人情報保護評価についての詳細は、宇賀克也監修・水町雅子著『特定個人情報保護評価のための番号法解説～プライバシー影響評価（PIA）のすべて』（第一法規、2015年）に譲りたい。

(6) 計画管理書の活用

特定個人情報保護評価の計画管理書も、自治体にとって活用できる資料である。計画管理書には、特定個人情報ファイルを保有する事務を列挙し、重要な法律の条項やICTシステム等を記載することとなっている。

計画管理書によって、自団体で保有するすべての特定個人情報ファイルを一覧することができる。法改正やICTシステム刷新等があっても、計画管理書の備考欄か欄外に記載して、管理することができる。番号制度対応の際に、計画管理書を活用していくことを検討してみてほしい。なお、計画管理書の様式・記載要領は、個人情報保護委員会Webサイト＜http://www.ppc.go.jp/files/pdf/20160101_youshiki1kisaiyouryou.pdf＞を参照されたい。

6 番号制度対応への地域情報プラットフォームの活用

(1) 地域情報プラットフォーム活用の意義

地域情報プラットフォーム（以下、「地プラ」という）も、番号制度・ICTシステム対応の課題を解決する有力な手段である。地プラとは、自治体のICTシステムの標準仕様を定めたものである。「ICTシステム」「地プラ」「標準仕様」というと、複雑なものという印象があるかもしれない。

しかし、これまで述べてきたとおり、ICTシステムは、事務処理を便利にしたりミスを防ぐための道具であり、事務処理に沿って構築されている。自治体が処理する事務は、法律・条例に基づくものであって、自治体ごとに多少の差異はあるものの、自治体が処理する事務の基本は同じである。「他の自治体とも同じである自治体事務の標準」に沿って、地プラは記述されている。つまり、標準的な自治体事務で必要となる個人情報が、地プラからわかるということである。

　番号制度・ICTシステム対応のためには、まず自治体で行っている事務処理がどのようなものかという洗い出しが不可欠である。そして事務処理の中でどのような個人情報を取り扱っているかという洗い出しも欠かせない。

　これらの洗い出しなしでは、個人番号を活用した事務処理も行えないし、個人番号の悪用防止のための対策も十分検討できないし、番号制度対応のための条例制定やICTシステム設計も困難であり、特定個人情報保護評価も実施できない。

　しかし、小規模な自治体においては人手不足等から、自団体で行う事務処理やそのために必要な個人情報の流れの洗い出しが十分に行えていない可能性がある。反対に、大規模な自治体では、部署ごとに所掌事務が決定しているため、部署をまたぐ事務把握、個人情報の流れの把握が困難であったり、自団体のICTシステムの全体像把握が困難な場合も考えられなくはない。

　その際に、力を発揮するのが地プラである。地プラは、番号制度・ICTシステム対応のために必要不可欠な情報（事務処理、個人情報）のモデルを示すものである。

(2) 地プラとは

　地プラというと、「さまざまな電子情報のやりとり（システム間の連携）等を可能にするために定めた業務面や技術面のルール（標準仕様）」であると説明されることがある。自治体では一度特定のICTベンダーに発注してしまうと、それ以外のベンダーの製品に移行することが大変困難な状況となり、結果的に当該ICTベンダーと継続的に随意契約を結ばざるを得ず、システム関係経費が高止まりするという問題も散見された。いわゆる「ベンダー・

ロックイン」と呼ばれる事態である。

　また、自治体ではさまざまな事務を遂行しているため、特定のICTベンダー一社にのみ依頼しているわけではなく、事務ごとにICTシステムを調達した結果、システム間連携（業務処理の連携、データ共有）が困難となり、人手を介した処理が発生するなどの非効率も散見された。

　地プラは、これらの問題を解消する手段として、他のICTシステムや、他のICTベンダーのシステムとも情報をやりとりできるようにするためのものである。総務省主催の「地域における情報化の推進に関する検討会」の中で提言され、APPLICが作成・管理を行っている。

　番号制度との関係でこれを言い換えると、「地プラを確認することで、他のシステムや外部との情報連携が可視化する」ということである。地プラを活用することで、条例制定、特定個人情報保護評価実施その他の番号制度対応が迅速に行えるようになると考えられる。

　もっとも、地プラ資料を熟読しようとすると、ICT知識を持っていないと困難なことも考えられるが、安心してほしい。あくまで番号制度対応やICTシステム対応のためということであれば、地プラの概要的資料やAPPLICから提供される概要情報を確認することで、ICTに関する専門的知識なく、番号制度対応等に役立てることができる。

第2章 先進事例でわかる保護をめぐるマイナンバー条例の運用

　前述した通り、自治体においては、番号制度対応として、条例の改正・新設が義務付けられる（番号法32条）。必要となる条例は、（Ⅰ）特定個人情報保護にかかる条例、（Ⅱ）個人番号の利活用にかかる条例の二種類に大別される。このうち本章では、（Ⅰ）特定個人情報保護にかかる条例をめぐる整備のポイントについて詳述していきたい。

1 特定個人情報保護にかかる条例の運用のポイント

(1) なぜ条例整備が必要となるのか？

　前述した（Ⅰ）の特定個人情報保護にかかる条例の手当ては、全自治体に対して番号法32条に基づき義務付けられるため、これへの対応は必須である。では、なぜこれが必要となるのか。

　個人番号が導入される以前から、個人情報保護のための法律・条例が存在していた。自治体においては個人情報保護条例、行政機関においては行政機関個人情報保護法、独立行政法人等においては独立行政法人等個人情報保護法、民間事業者においては個人情報保護法である。

　個人番号も個人情報であるため、番号法が存在せずとも、これらの一般法が適用になる。しかし個人番号はその他の個人情報と比べ、プライバシー権等侵害のおそれが強いため、その他の個人情報よりも一段高い保護措置が求められる。そこで、既に一般法がある状況の中で、番号法が制定された。

　個人番号に関しては、遵守すべきルールがすべて番号法に規定されていたとすれば、わかりやすい。しかし法制上、特別法はあくまで特則を定めるものであり、ベースは一般法である。そのため、個人番号については一般法を

適用することを前提としつつ、一般法以上の規律を特別法で規定するという形がとられている。

さらに番号法には、書き起こしの規定と読み替えの規定が存在する。書き起こしとは、「何人も、次の各号のいずれかに該当する場合を除き、特定個人情報の提供をしてはならない」というような、通常のスタイルの条文のことをいう。読み替えとは、番号法30条・31条のように、既にある法令を読み替える形の条文のことをいう。すべてが書き起こしの形式にて規定されていれば、一読すれば規制内容がわかり、読みやすい法律である。しかし法制上、特別法はあくまで一般法が基本であるため、一般法の読み替え・適用除外によって規定できるものについては、読み替えの形式をとるものとされている。そのため、番号法では書き起こし規定だけではなく、読み替え規定が置かれている。

そしてさらに複雑なことに、読み替えは、番号法上、行政機関個人情報保護法・独立行政法人等個人情報保護法・個人情報保護法に対してのみ行われている。自治体における一般法である個人情報保護条例はそれぞれの自治体が定めるものであって多種多様であり、法律で一律の読み替えを設けることはできない。そのため、行政機関、独立行政法人等、民間事業者に対しては番号法30条・31条で読み替えて手当てを行っているが、自治体ではその部分について条例改正・条例新設にて自ら手当てする義務が番号法32条で定められている。

（2）条例改正でも新設でもどちらでもOK

特定個人情報保護にかかる条例への手当ては、個人情報保護条例改正か、条例の新設どちらの方法でもよい。求められる対応事項等については、別書（宇賀克也・水町雅子・梅田健史『施行令完全対応　自治体職員のための番号法解説[実務編]』第一法規、2014年）に譲りたい。

2 先進の自治体条例からみる逐条解説

(1) 特則が定められているかがポイント

　個人情報保護条例と番号法の適用関係を正しく把握することが、保護をめぐるマイナンバー条例のカギである。一般論を述べれば、特別法である番号法や特定個人情報保護条例が特則を定めている部分については、一般法である個人情報保護条例の規定は適用されずに、特別法が適用されるということになる。しかし、特別法で特則が定められているかどうかが、一見してわかりづらいため、本章では、具体例を挙げて解説していきたい。

(2) 鹿屋市個人情報保護条例にみる番号法の適用関係

　個人情報保護条例は各自治体独自に制定されているため、それぞれ異なった規定ぶりとなっている。

　そのため、すべての条例において適用できる解説を行うことはできない。もっとも、個人情報保護条例の多くは、行政機関個人情報保護法をベースにしたものである。そこでここでは、行政機関個人情報保護法をベースにした鹿児島県鹿屋市の鹿屋市個人情報保護条例を例に、適用関係について解説していきたい。これを参考に、自団体の個人情報保護条例と番号法の適用関係について、検討いただきたい。

　なお、自治体では条例の逐条解説を整備している例が多い。番号制度対応として個人情報保護条例改正を行った自治体においては、その改正箇所について、逐条解説にも反映させるべきである。逐条解説の改訂においても、下記解説が参考になると思われる。

> (目的)
> 第1条　この条例は、個人情報の取扱いに関する基本的事項を定めるとともに、市の実施機関が保有する個人情報の開示、訂正及び利用停止を請求する権利を明らかにすることにより、市政の適正かつ円滑な運営を図りつつ、個人の権利利益を保護することを目的とする。

1条は目的規定であり、個人番号についてもその他の個人情報についても適用される。

（定義）
第2条 この条例において、次の各号に掲げる用語の意義は、当該各号に定めるところによる。
(1) 個人情報　生存する個人に関する情報であって、当該情報に含まれる氏名、生年月日その他の記述等により特定の個人が識別することができるもの（他の情報と照合することができ、それにより特定の個人が識別することができることとなるものを含む。）をいう。
(2) 実施機関　市長、教育委員会、選挙管理委員会、公平委員会、監査委員、農業委員会、固定資産評価審査委員会、公営企業管理者及び議会をいう。
(3) 保有個人情報　実施機関の職員が職務上作成し、又は取得した個人情報であって、当該実施機関の職員が組織的に利用するものとして、当該実施機関が保有しているものをいう。ただし、公文書（鹿屋市情報公開条例（平成18年鹿屋市条例第16号）第2条第2号に規定する公文書をいう。以下同じ。）に記録されているものに限る。
(4) 特定個人情報　行政手続における特定の個人を識別するための番号の利用等に関する法律（平成25年法律第27号。以下「番号法」という。）第2条第8項に規定する特定個人情報をいう。
(5) 情報提供等記録　番号法第23条第1項及び第2項に規定する記録に記録された特定個人情報をいう。
(6) 保有特定個人情報　実施機関の職員が職務上作成し、又は取得した特定個人情報であって、当該実施機関の職員が組織的に利用するものとして、当該実施機関が保有しているものをいう。ただし、公文書に記録されているものに限る。
(7) 本人　個人情報によって識別される特定の個人をいう。

2条は定義規定であり、個人番号についてもその他の個人情報についても適用される。特定個人情報であれば個人情報に必ず該当する。保有特定個人情報であれば保有個人情報に必ず該当する。情報提供等記録であれば特定個人情報にも個人情報にも必ず該当する（ただし、情報提供等記録の本人（対象者）が死亡した場合は、原則として特定個人情報にも個人情報にも該当しなくなる）。

(個人情報の保有の制限等)
第3条　実施機関は、個人情報を保有するに当たっては、その所掌する事務を遂行するため必要な場合に限り、かつ、その利用の目的をできる限り特定しなければならない。
2　実施機関は、前項の規定により特定された利用の目的（以下「利用目的」という。）の達成に必要な範囲を超えて、個人情報を保有してはならない。
3　実施機関は、利用目的を変更する場合には、変更前の利用目的と相当の関連性を有すると合理的に認められる範囲を超えて行ってはならない。

　3条は、保有制限の規定である。1項で利用目的の特定義務を定め、2項で利用目的の達成に必要な範囲を超えた個人情報の保有を禁止し、3項で利用目的を変更できる範囲を規定している。これは個人番号についてもその他の個人情報についても適用される。
　ただし、個人番号は番号法上利用範囲が限定されているため、番号法9条に規定された利用範囲の中から利用目的をできる限り特定するということになる。また利用目的の変更においても、番号法9条に規定された利用範囲の中から、かつ変更前の利用目的と相当の関連性を有すると合理的に認められる範囲で、認められることになる。利用目的と利用範囲の関係については、別書（水町雅子『逐条解説マイナンバー法』商事法務、2017年、近刊）を参照されたい。

(利用目的の明示)
第4条　実施機関は、本人から直接書面（電子的方式、磁気的方式その他人の知覚によっては認識することができない方式で作られる記録（第23条第1項及び第26条において「電磁的記録」という。）を含む。）に記録された当該本人の個人情報を取得するときは、次に掲げる場合を除き、あらかじめ、本人に対し、その利用目的を明示しなければならない。
(1)　人の生命、身体又は財産の保護のために緊急に必要があるとき。
(2)　利用目的を本人に明示することにより、本人又は第三者の生命、身体、財産その他の権利利益を害するおそれがあるとき。
(3)　利用目的を本人に明示することにより、市の機関、国の機関、独立行政法人等（独立行政法人等の保有する個人情報の保護に関する法律（平成15

年法律第59号）第2条第1項に規定する独立行政法人等をいう。以下同じ。）、他の地方公共団体又は地方独立行政法人（地方独立行政法人法（平成15年法律第118号）第2条第1項に規定する地方独立行政法人をいう。以下同じ。）が行う事務又は事業の適正な遂行に支障を及ぼすおそれがあるとき。
(4) 取得の状況からみて利用目的が明らかであると認められるとき。

4条は利用目的の明示に関する規定である。これは番号法で特段特則が定められていないため、個人番号についてもその他の個人情報についても適用される。

(正確性の確保)
第5条 実施機関は、利用目的の達成に必要な範囲内で、保有個人情報が過去又は現在の事実と合致するよう努めなければならない。

5条は正確性の確保に関する規定である。これは番号法で特段特則が定められていないため、個人番号についてもその他の個人情報についても適用される。

(安全確保の措置)
第6条 実施機関は、保有個人情報の漏えい、滅失又は損傷の防止その他の保有個人情報の適切な管理のために必要な措置を講じなければならない。
2 前項の規定は、実施機関から個人情報の取扱いの委託を受けた者が受託した業務を行う場合及び指定管理者（地方自治法（昭和22年法律第67号）第244条の2第3項に規定する指定管理者をいう。）が公の施設の管理を行う場合において個人情報を取り扱うときについて準用する。
3 実施機関は、保有する必要がなくなった保有個人情報を、確実かつ速やかに廃棄し、又は消去しなければならない。ただし、歴史的若しくは文化的な資料又は学術研究用の資料その他これらに類する資料として特別に保有する必要があるものについては、この限りでない。

6条は安全管理措置に関する規定である。番号法12条では個人番号に対する安全管理措置が規定されているが、条例本条と番号法12条は重畳的に

適用される。番号法12条では個人番号を対象としているため、生存者の個人番号のみならず死亡者の個人番号も対象とされている。そのため、死亡者のものを含めた個人番号の安全管理措置については番号法12条が適用され、特定個人情報を含むその他の保有個人情報については、条例本条が適用される。

　また安全管理措置の具体的手法についても、留意すべき点がある。個人情報保護条例上の安全管理措置の手法には特段の制限はなく、自治体の判断で実施することができるが、個人番号及び特定個人情報の安全管理措置については、個人情報保護委員会が定める特定個人情報ガイドラインに従う必要がある。

> （従事者の義務）
> 第7条　個人情報の取扱いに従事する実施機関の職員若しくは職員であった者又は実施機関から委託を受けて行う個人情報の取扱いに関する業務に従事している者若しくは従事していた者は、その業務に関して知り得た個人情報の内容をみだりに他人に知らせ、又は不当な目的に利用してはならない。

　7条は従業者の義務について定めた規定である。これは番号法で特段特則が定められていないため、個人番号についてもその他の個人情報についても適用される。

　なお、番号法48条・49条では、これに関連する罰則が規定されている。番号法48条では、個人番号利用事務、個人番号関係事務、個人番号の指定・通知、個人番号とすべき番号の生成・通知、機構保存本人確認情報の提供に関する事務に従事する者又は従事していた者が、正当な理由がないのに、その業務に関して取り扱った個人の秘密に属する事項が記録された特定個人情報ファイルを提供した場合の罰則を定めている。この場合、4年以下の懲役、200万円以下の罰金又は併科となる。番号法49条では、番号法48条と同様の者が業務に関して知り得た個人番号を自己若しくは第三者の不正な利益を図る目的で提供し、又は盗用したときの罰則を定めている。この場合、3年以下の懲役、150万円以下の罰金又は併科となる。また地方公務員法上の守

秘義務違反も問題となる。

> **（利用及び提供の制限）**
> **第8条** 実施機関は、法令又は条例に基づく場合を除き、利用目的以外の目的のために保有個人情報（保有特定個人情報を除く。以下この条において同じ。）を自ら利用し、又は提供してはならない。
> 2　前項の規定にかかわらず、実施機関は、次の各号のいずれかに該当すると認めるときは、利用目的以外の目的のために保有個人情報を自ら利用し、又は提供することができる。ただし、保有個人情報を利用目的以外の目的のために自ら利用し、又は提供することによって、本人又は第三者の権利利益を不当に侵害するおそれがあると認められるときは、この限りでない。
> (1) 本人の同意があるとき、又は本人に提供するとき。
> (2) 実施機関がその所掌する事務の遂行に必要な限度で保有個人情報を内部で利用する場合であって、当該保有個人情報を利用することについて相当な理由のあるとき。
> (3) 当該実施機関以外の市の機関、国の機関、独立行政法人等、他の地方公共団体又は地方独立行政法人に保有個人情報を提供する場合において、保有個人情報の提供を受ける者が、その所掌する事務又は業務の遂行に必要な限度で提供に係る個人情報を利用し、かつ、当該個人情報を利用することについて相当な理由のあるとき。
> (4) 専ら統計の作成又は学術研究の目的のために保有個人情報を提供するとき。
> (5) 本人以外の者に提供することが明らかに本人の利益になるとき。
> (6) 前各号に掲げる場合のほか、鹿屋市情報公開・個人情報保護審査会条例（平成18年鹿屋市条例第18号）に規定する鹿屋市情報公開・個人情報保護審査会（以下「審査会」という。）の意見を聴いた上で、公益上の必要その他特別の理由があると実施機関が認めるとき。
> 3　前項の規定は、保有個人情報の利用又は提供を制限する他の条例の規定の適用を妨げるものではない。
> 4　実施機関は、個人の権利利益を保護するため特に必要があると認めるときは、保有個人情報の利用目的以外の目的のための当該実施機関の内部における利用を特定の部局又は組織に限るものとする。

　8条は目的外利用・目的外提供の制限について定めた規定である。目的外利用については、番号法でこれと異なる規律が求められ、条例改正等が義務

付けられるため、保有特定個人情報については適用されず、8条の2が適用される。提供制限については番号法19条でこれと異なる規律が規定されているため、特定個人情報について条例本条は適用されず、8条の3・番号法19条が適用される。

条例本条では1項で、「保有特定個人情報を除く。以下この条において同じ。」として、その旨が規定されている。

（保有特定個人情報の利用の制限）
第8条の2　実施機関は、利用目的以外の目的のために保有特定個人情報を自ら利用してはならない。
2　前項の規定にかかわらず、実施機関は、人の生命、身体又は財産の保護のために必要がある場合であって、本人の同意があり、又は本人の同意を得ることが困難であるときは、利用目的以外の目的のために保有特定個人情報（情報提供等記録を除く。以下この項及び次項において同じ。）を自ら利用することができる。ただし、保有特定個人情報を利用目的以外の目的のために自ら利用することによって、本人又は第三者の権利利益を不当に侵害するおそれがあると認められるときは、この限りでない。
3　実施機関は、個人の権利利益を保護するために特に必要があると認めるときは、保有特定個人情報の利用目的以外の目的のための当該実施機関の内部における利用を特定の部局又は組織に限るものとする。

8条の2は、保有特定個人情報の利用制限について定めた規定である。保有特定個人情報の利用制限は条例8条は適用されず、条例本条が適用になる。これは、番号法32条に基づき、条例改正が義務付けられたことを受け、設けられた規定である。

なお、情報提供等記録は一切の目的外利用が認められないため、2項による目的外利用の対象外となる。

（特定個人情報の提供の制限）
第8条の3　実施機関は、番号法第19条各号のいずれかに該当する場合を除き、特定個人情報を提供してはならない。

8条の3は、特定個人情報の提供制限について定めた規定である。特定個人情報の提供制限は条例8条は適用されず、条例本条が適用になる。番号法では19条という書き起こしの規定にて提供制限が規定されているため、条例本条がなくとも条例8条は適用されずに番号法19条が適用されることになるが、そのことの確認のために条例上設けられた規定である。

> （保有個人情報の提供を受ける者に対する措置要求）
> 第9条　実施機関は、第8条第2項第3号から第6号までの規定に基づき、保有個人情報（保有特定個人情報を除く。以下この条において同じ。）を提供する場合において、必要があると認めるときは、保有個人情報の提供を受ける者に対し、提供に係る個人情報について、その利用の目的若しくは方法の制限その他必要な制限を付し、又はその漏えいの防止その他の個人情報の適切な管理のために必要な措置を講ずることを求めるものとする。

9条は、保有個人情報の提供を受ける者に対する措置要求について定めた規定である。条例本条は、条例8条2項3号から6号までの規定に基づき保有個人情報を提供した場合に関する規定であるが、特定個人情報については8条2項3号から6号まではそもそも適用されないため、条例本条も適用されないということになる。条例本条では、「保有特定個人情報を除く。以下この条において同じ。」として、そのことを確認的に規定している。

> （電子計算機の結合の制限）
> 第10条　実施機関は、次の各号のいずれかに該当する場合を除き、個人情報を処理するため通信回線その他の方法により本市の電子計算機を本市以外の電子計算機と結合してはならない。
> (1) 法令に定めがあるとき。
> (2) 審査会の意見を聴いた上で、公益上の必要その他特別の理由があると実施機関が認めるとき。

10条は、電子計算機の結合制限について定めた規定である。これについては番号法で特則が定められていないため、本条は個人番号についてもその他の個人情報についても同様に適用される。もっとも、特定個人情報につい

ては、情報提供ネットワークシステム等と結合することが想定されるが、番号法19条各号に該当する場合には法令によって提供することが認められているため、条例本条1号に該当し、電子計算機と結合することができる。

第11条　実施機関は、個人情報を取り扱う事務であって、特定の個人を検索することができるように個人情報が記録された公文書を使用するもの（以下「個人情報取扱事務」という。）を開始しようとするときは、次に掲げる事項を記載した個人情報取扱事務登録簿に登録し、一般の閲覧に供しなければならない。登録した事項を変更しようとするときも、同様とする。
(1) 個人情報取扱事務の名称
(2) 個人情報取扱事務を所掌する組織の名称
(3) 個人情報の利用目的
(4) 公文書に記録される個人情報（以下この条において「記録情報」という。）の項目
(5) 本人（他の個人の氏名、生年月日その他の記述等によらないで検索しうる者に限る。）として公文書に記録される個人情報の対象者の範囲
(6) 記録情報の収集方法
(7) 記録情報を当該実施機関以外のものに経常的に提供する場合には、その提供先
(8) 前各号に掲げるもののほか、規則で定める事項
2　実施機関は、前項の規定により登録した個人情報取扱事務を廃止したときは、遅滞なく、当該個人情報取扱事務に係る登録を抹消しなければならない。
3　前2項の規定は、次に掲げる個人情報取扱事務については、適用しない。
(1) 公務員等（国家公務員法（昭和22年法律第120号）第2条第1項に規定する国家公務員（独立行政法人通則法（平成11年法律第103号）第2条第4項に規定する行政執行法人の役員及び職員を除く。）、独立行政法人等の役員及び職員、地方公務員法（昭和25年法律第261号）第2条に規定する地方公務員並びに地方独立行政法人の役員及び職員をいう。以下同じ。）又は公務員等であった者に係る個人情報取扱事務であって、専らその人事、給与若しくは福利厚生に関する事項又はこれらに準ずる事項を取り扱うもの（実施機関が行う職員の採用試験に関する個人情報取扱事務を含む。）
(2) 一般に入手し得る刊行物等に係る個人情報取扱事務
(3) 前2号に掲げる事務のほか、規則で定める個人情報取扱事務

11条は、個人情報を取り扱う一定の事務について、登録・公表を義務付けた規定である。これについては番号法で特則が定められていないため、本条は、個人番号についてもその他の個人情報についても同様に適用される。

もっとも、特定個人情報ファイルについては特定個人情報保護評価制度があり、個人情報取扱事務登録簿の登録事項と特定個人情報保護評価書記載事項とで重複があるため、個人情報取扱事務登録簿と特定個人情報保護評価を一体的に実務運用できるような手当をすることで、事務効率化が図られると考えられる。

> **（開示請求権）**
> 第12条　何人も、この条例の定めるところにより、実施機関に対し、当該実施機関の保有する自己を本人とする保有個人情報の開示を請求することができる。
> 2　未成年者又は成年被後見人の法定代理人（保有特定個人情報にあっては、未成年者若しくは成年被後見人の法定代理人又は本人の委任による代理人をいう。以下この節から第5節までにおいて同じ。）は、本人に代わって前項の規定による開示の請求（以下「開示請求」という。）をすることができる。

12条は、開示請求権について定めた規定である。保有特定個人情報に対してもその他の保有個人情報に対しても本条は適用され、本人は開示請求を行う権利が認められている。

開示請求は本人以外に代理人によっても行うことができるが、保有特定個人情報とその他の保有個人情報とでは、代理人の範囲が異なる。特定個人情報は、本人が自分の情報にアクセスする権利をより実質的に保障できるようにするために、その他の個人情報と比べ代理人の範囲を広げることが、番号法32条にて求められている。

保有特定個人情報以外の保有個人情報については、未成年者又は成年被後見人の法定代理人だけが代理人として開示請求することができるが、保有特定個人情報についてはそれらの者に加えて任意代理人も開示請求することができる。その旨を定めた本条2項の最初の括弧書きは、番号法32条に基づき、条例改正が義務付けられたことを受け、設けられた規定である。

(開示請求の手続)
第13条　開示請求は、次に掲げる事項を記載した書面(以下「開示請求書」という。)を実施機関に提出してしなければならない。
　(1) 開示請求をする者の氏名及び住所又は居所(法人である法定代理人が本人に代わって開示請求をする場合にあっては、名称及び代表者の氏名並びに主たる事務所の所在地)
　(2) 法定代理人が本人に代わって開示請求をする場合は、本人の氏名及び住所又は居所
　(3) 開示請求に係る保有個人情報が記録されている公文書の名称その他の開示請求に係る保有個人情報を特定するに足りる事項
2　前項の場合において、開示請求をする者は、規則で定めるところにより、開示請求に係る保有個人情報の本人であること(前条第2項の規定による開示請求にあっては、開示請求に係る保有個人情報の本人の法定代理人であること)を示す書類を提示し、又は提出しなければならない。
3　実施機関は、開示請求書に形式上の不備があると認めるときは、開示請求をした者(以下「開示請求者」という。)に対し、相当の期間を定めて、その補正を求めることができる。この場合において、実施機関は、開示請求者に対し、補正の参考となる情報を提供するよう努めなければならない。

(保有個人情報の開示義務)
第14条　実施機関は、開示請求があったときは、開示請求に係る保有個人情報に次の各号に掲げる情報(以下「不開示情報」という。)のいずれかが含まれている場合を除き、開示請求者に対し、当該保有個人情報を開示しなければならない。
　(1) 法令若しくは条例の定めるところにより、又は実施機関が法律若しくはこれに基づく政令の規定により従う義務を有する内閣総理大臣、各省大臣その他国の機関若しくは鹿児島県の機関の指示により開示することができないと認められる情報
　(2) 開示請求者(第12条第2項の規定により未成年者又は成年被後見人の法定代理人が本人に代わって開示請求をする場合にあっては、当該本人をいう。次号及び第4号、次条第2項並びに第22条第1項において同じ。)の生命、健康、生活又は財産を害するおそれがある情報
　(3) 開示請求者以外の個人に関する情報(事業を営む個人の当該事業に関する情報を除く。)であって、当該情報に含まれる氏名、生年月日その他の

記述等により開示請求者以外の特定の個人を識別することができるもの（他の情報と照合することにより、開示請求者以外の特定の個人を識別することができることとなるものを含む。）又は開示請求者以外の特定の個人を識別することはできないが、開示することにより、なお開示請求者以外の個人の権利利益を害するおそれがあるもの。ただし、次に掲げる情報を除く。

　ア　法令若しくは条例の規定により又は慣行として開示請求者が知ることができ、又は知ることが予定されている情報

　イ　人の生命、健康、生活又は財産を保護するため、開示することが必要であると認められる情報

　ウ　当該個人が公務員等である場合において、当該情報がその職務の遂行に係る情報であるときは、当該情報のうち、当該公務員等の職及び当該職務遂行の内容に係る部分

(4) 法人その他の団体（国の機関、独立行政法人等、地方公共団体及び地方独立行政法人を除く。以下この号において「法人等」という。）に関する情報又は開示請求者以外の事業を営む個人の当該事業に関する情報であって、次に掲げるもの。ただし、人の生命、健康、生活又は財産を保護するため、開示することが必要であると認められる情報を除く。

　ア　開示することにより、当該法人等又は当該個人の権利、競争上の地位その他正当な利益を害するおそれがあるもの

　イ　実施機関の要請を受けて、開示しないとの条件で任意に提供されたものであって、法人等又は個人における通例として開示しないこととされているものその他の当該条件を付することが当該情報の性質、当時の状況等に照らして合理的であると認められるもの

(5) 開示することにより、犯罪の予防その他の公共の安全と秩序の維持に支障を及ぼすおそれがあると実施機関が認めることにつき相当の理由がある情報

(6) 市の機関、国の機関、独立行政法人等、他の地方公共団体及び地方独立行政法人の内部又は相互間における審議、検討又は協議に関する情報であって、開示することにより、率直な意見の交換若しくは意思決定の中立性が不当に損なわれるおそれ、不当に市民の間に混乱を生じさせるおそれ又は特定の者に不当に利益を与え若しくは不利益を及ぼすおそれがあるもの

(7) 市の機関、国の機関、独立行政法人等、他の地方公共団体又は地方独立行政法人が行う事務又は事業に関する情報であって、開示することにより、次に掲げるおそれその他当該事務又は事業の性質上、当該事務又は事業の

適正な遂行に支障を及ぼすおそれがあるもの
　ア　監査、検査、取締り、試験又は租税の賦課若しくは徴収に係る事務に関し、正確な事実の把握を困難にするおそれ又は違法若しくは不当な行為を容易にし、若しくはその発見を困難にするおそれ
　イ　契約、交渉又は争訟に係る事務に関し、市の機関、国の機関、独立行政法人等、他の地方公共団体又は地方独立行政法人の財産上の利益又は当事者としての地位を不当に害するおそれ
　ウ　評価、診断、選考、指導等に係る事務に関し、当該事務若しくは将来の同種の事務の目的が達成できなくなり、又はこれらの事務の公正若しくは円滑な執行に支障を及ぼすおそれ
　エ　調査研究に係る事務に関し、その公正かつ能率的な遂行を不当に阻害するおそれ
　オ　人事管理に係る事務に関し、公正かつ円滑な人事の確保に支障を及ぼすおそれ
　カ　市の機関若しくは他の地方公共団体が経営する企業、独立行政法人等又は地方独立行政法人に係る事業に関し、その企業経営上の正当な利益を害するおそれ

　13条は、開示請求の手続について定めた規定で、14条は開示義務について定めた規定である。これらについては番号法で特則が定められていないため、保有特定個人情報についてもその他の保有個人情報についても同様に適用される。

　なお、「法定代理人」とあるのは、保有特定個人情報以外の保有個人情報の開示請求においては、未成年者又は成年被後見人の法定代理人をいう。これに対し、保有特定個人情報にあっては、未成年者若しくは成年被後見人の法定代理人又は本人の委任による代理人をいう。これは12条で、「法定代理人（保有特定個人情報にあっては、未成年者若しくは成年被後見人の法定代理人又は本人の委任による代理人をいう。以下この節から第5節までにおいて同じ。）」と規定されていることによる。

（部分開示）
第15条　実施機関は、開示請求に係る保有個人情報に不開示情報が含まれている場合において、不開示情報に該当する部分を容易に区分して除くことが

できるときは、開示請求者に対し、当該部分を除いた部分につき開示しなければならない。
2　開示請求に係る保有個人情報に前条第3号の情報（開示請求者以外の特定の個人を識別することができるものに限る。）が含まれている場合において、当該情報のうち、氏名、生年月日その他の開示請求者以外の特定の個人を識別することができることとなる記述等の部分を除くことにより、開示しても、開示請求者以外の個人の権利利益が害されるおそれがないと認められるときは、当該部分を除いた部分は、同号の情報に含まれないものとみなして、前項の規定を適用する。

(裁量的開示)
第16条　実施機関は、開示請求に係る保有個人情報に不開示情報（第14条第1号に該当する情報を除く。）が含まれている場合であっても、個人の権利利益を保護するため特に必要があると認めるときは、開示請求者に対し、当該保有個人情報を開示することができる。

(保有個人情報の存否に関する情報)
第17条　開示請求に対し、当該開示請求に係る保有個人情報が存在しているか否かを答えるだけで、不開示情報を開示することとなるときは、実施機関は、当該保有個人情報の存否を明らかにしないで、当該開示請求を拒否することができる。

(開示請求に対する措置)
第18条　実施機関は、開示請求に係る保有個人情報の全部又は一部を開示するときは、その旨の決定をし、開示請求者に対し、その旨、開示する保有個人情報の利用目的並びに開示を実施する日時及び場所を速やかに書面により通知しなければならない。ただし、第4条第2号又は第3号に該当する場合における当該利用目的については、この限りでない。
2　実施機関は、開示請求に係る保有個人情報の全部を開示しないとき（前条の規定により開示請求を拒否するとき、及び開示請求に係る保有個人情報を保有していないときを含む。）は、開示をしない旨の決定をし、開示請求者に対し、その旨を書面により通知しなければならない。

(開示決定等の期限)
第19条　前条各項の決定（以下「開示決定等」という。）は、開示請求があっ

> た日から起算して30日以内にしなければならない。ただし、第13条第3項の規定により補正を求めた場合にあっては、当該補正に要した日数は、当該期間に算入しない。
> 2　前項の規定にかかわらず、実施機関は、事務処理上の困難その他正当な理由があるときは、同項に規定する期間を60日以内に限り延長することができる。この場合において、実施機関は、開示請求者に対し、遅滞なく延長後の期間及び延長の理由を書面により通知しなければならない。
>
> (開示決定等の期限の特例)
> 第20条　開示請求に係る保有個人情報が著しく大量であるため、開示請求があった日から起算して60日以内にそのすべてについて開示決定等をすることにより事務の遂行に著しい支障が生ずるおそれがある場合には、前条の規定にかかわらず、実施機関は、開示請求に係る保有個人情報のうちの相当の部分につき当該期間内に開示決定等をし、残りの保有個人情報については相当の期間内に開示決定等をすれば足りる。この場合において、実施機関は、同条第1項に規定する期間内に、開示請求者に対し、次に掲げる事項を書面により通知しなければならない。
> (1)　本条を適用する旨及びその理由
> (2)　残りの保有個人情報について開示決定等をする期限

　15条は、部分開示について定めた規定、16条は裁量的開示について定めた規定、17条は存否応答拒否について定めた規定、18条は開示請求に対する開示／不開示決定（開示決定等）について定めた規定、19条・20条は開示決定等の期限について定めた規定である。これらについては番号法で特則が定められていないため、保有特定個人情報についてもその他の保有個人情報についても同様に適用される。

　（特定）個人情報というと、本人に対してもみだりに提供してはならないものというイメージも一部で見られるが、部分開示、裁量的開示の規定がある通り、「開示」は個人情報保護の一環として設けられている仕組みであり、本人に開示することで、本人が自身の（特定）個人情報を確認するという重要な意義を持つものである。開示は個人情報保護に資することが前提になる。ただし、開示することで他人の権利利益を侵害する等のおそれがあってはならず、その点で、不開示の仕組みも設けられている。条例の趣旨に沿った開

示制度の運用が求められる。

(事案の移送)
第21条　実施機関は、開示請求に係る保有個人情報（情報提供等記録を除く。）が他の実施機関から提供されたものであるとき、その他他の実施機関において開示決定等をすることにつき正当な理由があるときは、当該他の実施機関と協議の上、当該他の実施機関に対し、事案を移送することができる。この場合において、移送をした実施機関は、開示請求者に対し、事案を移送した旨を書面により通知しなければならない。
2　前項の規定により事案が移送されたときは、移送を受けた実施機関において、当該開示請求についての開示決定等をしなければならない。この場合において、移送をした実施機関が移送前にした行為は、移送を受けた実施機関がしたものとみなす。
3　前項の場合において、移送を受けた実施機関が第18条第1項の決定（以下「開示決定」という。）をしたときは、当該実施機関は、開示の実施をしなければならない。この場合において、移送をした実施機関は、当該開示の実施に必要な協力をしなければならない。

(第三者に対する意見書提出の機会の付与等)
第22条　開示請求に係る保有個人情報に市の機関、国の機関、独立行政法人等、他の地方公共団体、地方独立行政法人及び開示請求者以外の者（以下この条、第44条及び第45条において「第三者」という。）に関する情報が含まれているときは、実施機関は、開示決定等をするに当たって、当該情報に係る第三者に対し、開示請求に係る保有個人情報の内容その他実施機関が定める事項を通知して、意見書を提出する機会を与えることができる。
2　実施機関は、次の各号のいずれかに該当するときは、開示決定に先立ち、当該第三者に対し、開示請求に係る保有個人情報の内容その他実施機関が定める事項を書面により通知して、意見書を提出する機会を与えなければならない。ただし、当該第三者の所在が判明しないときは、この限りでない。
　(1) 第三者に関する情報が含まれている保有個人情報を開示しようとする場合であって、当該第三者に関する情報が第14条第3号イ又は同条第4号ただし書に規定する情報に該当すると認められるとき。
　(2) 第三者に関する情報が含まれている保有個人情報を第16条の規定により開示しようとするとき。
3　実施機関は、前2項の規定により意見書の提出の機会を与えられた第三者

が当該第三者に関する情報の開示に反対の意思を表示した意見書を提出した場合において、開示決定をするときは、開示決定の日と開示を実施する日との間に少なくとも2週間を置かなければならない。この場合において、実施機関は、開示決定後直ちに当該意見書（第43条及び第44条において「反対意見書」という。）を提出した第三者に対し、開示決定をした旨及びその理由並びに開示を実施する日を書面により通知しなければならない。

　21条は移送について定めた規定で、22条は第三者に関する情報が含まれているときに第三者に意見書提出の機会を付与する等に関する規定である。これらについては番号法で特則が定められていないため、保有特定個人情報についてもその他の保有個人情報についても同様に適用される。

　もっとも21条については、1項で情報提供等記録が明示的に除外されている。これは、情報提供等記録は移送が想定されないことによる。

（開示の実施）
第23条　保有個人情報の開示は、当該保有個人情報が、文書又は図画に記録されているときは閲覧又は写しの交付により、電磁的記録に記録されているときはその種別、情報化の進展状況等を勘案して規則で定める方法により行う。ただし、閲覧の方法による保有個人情報の開示にあっては、実施機関は、当該保有個人情報が記録されている文書又は図画の保存に支障を生ずるおそれがあると認めるとき、その他正当な理由があるときは、その写しにより、これを行うことができる。
2　開示決定に基づき保有個人情報の開示を受ける者は、自己が当該開示請求に係る個人情報の本人又は当該開示請求をすることができる法定代理人であることを証明するために必要な書類その他規則で定めるものを提示し、又は提出しなければならない。

　23条は開示の実施について定めた規定である。これについては番号法で特則が定められていないため、本条は、保有特定個人情報についてもその他の保有個人情報についても同様に適用される。

　なお、「法定代理人」とあるのは、保有特定個人情報以外の保有個人情報の開示請求においては、未成年者又は成年被後見人の法定代理人をいう。こ

れに対し、保有特定個人情報にあっては、未成年者若しくは成年被後見人の法定代理人又は本人の委任による代理人をいう。これは12条で、「法定代理人（保有特定個人情報にあっては、未成年者若しくは成年被後見人の法定代理人又は本人の委任による代理人をいう。以下この節から第5節までにおいて同じ。）」と規定されていることによる。

　開示の実施方法としては、マイナポータルによって行われることが一般的であると予想されるが、マイナポータルは本条でいうところの「規則で定める方法」に当たる。マイナポータル以外に、文書・図画の閲覧又は写しの交付による開示も認められる。

（開示請求等の特例）
第24条　実施機関があらかじめ定めた個人情報について、本人が開示請求をするときは、第13条第1項の規定にかかわらず、実施機関が定める簡易な方法により、開示を申し出ることができる。
2　前項の規定による開示の申出（以下この項及び次項において「開示申出」という。）をする者は、第13条第2項の規定にかかわらず、実施機関に対し、自己が当該開示申出に係る保有個人情報の本人であることを証明するために必要な書類で実施機関が定めるものを提示しなければならない。
3　実施機関は、開示申出があったときは、直ちに、当該開示申出に係る保有個人情報を開示しなければならない。この場合における開示の方法は、前条第1項の規定にかかわらず、実施機関が定めるところによるものとする。

　24条は、簡易方法による開示請求に関する規定である。これについては番号法で特則が定められていないため、本条は、保有特定個人情報についてもその他の保有個人情報についても同様に適用される。

　マイナポータルによる開示請求の場合は、厳格な本人確認の上、交付される個人番号カードが用いられるので、本条に当たらず、マイナポータル以外による開示請求について本条が適用されると考えられる。

（法令等による開示の実施との調整）
第25条　実施機関は、法令又は他の条例の規定により、開示請求者に対し開示請求に係る保有個人情報（保有特定個人情報を除く。）が第23条第1項本

> 文に規定する方法と同一の方法で開示することとされている場合（開示の期間が定められている場合にあっては、当該期間内に限る。）には、同項本文の規定にかかわらず、当該保有個人情報については、当該同一の方法による開示を行わない。ただし、当該法令又は他の条例の規定に一定の場合には開示をしない旨の定めがあるときは、この限りでない。
> 2　法令又は他の条例の規定に定める開示の方法が縦覧であるときは、当該縦覧を第23条第1項本文の閲覧とみなして、前項の規定を適用する。

　25条は、条例又は他の条例で、23条1項本文と同一の方法で保有個人情報を開示するとされている場合には、23条1項本文による開示は行わないとする規定である。

　本条については保有特定個人情報を除くことが明示的に規定されており、保有特定個人情報以外の保有個人情報についてのみ適用される。

> （費用の負担）
> **第26条**　第23条第1項の規定により写し（電磁的記録にあっては、当該電磁的記録を複写したものを含む。以下同じ。）の交付を受けようとする者は、当該写しの交付に必要な費用を負担しなければならない。

　26条は費用負担について定めた規定である。番号法上は、開示手数料の減額・免除について条例改正を行うことが求められるが、本条例上はその旨の明示的規定はない。本条例では請求手数料を無料とし、写しの交付に要する費用のみを請求者負担としているためである。

> （訂正請求権）
> **第27条**　何人も、自己を本人とする次に掲げる保有個人情報の内容が事実でないと思料するときは、この条例の定めるところにより、当該保有個人情報を保有する実施機関に対し、当該保有個人情報の訂正（追加又は削除を含む。以下同じ。）を請求することができる。ただし、当該保有個人情報の訂正に関して法令又は他の条例の規定により特別の手続が定められているときは、この限りでない。
> (1)　開示決定に基づき開示を受けた保有個人情報
> (2)　開示決定に係る保有個人情報であって、第25条第1項の法令又は他の条

例の規定により開示を受けたもの
2　未成年者又は成年被後見人の法定代理人は、本人に代わって前項の規定による訂正の請求（以下「訂正請求」という。）をすることができる。
3　訂正請求は、保有個人情報の開示を受けた日から90日以内にしなければならない。

（訂正請求の手続）
第28条　訂正請求は、次に掲げる事項を記載した書面（以下「訂正請求書」という。）を実施機関に提出してしなければならない。
　(1) 訂正請求をする者の氏名及び住所又は居所（法人である法定代理人が本人に代わって訂正請求をする場合にあっては、名称及び代表者の氏名並びに主たる事務所の所在地）
　(2) 法定代理人が本人に代わって訂正請求をする場合は、本人の氏名及び住所又は居所
　(3) 訂正請求に係る保有個人情報の開示を受けた日その他当該保有個人情報を特定するに足りる事項
　(4) 訂正請求の趣旨及び理由
2　訂正請求をする者は、実施機関に対し、訂正を求める内容が事実に合致することを疎明する書類又は資料を提示し、又は提出しなければならない。
3　第1項の場合において、訂正請求をする者は、規則で定めるところにより、訂正請求に係る保有個人情報の本人であること（前条第2項の規定による訂正請求にあっては、訂正請求に係る保有個人情報の本人の法定代理人であること）を示す書類を提示し、又は提出しなければならない。
4　実施機関は、訂正請求書に形式上の不備があると認めるときは、訂正請求をした者（以下「訂正請求者」という。）に対し、相当の期間を定めて、その補正を求めることができる。

　27条は訂正請求権について、28条は訂正請求の手続について定めた規定である。これらについては番号法で特則が定められていないため、保有特定個人情報についてもその他の保有個人情報についても同様に適用される。
　なお、「法定代理人」とあるのは、保有特定個人情報以外の保有個人情報の開示請求においては、未成年者又は成年被後見人の法定代理人をいう。これに対し、保有特定個人情報にあっては、未成年者若しくは成年被後見人の法定代理人又は本人の委任による代理人をいう。これは12条で、「法定代理

人（保有特定個人情報にあっては、未成年者若しくは成年被後見人の法定代理人又は本人の委任による代理人をいう。以下この節から第5節までにおいて同じ。）」と規定されていることによる。

（保有個人情報の訂正義務）
第29条 実施機関は、訂正請求があった場合において、当該訂正請求に理由があると認めるときは、当該訂正請求に係る保有個人情報の利用目的の達成に必要な範囲内で、当該保有個人情報の訂正をしなければならない。ただし、当該訂正請求に係る保有個人情報について実施機関に訂正の権限がないとき、その他訂正をしないことにつき正当な理由があるときは、この限りでない。

（訂正請求に対する措置）
第30条 実施機関は、訂正請求に係る保有個人情報の訂正をするときは、その旨の決定をし、訂正請求者に対し、その旨を書面により通知しなければならない。
2　実施機関は、訂正請求に係る保有個人情報の訂正をしないときは、その旨の決定をし、訂正請求者に対し、その旨を書面により通知しなければならない。

（訂正決定等の期限）
第31条 前条各項の決定（以下「訂正決定等」という。）は、訂正請求があった日から起算して30日以内にしなければならない。ただし、第28条第4項の規定により補正を求めた場合にあっては、当該補正に要した日数は、当該期間に算入しない。
2　前項の規定にかかわらず、実施機関は、事務処理上の困難その他正当な理由があるときは、同項に規定する期間を60日以内に限り延長することができる。この場合において、実施機関は、訂正請求者に対し、遅滞なく延長後の期間及び延長の理由を書面により通知しなければならない。

（訂正決定等の期限の特例）
第32条 実施機関は、訂正決定等に特に長期間を要すると認めるときは、前条の規定にかかわらず、相当の期間内に訂正決定等をすれば足りる。この場合において、実施機関は、同条第1項に規定する期間内に、訂正請求者に対し、次に掲げる事項を書面により通知しなければならない。
(1) 本条を適用する旨及びその理由
(2) 訂正決定等をする期限

29条は訂正義務について、30条は訂正決定/訂正をしない決定（訂正決定等）について、31条・32条は訂正決定等の期限について定めた規定である。これらについては番号法で特則が定められていないため、保有特定個人情報についてもその他の保有個人情報についても同様に適用される。

> **（事案の移送）**
> **第33条** 実施機関は、訂正請求に係る保有個人情報（情報提供等記録を除く。）が第21条第3項の規定に基づく開示に係るものであるとき、その他他の実施機関において訂正決定等をすることにつき正当な理由があるときは、当該他の実施機関と協議の上、当該他の実施機関に対し、事案を移送することができる。この場合において、移送をした実施機関は、訂正請求者に対し、事案を移送した旨を書面により通知しなければならない。
> 2　前項の規定により事案が移送されたときは、移送を受けた実施機関において、当該訂正請求についての訂正決定等をしなければならない。この場合において、移送をした実施機関が移送前にした行為は、移送を受けた実施機関がしたものとみなす。
> 3　前項の場合において、移送を受けた実施機関が訂正決定等をしたときは、当該実施機関は、当該訂正請求者及び移送をした実施機関に対し、その内容を書面により通知しなければならない。
> 4　前項の規定による通知（第30条第1項の決定（以下「訂正決定」という。）に係るものに限る。）を受けた当該実施機関は、当該訂正決定に基づき、当該訂正請求に係る保有個人情報を訂正しなければならない。

33条は訂正に関する移送について定めた規定である。これについては番号法で特則が定められていないため、本条は、保有特定個人情報についてもその他の保有個人情報についても同様に適用される。

もっとも開示に関する移送について定めた21条と同様に、1項で情報提供等記録が明示的に除外されている。これは、情報提供等記録は移送が想定されないことによる。

> **（保有個人情報の提供先への通知）**
> **第34条** 実施機関は、訂正決定に基づく保有個人情報の訂正をした場合において、必要があると認めるときは、当該保有個人情報の提供先（情報提供等

> 記録にあっては、総務大臣及び番号法第19条第7号に規定する情報照会者又は情報提供者（当該訂正に係る情報提供等記録に記録された者であって、当該実施機関以外のものに限る。））に対し、遅滞なくその内容を書面により通知するものとする。

　34条は、保有個人情報の訂正に関する通知について定めた規定である。保有特定個人情報についてもその他の保有個人情報についても、本条は適用されるが、保有特定個人情報のうちの情報提供等記録については、通知する相手方が異なる。情報提供等記録は誰かから提供されるものではないため、訂正をした際は、同内容の情報提供等記録を保有する者（情報照会者又は情報提供者、そして情報提供ネットワークシステムを運営する総務大臣）に対して通知する。それ以外の保有個人情報については、提供先に通知する。

> **（利用停止請求権）**
> **第35条**　何人も、自己を本人とする第27条第1項各号に掲げる保有個人情報（情報提供等記録を除く。）が次の各号のいずれかに該当すると思料するときは、この条例の定めるところにより、当該保有個人情報を保有する実施機関に対し、当該各号に定める措置を請求することができる。ただし、当該保有個人情報の利用の停止、消去又は提供の停止（以下「利用停止」という。）に関して法令又は他の条例の規定により特別の手続が定められているときは、この限りでない。
> (1) 当該保有個人情報を保有する実施機関により適法に取得されたものでないとき、第3条第2項の規定に違反して保有されているとき、第8条第1項及び第2項若しくは第8条の2第1項及び第2項の規定に違反して利用されているとき、番号法第20条の規定に違反して収集され、若しくは保管されているとき、又は番号法第28条※の規定に違反して作成された特定個人情報ファイル（番号法第2条第9項に規定する特定個人情報ファイルをいう。）に記録されているとき　当該保有個人情報の利用の停止又は消去
> (2) 第8条第1項及び第2項又は第8条の3の規定に違反して提供されているとき　当該保有個人情報の提供の停止
> 2　未成年者又は成年被後見人の法定代理人は、本人に代わって前項の規定による利用停止の請求（以下「利用停止請求」という。）をすることができる。
> 3　利用停止請求は、保有個人情報の開示を受けた日から90日以内にしなければならない。

※平成27年、法65が完全に施行された後は29条に変更

　35条は利用停止請求権について定めた規定である。情報提供等記録は利用停止請求を認めないことが番号法32条で求められるため、「情報提供等記録を除く」旨が本条1項で明示されている。しかし情報提供等記録以外の保有特定個人情報については、その他の保有個人情報と同様に本条が適用される。

　なお、「法定代理人」とあるのは、保有特定個人情報以外の保有個人情報の開示請求においては、未成年者又は成年被後見人の法定代理人をいう。これに対し、保有特定個人情報にあっては、未成年者若しくは成年被後見人の法定代理人又は本人の委任による代理人をいう。これは12条で、「法定代理人（保有特定個人情報にあっては、未成年者若しくは成年被後見人の法定代理人又は本人の委任による代理人をいう。以下この節から第5節までにおいて同じ。）」と規定されていることによる。

(利用停止請求の手続)
第36条　利用停止請求は、次に掲げる事項を記載した書面（以下「利用停止請求書」という。）を実施機関に提出してしなければならない。
(1) 利用停止請求をする者の氏名及び住所又は居所（法人である法定代理人が本人に代わって利用停止請求をする場合にあっては、名称及び代表者の氏名並びに主たる事務所の所在地）
(2) 法定代理人が本人に代わって利用停止請求をする場合は、本人の氏名及び住所又は居所
(3) 利用停止請求に係る保有個人情報の開示を受けた日その他当該保有個人情報を特定するに足りる事項
(4) 利用停止請求の趣旨及び理由
2　前項の場合において、利用停止請求をする者は、規則で定めるところにより、利用停止請求に係る保有個人情報の本人であること（前条第2項の規定による利用停止請求にあっては、利用停止請求に係る保有個人情報の本人の法定代理人であること）を示す書類を提示し、又は提出しなければならない。
3　実施機関は、利用停止請求書に形式上の不備があると認めるときは、利用停止請求をした者（以下「利用停止請求者」という。）に対し、相当の期間

を定めて、その補正を求めることができる。

　36条は利用停止請求の手続について定めた規定である。これについては番号法で特則が定められていないため、保有特定個人情報についてもその他の保有個人情報についても同様に適用される。もっとも、保有特定個人情報のうちの情報提供等記録は35条で利用停止請求の対象外とされているため、本条も適用されることはない。

　なお、「法定代理人」とあるのは、保有特定個人情報以外の保有個人情報の開示請求においては、未成年者又は成年被後見人の法定代理人をいう。これに対し、保有特定個人情報にあっては、未成年者若しくは成年被後見人の法定代理人又は本人の委任による代理人をいう。これは12条で、「法定代理人（保有特定個人情報にあっては、未成年者若しくは成年被後見人の法定代理人又は本人の委任による代理人をいう。以下この節から第5節までにおいて同じ。）」と規定されていることによる。

（保有個人情報の利用停止義務）
第37条　実施機関は、利用停止請求があった場合において、当該利用停止請求に理由があると認めるときは、当該実施機関における個人情報の適正な取扱いを確保するために必要な限度で、当該利用停止請求に係る保有個人情報の利用停止をしなければならない。ただし、当該保有個人情報の利用停止をすることにより、当該保有個人情報の利用目的に係る事務の性質上、当該事務の適正な遂行に著しい支障を及ぼすおそれがあると認められるときは、この限りでない。

（利用停止請求に対する措置）
第38条　実施機関は、利用停止請求に係る保有個人情報の利用停止をするときは、その旨の決定をし、利用停止請求者に対し、その旨を書面により通知しなければならない。
2　実施機関は、利用停止請求に係る保有個人情報の利用停止をしないときは、その旨の決定をし、利用停止請求者に対し、その旨を書面により通知しなければならない。

（利用停止決定等の期限）
第39条　前条各項の決定（以下「利用停止決定等」という。）は、利用停止請求があった日から起算して30日以内にしなければならない。ただし、第36

条第3項の規定により補正を求めた場合にあっては、当該補正に要した日数は、当該期間に算入しない。
2　前項の規定にかかわらず、実施機関は、事務処理上の困難その他正当な理由があるときは、同項に規定する期間を60日以内に限り延長することができる。この場合において、実施機関は、利用停止請求者に対し、遅滞なく延長後の期間及び延長の理由を書面により通知しなければならない。

（利用停止決定等の期限の特例）
第40条　実施機関は、利用停止決定等に特に長期間を要すると認めるときは、前条の規定にかかわらず、相当の期間内に利用停止決定等をすれば足りる。この場合において、実施機関は、同条第1項に規定する期間内に、利用停止請求者に対し、次に掲げる事項を書面により通知しなければならない。
(1)　本条を適用する旨及びその理由
(2)　利用停止決定等をする期限

　37条は利用停止義務について、38条は利用停止決定/利用停止をしない決定（利用停止決定等）について、39条・40条は利用停止決定等の期限について定めた規定である。これらについては番号法で特則が定められていないため、保有特定個人情報についてもその他の保有個人情報についても同様に適用される。もっとも、保有特定個人情報のうちの情報提供等記録は35条で利用停止請求の対象外とされているため、これらの規定も適用されることはない。

第41条　この章の規定は、次に掲げる保有個人情報については、適用しない。
(1)　統計法（平成19年法律第53号）第2条第4項に規定する基幹統計を作成するために集められた保有個人情報
(2)　鹿児島県統計調査条例（昭和25年鹿児島県条例第8号）第2条に規定する統計調査によって集められた保有個人情報
2　保有個人情報（鹿屋市情報公開条例第7条に規定する不開示情報を専ら記録する公文書に記録されているものに限る。）のうち、まだ分類その他の整理が行われていないもので、同一の利用目的に係るものが著しく大量にあるためその中から特定の保有個人情報を検索することが著しく困難であるものは、この章（第5節を除く。）の規定の適用については、実施機関に保有さ

れていないものとみなす。

　41条は適用除外について定めた規定である。これについては番号法で特則が定められていないため、本条は、保有特定個人情報についてもその他の保有個人情報についても同様に適用される。

> **（苦情の処理）**
> **第42条**　実施機関は、当該実施機関における個人情報の取扱いに関する苦情の適切かつ迅速な処理に努めなければならない。

　42条は苦情処理について定めた規定である。これについては番号法で特則が定められていないため、本条は、保有特定個人情報についてもその他の保有個人情報についても同様に適用される。

> **（審査会への諮問）**
> **第43条**　開示決定等、訂正決定等、利用停止決定等又は開示請求、訂正請求若しくは利用停止請求に係る不作為について行政不服審査法（平成26年法律第68号）による審査請求があったときは、当該審査請求に対する裁決をすべき実施機関は、次の各号のいずれかに該当する場合を除き、遅滞なく審査会に諮問し、その答申を尊重して当該審査請求に対する裁決を行わなければならない。
> （1）審査請求が不適法であり、却下する場合
> （2）裁決で、審査請求の全部を認容し、当該審査請求に係る保有個人情報の全部を開示することとする場合（当該保有個人情報の開示について反対意見書が提出されている場合を除く。）
> （3）裁決で、審査請求の全部を認容し、当該審査請求に係る保有個人情報の訂正をすることとする場合
> （4）裁決で、審査請求の全部を認容し、当該審査請求に係る保有個人情報の利用停止をすることとする場合
> 2　前項の規定による諮問は、行政不服審査法第9条第3項において読み替えて適用する同法第29条第2項の弁明書の写しを添えてしなければならない。

(審理員による審理手続に関する規定の適用除外)
第43条の2 開示決定等、訂正決定等、利用停止決定等又は開示請求、訂正請求若しくは利用停止請求に係る不作為に係る審査請求については、行政不服審査法第9条第1項本文の規定は、適用しない。

(諮問をした旨の通知)
第44条 第43条の規定により諮問をした実施機関は、次に掲げる者に対し、諮問をした旨を通知しなければならない。
(1) 審査請求人及び参加人
(2) 開示請求者、訂正請求者又は利用停止請求者(これらの者が審査請求人又は参加人である場合を除く。)
(3) 当該審査請求に係る開示決定等について反対意見書を提出した第三者(当該第三者が審査請求人又は参加人である場合を除く。)

(第三者からの審査請求を棄却する場合等における手続)
第45条 第22条第3項の規定は、次の各号のいずれかに該当する裁決をする場合について準用する。
(1) 開示決定に対する第三者からの審査請求を却下し、又は棄却する裁決
(2) 審査請求に係る開示決定等(開示請求に係る保有個人情報の全部を開示する旨の決定を除く。)を変更し、当該開示決定等に係る保有個人情報を開示する旨の裁決(第三者である参加人が当該第三者に関する情報の開示に反対の意思を表示している場合に限る。)

　43条から45条は、審査請求に関する規定である。これらについては番号法で特則が定められていないため、保有特定個人情報についてもその他の保有個人情報についても同様に適用される。

(市長の調整等)
第46条 市長は、市長以外の実施機関に対して、個人情報の保護について報告を求め、又は助言をすることができる。
2 　市長は、個人情報の保護を図るために必要があると認めるときは、他の地方公共団体又は国の機関に対して適切な処置を講ずるよう協力を求めるものとする。

(運用状況の公表)
第47条 市長は、毎年1回、各実施機関におけるこの条例の運用状況を取りまとめ、公表するものとする。

(委任)
第48条　この条例の施行に関し必要な事項は、実施機関が別に定める。

　46条は市長による報告徴収・助言・協力要請について、47条は運用状況の公表について、48条は委任について定めた規定である。これらについては番号法で特則が定められていないため、保有特定個人情報についてもその他の保有個人情報についても同様に適用される。

第49条　実施機関の職員若しくは職員であった者又は第6条第2項の受託業務に従事している者若しくは従事していた者であった者が、正当な理由がないのに、個人の秘密に属する事項が記録された個人情報ファイル（一定の事務の目的を達成するために特定の保有個人情報を電子計算機を用いて検索することができるように体系的に構成した保有個人情報を含む情報の集合物をいい、その全部又は一部を複製し、又は加工したものを含む。）を提供したときは、2年以下の懲役又は100万円以下の罰金に処する。

　49条は個人情報ファイルの不正提供罪である。特定個人情報ファイルの不正提供罪は番号法48条に規定されている。番号法48条が成立する場合、本条は法条競合（特別関係）となり成立しない。

第50条　前条に規定する者が、その業務に関して知り得た保有個人情報を自己若しくは第三者の不正な利益を図る目的で提供し、又は盗用したときは、1年以下の懲役又は50万円以下の罰金に処する。

　50条は保有個人情報の不正提供・盗用罪である。個人番号の不正提供・盗用罪は番号法49条に規定されている。番号法49条と本条との関係は法条競合（特別関係）ではなく観念的競合（一つの行為が複数の犯罪構成要件を満たすが、科刑上は一罪として最も重い刑で処罰されるもの）である。個人番号は必ずしも本条の「保有個人情報」に該当しないためである。

第51条　実施機関の職員がその職権を濫用して、専らその職務の用以外の用に供する目的で個人情報が記録された文書、図画及び電磁的記録を収集した

ときは、1年以下の懲役又は50万円以下の罰金に処する。

　51条は職権濫用による文書等の収集罪である。特定個人情報についての同様の規定は番号法52条に規定されている。

第52条　偽りその他不正の手段により、開示決定に基づく公文書に記録された個人情報の開示を受けた者は、5万円以下の過料に処する。

　52条は個人情報の不正開示罪である。特定個人情報についてもその他の個人情報についても、同様に本条が適用される。

③ 条例改正を行わないための方法・政策はあるのか？

　番号法32条に基づき、自治体に条例改正・条例新設が義務付けられた。しかし、全国に2,000弱ある自治体のすべてが、ほぼ同内容の条例改正作業を行うことは非効率的であるし、番号法は技術的であり複雑であるため、番号法が求める条例改正・条例新設内容も複雑となる中、自治体によっては法規担当がいない団体もあり、番号法が求めている条例改正・条例新設をすべての自治体において正確に行うことは難しい場合も考えられる。

　本来であれば、全国一律の規制については、条例ではなく法律で規定すべきであるが、少なくとも立法当時の政府内部においては、法律で規定するのではなく、条例改正ないし条例新設を求めるという立場が採られた。

　しかし、必ずしも条例改正・条例新設をしなければならないものではなく、すべて法律に規定するということも、法制上は可能である。条例改正・条例新設を不要とするためにはどうすればよいかというと、①番号法で読み替え規定を全てやめ、書き起こしの規定に改めるか、②少なくとも自治体については条例改正等を義務付けるのをやめ、小規模事業者に対する規制のように、一律の対応を番号法上義務付けるかの2種類の方法が考えられる。

　①番号法すべてを書き起こしの規定に改めるのは、番号法が特別法である

ために、現在の霞が関の立法執務を考えると難しいだろう。②自治体について条例改正等を義務付けるのをやめ、一律の対応を番号法上義務付けることは、法制上は、①よりも困難の度合いが低くなると考えられる。しかし、自治体においては、個人情報保護法が制定される前から個人情報保護条例を制定している団体もあり、そのような背景の中で、番号法上一律の規制を規定するのは、地方自治の観点から、政府内や一部の自治体から強い反対意見が出ることも考えられる。

　現在の自治体の条例制定執務の状況を見るに、地方自治の観点から理念的な反対をするよりも、より現実的な対応をすることを検討した方がよいのではないかと、筆者（水町）は考える。法律で最低限のルールを決めた上で、より良い保護を実現したい自治体においては、横出し条例・上乗せ条例を制定することで対応するとした方が、適切ではないか。

　個人情報保護条例自体についても、2,000弱の条例が存在することに対する反対意見も呈されている。個人番号・個人情報保護だけではなく、全般的な問題についても、法律・条例のすみわけや、条例執務のあり方について自治体の現場職員の声をよく聞き、地方六団体と政府とで具体的な対話を行っていくべきであると考える。

第3章 先進事例でわかる利活用をめぐるマイナンバー条例の整備

　前述した通り、自治体においては、番号制度対応として、条例の改正・新設が義務付けられる（番号法32条）。必要となる条例は、（Ⅰ）特定個人情報保護にかかる条例、（Ⅱ）個人番号の利活用にかかる条例の二種類に大別される。（Ⅱ）個人番号の利活用にかかる条例には、①独自事務条例、②庁内連携条例、③団体内他機関連携条例、④個人番号カード活用条例の４種類がある。本章では、（Ⅱ）個人番号の利活用にかかる条例をめぐる課題について詳述していきたい。

1 マイナンバー利活用のための独自事務条例

（1）さまざまな独自事務条例の例

　独自事務条例とは、個人番号を法定された範囲を超えて活用したい場合に制定しなければならない条例のことである。

　独自事務条例として、多くの自治体で、乳幼児医療費助成や、外国人生活保護等の事務が定められている。例えば東京都港区では、図表３－１の独自事務を条例で定めている。

（2）独自事務条例で法定の範囲を超えた利活用が可能に

　番号法では、個人番号の悪用を防止するために、個人番号を利用できる範囲を限定列挙している。民間事業者のみならず、行政機関においても法定された範囲を超えて個人番号を利用することはできない。これに対して自治体は、法定された範囲を超えて個人番号を利用することが認められている唯一の存在である。

図表3−1　東京都港区における独自事務の例

- 介護保険法による保険給付に係るサービスの利用者負担額を助成し、又は軽減する事業に関する事務であって区規則で定めるもの
- 港区心身障害者福祉手当条例による心身障害者福祉手当の支給に関する事務であって区規則で定めるもの
- 障害者の日常生活及び社会生活を総合的に支援するための法律による自立支援給付及び地域生活支援事業並びに児童福祉法による障害児通所給付費等に係る利用者負担額を軽減する事業に関する事務であって区規則で定めるもの
- 障害者の日常生活及び社会生活を総合的に支援するための法律による自立支援給付及び地域生活支援事業にサービスを付加する事業に関する事務であって区規則で定めるもの
- 在宅の重症心身障害者及び重症心身障害児に対する通所の方法により行う支援事業に関する事務であって区規則で定めるもの
- 生活に困窮する外国人に対する生活保護法による保護に準ずる措置に関する事務であって区規則で定めるもの
- 生活保護法による保護等に加えて実施する援護に関する事務であって区規則で定めるもの
- 高齢者の医療の確保に関する法律の被保険者に係る給付金の支給に関する事務であって区規則で定めるもの
- 健康増進法による健康増進事業に加えて区が実施する健康増進に係る事業に関する事務であって区規則で定めるもの
- 港区児童育成手当条例による児童育成手当の支給に関する事務であって区規則で定めるもの
- 港区女性福祉資金貸付条例による資金の貸付けに関する事務であって区規則で定めるもの
- 港区ひとり親家庭等の医療費の助成に関する条例による医療費の助成に関する事務であって区規則で定めるもの
- 港区子ども医療費助成条例による医療費の助成に関する事務であって区規則で定めるもの
- 認可保育所に準ずると区長が認める施設に入所している児童に係る保育料の減免に対する補助に関する事務であって区規則で定めるもの
- 認可保育所に準ずると区長が認める施設において保育を実施する事業に関する事務であって区規則で定めるもの
- 港区立住宅条例による区立住宅の管理に関する事務であって区規則で定めるもの
- 学校教育法による就学に必要な経費の援助に関する事務であって区規則で定めるもの

※港区個人番号の利用並びに特定個人情報の保護及び提供に関する条例（条例第28号）による。平成27年6月30日時点のもの。

自治体が独自事務条例を定めれば、別表第一に規定のない事務であっても、「福祉、保健若しくは医療その他の社会保障、地方税又は防災に関する事務その他これらに類する事務」で必要な限度で個人番号を利用することができる（番号法9条2項）。

　個人番号が利用される社会保障・税・災害対策分野の事務の多くは、自治体で実施されているものである。仮に法定された範囲以外で個人番号が利用できないとすると、法定事務と同様の事務でも個人番号が利用できないこととなり、番号制度によりかえって事務が混乱したり、住民の手続が混乱する恐れもある。

　例えば、法律に基づく給付と条例等に基づく上乗せ給付・横出し給付として、高等学校等就学支援金、高齢者福祉、障害者福祉等があるが、法律に基づく給付については個人番号が利用できるが、条例等に基づく上乗せ給付・横出し給付には個人番号が利用できないとすると、自治体における事務処理が煩雑化したり、手続を行う住民の混乱を招く等の事態も考えられる。また、上乗せ給付・横出し給付だけではなく、条例に基づく独自事務においても、個人番号を利用することで、より行政効率化・国民利便性向上に資する制度も考えられる。

　そこで、番号法では、独自事務条例を制定することで、自治体に対してのみ、法定された範囲を超えて個人番号を利用することを認めている。条例が要求される理由には、番号法では個人番号の利用範囲を法律で限定列挙しているにもかかわらず、自治体についてのみその長の判断だけで個人番号の利用範囲を決定できるとするのは妥当でないということが挙げられる。住民の代表で構成される地方議会における議論を経て、団体としての自治体の意思に基づいて、条例という正式な形で個人番号の利用範囲を明らかにすることが求められるのである。

2 庁内連携条例整備のポイント

(1) 庁内連携条例の整備は全自治体で必須
①庁内連携条例とは何か

　庁内連携条例とは、複数の事務間での特定個人情報の授受のための条例である。地方税情報（所得額情報等）を、地方税事務のほか、生活保護事務、国民年金事務、公営住宅事務などで利用する場合や、介護保険情報を後期高齢者医療保険事務で利用する場合等が、これに当たる。法律に即して述べると、番号法別表第一の箱（項）を超えた授受や、番号法別表第二に規定された授受を、自治体の同一機関内で行う場合等がこれに当たる。

　このような特定個人情報の授受は、番号法では19条7号・別表第二によって可能ではないかという疑問を持たれることもある。しかし、番号法では「利用」と「提供」という概念を分けて考えているために、同一自治体の同一機関内のこのような授受は、番号法19条7号・別表第二では可能とはならず、庁内連携条例が必要となる。

　番号法上、「利用」とは、自治体の同一機関内での特定個人情報の利用・授受をいい、「提供」とは、自治体の他機関間、他団体等外部との特定個人情報の授受をいう。番号法別表第一は「利用」に関する規定であり、別表第二は「提供」に関する規定である。

　つまり、別表第二には、自治体の外部との授受が規定されているが、これと同様のことが自治体の機関内で行われることが多い。例えば、別表第二では、国民健康保険の保険料賦課のために、市町村民税に関する情報を他市町村から取得することができる旨が定められている（番号法19条7号・別表第二の42項、別表第二主務省令25条7号イ）。国民健康保険の保険料賦課のために、他市町村からではなく自団体から市町村民税に関する情報を取得することは、番号法上「利用」に該当し、これは番号法別表第二が適用になるものではないので、このためには、庁内連携条例を定める必要がある。

　「利用」に関する番号法の規定（個人番号利用事務）としては、番号法9条1項・別表第一、番号法9条2項がある。別表第一に規定がある事務につ

いては、条例を定めなくても個人番号を利用することが認められるが、別表第一に規定された複数の事務間で特定個人情報の授受をするためには、庁内連携条例が必要となるのである。

　番号法別表第一は、個人番号を利用できる「主体」と「事務」をそれぞれ列挙している。誰が何の事務を行う中で個人番号を利用するかを、限定列挙しているものである。

　行政機関では、個人番号を利用する事務の種類が少なく、原則として、別表第一の複数の項間で、特定個人情報のやりとりをすることはない。例えば、厚生労働大臣は、戦没者等の妻に対する特別給付金の支給に関する事務（別表第一の40項）と、特別児童扶養手当等の支給に関する事務（別表第一の46項）で個人番号を利用するが、前者のために入手した特定個人情報を、後者のために利用することは想定されない。

　これに対し自治体は、地方税事務（別表第一の16の項）と生活保護事務（別表第一の15項）で個人番号を利用するが、前者のために入手した所得額情報（特定個人情報）を、後者のために利用することが想定される。

②目的内利用／目的外利用とは

　目的内利用／目的外利用とは何か。個人情報はあらかじめ特定した利用目的に沿って利用するのが原則であり、これが「目的内利用」である。事前に特定された利用目的の範囲外であれば、「目的外利用」となり、原則としては目的外利用は制限され、目的外利用を行いたい場合は、その「目的外利用」の内容をあらかじめ利用目的として特定して「目的内利用」としたうえで、再度本人から個人情報を取得することとなる。

　例えば、所得額情報を「地方税事務」のために利用するとして利用目的をあらかじめ特定していた場合、「地方税事務」以外のため、児童手当事務や生活保護事務、国民健康保険事務等に所得額情報を利用することは目的外利用となる。地方税事務以外で所得額情報を利用したい場合は、児童手当事務や生活保護事務、国民健康保険事務等を利用目的としてあらかじめ特定して、再度本人から所得額情報を取得するという方法が考えられ、これが、従前に自治体の多くで行われてきた運用である。

　しかし、常に目的内利用として本人から繰り返し個人情報を取得すること

は、本人関与を高めるという意味では本人保護につながっても、本人の利便性等を考えれば、本人保護に資するとはいえない場合もある。児童手当の支給や国民健康保険加入の際に、必ず本人が自身で所得額証明書を取得して窓口に提出したり、又は書面による同意を行うとすれば、本人の手続負担を考えると、望ましくない場合もある。

　また、個人情報とはいえ、あえて本人から取得せずに利用しなければならない場合もある。例えば、犯罪の捜査、脱税の調査のために、本人から個人情報を取得するというのは、困難な場合も多いだろう。

　このようなことを踏まえ、個人情報保護条例では、一定の目的外利用をある程度幅広く認めているというのが現状である。行政機関個人情報保護法、独立行政法人等個人情報保護法でもこれは同様である。

　例えば宮崎県小林市の小林市個人情報保護条例では、目的外利用の制限について次の規制を置いている。同条例第8条本文では、個人情報を取り扱う事務の目的の範囲を超えた個人情報の利用、すなわち目的外利用を禁止しているが、同条但し書きで、一定の目的外利用をある程度幅広く認めている。目的外利用ができる場合というと、本人同意が有名であり、同条例でも同条2号にて本人同意による目的外利用を認めているが、そのほかにも、法令等に定めがあるとき（同条1号）、事務の執行上必要があって本人の権利利益を害するおそれがない実施機関内部での利用（同条5号）、審査会の意見を聴いたとき（同条6号）、出版、報道等により公にされているとき（同条3号）、緊急時（同条4号）について、目的外利用を認めている。

（利用及び提供の制限）
第8条　実施機関は、個人情報を取り扱う事務の目的の範囲を超えて保有個人情報（保有特定個人情報を除く。以下この条において同じ。）を当該実施機関の内部で利用し、又は当該実施機関以外のものに提供してはならない。ただし、次の各号のいずれかに該当するときは、この限りでない。
(1) 法令等に定めがあるとき。
(2) 本人の同意があるとき。
(3) 出版、報道等により公にされているとき。
(4) 個人の生命、身体又は財産を保護するため、緊急かつやむを得ないと認

められるとき。
(5) 当該実施機関の内部で利用し、又は他の実施機関に提供する場合であって、当該保有個人情報を利用することに事務の執行上必要があり、かつ、本人の権利利益を害するおそれがないと認められるとき。
(6) 国又は他の地方公共団体（以下「国等」という。）に提供する場合であって、当該保有個人情報を利用することに事務の執行上必要があり、かつ、本人の権利利益を害するおそれがないと認められるとき。
(7) 前各号に掲げる場合のほか、審査会の意見を聴いて、公益上必要があり、かつ、事務の執行上やむを得ないと認められるとき。

③目的内利用とするための庁内連携条例

　例えば、地方税事務のために取得した所得額情報を生活保護事務などに利用するために、逐一本人の同意書等を要するとすると、行政効率化・国民利便性向上という番号制度の効果と相反する結果となってしまう。

　また、特定個人情報は悪用防止のために、目的外利用が厳しく限定されている。これまでの個人情報については上記の通り幅広い目的外利用を条例上認めてきたが、特定個人情報については全く異なる規律となる。すなわち、①人の生命、身体又は財産の保護のために必要がある場合であって、本人の同意があり、又は本人の同意を得ることが困難であるとき、②金融機関が激甚災害時等に番号法９条４項に基づくとき以外には、特定個人情報の目的外利用が一切認められない。

　つまり、本人の同意がありさえすれば目的外利用が認められるものではなく、本人の同意があって、かつ生命、身体又は財産の保護のために必要がある場合等でなければ、目的外利用が認められない。

　ではどうすればよいかというと、庁内連携条例を制定すればよいということになる。個人情報保護条例の規定にもよるが、目的内利用か目的外利用かは、利用目的としてあらかじめ特定した範囲内の利用かどうかによって、決定される。庁内連携条例を定めることで、利用目的をあらかじめ定めておく。所得額情報でいえば、地方税事務だけを利用目的とするのではなく、児童手当事務、生活保護事務、国民健康保険事務等、所得額情報を利用することが想定される事務をあらかじめ利用目的として特定しておくのである。

利用目的は必ず一つでなければならないというものではない。現に民間事業者が公表しているプライバシー・ポリシーを見ると、複数の利用目的が特定されている例を確認することができる。また、個人情報は目的内利用が原則であり、事前に想定できる利用であれば、本人の同意を得て目的外利用とするよりも、利用目的として事前に特定し、目的内利用とした方が望ましいともいえる。

　利用目的を事前に特定する方法については、条例上は、特段制限されていない場合が多い[1]。しかし、番号制度では、個人番号の悪用防止のために、別表第一のように、誰が何のために個人番号を利用するかを個別に限定列挙することが原則である。このことを踏まえると、利用目的を特定するために、自治体内部で、口頭や書面で事前に特定しておけば足りるとするのは適切でなく、条例という形式で事前に明確化することが求められている。これが、庁内連携条例である。

（2）不充分な庁内連携条例になっていないか？

　多くの自治体では、既に庁内連携条例が整備されている。しかし、課題が残る。なぜなら、庁内連携条例の多くは、別表第二包括方式のみのものであったり、別表第二包括方式に独自事務分の庁内連携を加えたものであったりするからである。これだけでは、事務処理に必要な庁内連携が網羅されていない可能性がある。

　別表第二包括方式とは、個人番号を利用する事務や連携される特定個人情報を個別列挙せずに、「別表第二に相当する庁内の連携をする」旨が規定されている条文をいう。例えば、次のような条文である。

　番号市の執行機関は、当該執行機関が番号法別表第一の下欄に掲げる事務又は住民基本台帳法による住民基本台帳事務の処理に関して保有する特定個人情報ファイルに記載又は記録された番号法別表第二の第四欄に掲げる特定個人情報を、同表の第二欄に掲げる事務を処理するために効率的に検索し、及び管理

1　ただし、行政機関個人情報保護法に基づく個人情報ファイルの事前通知（同法10条1項3号）、条例に基づく個人情報取扱事務の首長登録、一般縦覧などの規定は、番号制度以前から存在する。

するために必要な限度で個人番号を利用することができる。

別表第二包括方式でない規定とは、個人番号を利用する事務や連携される特定個人情報を個別列挙して、「このような庁内連携をする」旨を具体的に示している条文をいう。例えば、次のような条文である。

> 次の表の第一欄に掲げる番号市の執行機関は、同表の第三欄に掲げる事務の処理に関して保有する特定個人情報ファイルに記載又は記録された同表の第二欄に掲げる特定個人情報を、同表の第四欄に掲げる事務を処理するために効率的に検索し、及び管理するために必要な限度で個人番号を利用することができる。

執行機関	特定個人情報	保有事務	利用事務
番号市長	地方税関係情報（番号法別表第二に規定する地方税関係情報をいう。以下同じ。）	地方税法その他の地方税に関する法律およびこれらの法律に基づく条例による地方税の賦課徴収又は地方税に関する調査（犯則事件の調査を含む。）に関する事務であって番号法主務省令で定めるもの	○○条例による○○給付の支給に関する事務であって規則で定めるもの

(3) 現実に合わせた庁内連携条例が必要

別表第二包括方式が示しているのは、「別表第二に相当する自治体内の同一機関内での特定個人情報の授受」ができるということにすぎない。別表第二に相当しない授受については、別表第二包括方式では認められないわけである。

しかし、別表第二に元々規定されていないものの、現行事務上必要な特定個人情報の授受がある。例えば、後期高齢者医療保険の被保険者資格確認の際に、生活保護受給者か確認すること等である。後期高齢者医療制度では「生活保護法による保護を受けている世帯（その保護を停止されている世帯を除く。）に属する者」は、後期高齢者医療の被保険者とはされない（高齢者の医療の確保に関する法律51条1号）。そのため、適用除外者の漏れがないよう、自治体の後期高齢者担当が生活保護担当に、事前に該当者がいないか照

会しているという例がある。

この場合、生活保護受給者情報を生活保護事務と後期高齢者事務という複数事務で利用・授受するため、庁内連携条例が必要となる。しかし、番号法別表第二にこの連携は規定されていないと考えられ、別表第二包括方式の庁内連携条例では、この連携ができないということになりうる。

別表第二はあくまで「提供」の場面を定めるものであり、外部との特定個人情報授受を定めるものである。そのため、このほかにも、さまざまな事務で、別表第二に規定されていない授受が存在している可能性がある。

(4) 庁内連携条例が必須な場合・そうではない場合
①庁内連携条例が必要な場合と別表第二包括方式

庁内連携条例が必要な場合は、同一自治体内の同一機関内の、複数事務で特定個人情報の授受が発生するすべての場合である。番号法別表第一に規定されている事務であっても、別表第一の複数の箱（項）において利用する場合は、庁内連携条例が必要である。そのほか、番号法9条2項に基づき独自事務条例を定めた場合に、複数の独自事務間で特定個人情報の授受が発生する場合には、独自事務条例の他に別途、庁内連携条例が必要となる。別表第一事務と独自事務の間の特定個人情報の授受にも、庁内連携条例が必要である。

これらの場合と別表第二包括方式について考えてみると、別表第二には別表第一事務のための情報連携しか規定されていない。したがって、独自事務間での特定個人情報の授受や、別表第一事務と独自事務の間の特定個人情報の授受は、別表第二包括方式では規定しきれない。さらに別表第一事務間での特定個人情報の授受であっても、上記の通り、現行事務に必要なすべての情報連携が規定されている保障はないので、別表第二包括方式の他に、個別列挙方式で補う必要が考えられる。

②それでもやはり条例制定が望ましい

上記では、別表第一事務間の授受、独自事務間の授受、別表第一事務と独自事務間の授受について解説したが、個人番号を利用する事務は、別表第一事務、独自事務に限られるわけではない。個人番号関係事務や番号法9条5

項事務のための庁内連携は想定されないと考えられるが、このほかに住民基本台帳事務で個人番号を取り扱う。では、住民基本台帳事務と他の事務との授受に、庁内連携条例は必要か。

　この点、政府見解では、庁内連携条例は必須ではないとされている。というのも、住民基本台帳情報は、住民に関する基礎的事項として、住民に関するさまざまな目的に利用するのが前提とされているため（住民基本台帳法1条）、住民基本台帳情報を複数事務で利用・授受することについては、利用目的を庁内連携条例で特定しなくても足りるという見解が政府より示されている。

　しかし、住民基本台帳情報であっても、どの事務とどの事務の間で授受がなされていて、どの事務で利用されているかという実態を住民に対し明らかにするということは重要である。せっかく利用目的を透明化するために庁内連携条例を制定し、かつ一定の労力を投下して庁内連携条例を制定するのであるから、上記の政府見解を前提としても、住民基本台帳事務と他の事務との特定個人情報の授受についても、庁内連携条例を定めることが大変望ましい。

　ここで、庁内連携条例が必要な場合と、別表第二包括方式との関係をまとめたい。図表3－2の通りとなる。

(5) 宛名番号で連携しても庁内連携条例は必要

　庁内連携条例に関しては誤解も見られる。授受情報の中に個人番号が含まれていなければ、庁内連携条例が不要であるとの誤解もその一つであるが、これは正しくない。授受情報の中には宛名番号等のみを含み、個人番号自体は含まなくても、特定個人情報の提供元事務と提供先事務双方が個人番号を利用する事務であれば、庁内連携に該当する。もっとも、提供元事務と提供先事務のうちのいずれかが、個人番号を利用できない事務である場合には、庁内連携に該当しない。

　これはなぜかというと、提供元事務と提供先事務双方が個人番号を利用できる事務である場合は、例えば所得額情報を授受する際に、連携キーとして、個人番号ではなく宛名番号を用いたとしても、結局、双方の事務ともに個人

図表 3-2　庁内連携条例の種類

	連携事務	連携事務	すべきこと
1	別表第一事務 (例、公営住宅)	別表第一事務 (例、地方税)	番号法19条7号・別表第二（提供）にある連携を同一機関内でやりたい ⇒条例で包括的に規定できる
2	別表第一事務 (例、公営住宅)	別表第一事務 (例、災害)	番号法19条7号・別表第二（提供）にない連携を同一機関内でやりたい ⇒個別に洗い出して条例に規定する
3	別表第一事務 (例、公営住宅)	独自事務 (例、乳幼児医療費)	別表第二にはもともと規定なし ⇒個別に洗い出して条例に規定する
4	独自事務 (例、乳幼児医療費)	独自事務 (例、難病)	別表第二にはもともと規定なし ⇒個別に洗い出して条例に規定する
5	住基事務	別表第一事務 (例、公営住宅)	別表第二にないものは ⇒個別に洗い出して条例に規定した方がよい
6	住基事務	独自事務 (例、乳幼児医療費)	別表第二にはもともと規定なし ⇒個別に洗い出して条例に規定した方がよい

番号と宛名番号の対応関係を把握しているため、授受情報に個人番号が含まれていなくても、授受し終わった後に、宛名番号を個人番号に戻して使えるためである。

　この場合に庁内連携条例が不要と解釈すると、多くの庁内連携がこのような形で行われ、条例が制定されないこととなる可能性がある。そうすると、利用目的を特定するという庁内連携条例の趣旨が潜脱され、庁内連携条例が形骸化する恐れがあり、意味がない。

　これに対し、提供元事務と提供先事務のうちのいずれかが、個人番号を利

用できない事務である場合には、授受情報に個人番号が含まれていなければ、両事務が個人番号と宛名番号の対応関係を把握しているわけではないので、庁内連携に該当せず、庁内連携条例は不要と解されている。

(6) 事務で個人番号を直接保有しなくても庁内連携条例は必要

　特定個人情報の提供元事務と提供先事務が、個人番号を直接保有していなければ、庁内連携に該当しないという誤解も見られるが、誤りである。事務システム内で個人番号を直接保有していなくても、庁内連携条例は必要である。例えば、地方税事務と児童手当事務とで、双方とも又は一方が、事務システムに個人番号を保有していなかったとしても、他のシステムを通して、例えば宛名システム等から個人番号にアクセスできるはずであり、個人番号がどのシステム上に格納されているかは問題とならない。

(7) 書面・口頭・システム等方法の別を問わず庁内連携条例は必要

　庁内連携とは、システムを通した特定個人情報の授受をいうとの誤解も見られるが、これも誤りである。システムを通して授受しなくても、書面で授受する場合であっても、庁内連携に該当する。

　また、システムのオンライン処理だけが庁内連携条例に該当するものではなく、システムのバッチ処理（一定の期間データ等を集めてからまとめて処理する方式）であっても庁内連携条例に該当する。MD、DVD、CDなどの媒体で授受する場合であっても、共有フォルダや電子メールで授受する場合であっても、システムの内部処理で授受する場合であっても、庁内連携に該当する。

　つまり、システムを通すのか媒体によるのか書面によるのかどうか等という、処理方法の違いによって、庁内連携該当性は左右されない。

(8) 庁内連携をめぐる他の解釈

　本書では、政府解釈を前提として、庁内連携条例の考え方を解説した。しかし、庁内連携条例は必要ないとの解釈論も考えられなくはない。この点についての詳細は別書（水町雅子『逐条解説マイナンバー法』商事法務、2017

年、近刊）に譲るが、概要を述べると、番号法9条1項・別表第一では、箱（項）をまたぐ特定個人情報の授受が禁止されていないと解する余地がある。番号法9条1項・別表第一はあくまで、誰が何のために個人番号を利用できるかを限定したものであり、市町村長や都道府県知事であれば、別表第一下欄に掲げるすべての事務で個人番号を利用することは明らかであり、庁内連携についても番号法9条1項・別表第一を根拠に認められていると解釈することもできる。

❸ 団体内他機関連携条例の整備のポイント

（1）同一自治体内の他機関の連携が可能に

　団体内他機関連携条例とは、同一自治体内の他機関間の特定個人情報の授受のための条例である。例えば、ある市の首長部局で保有する所得額情報を、当該市の教育委員会においても用いたいとして特定個人情報の授受を行う場合である。

　番号法上、「利用」と「提供」は、「機関」を単位として分けられていた。同一地方公共団体内であっても、機関が異なれば、「利用」ではなく「提供」に該当する。番号法上、特定個人情報の提供をできる場合は、別表第二に限られず、番号法19条各号のいずれかに該当すれば認められる。そして同一自治体内の他機関間の特定個人情報の授受が、番号法19条1号や2号等に該当しない場合であっても、団体内他機関連携条例を制定することで、適法に特定個人情報の提供が認められることになる。というのも、番号法19条9号では、条例を定めれば、団体内の他機関に特定個人情報を提供することを認めているからである。

　もっともこの場合、まず前提として、提供先である教育委員会等の他機関で行う事務が、個人番号を利用できる事務でなければならない。番号法別表第一に規定された事務か、番号法9条2項に基づく独自事務条例に規定された事務が提供先事務であることが必要である。

図表3-3　東京都港区における団体内他機関連携条例の例

別表第三（第15条の2関係）

	情報照会機関	事務	情報提供機関	特定個人情報
一	区長	生活に困窮する外国人に対する生活保護法による保護に準ずる措置に関する事務であって区規則で定めるもの	教育委員会	学校保健安全法（昭和三十三年法律第五十六号）による医療に要する費用についての援助に関する情報（以下「学校保健安全法関係情報」という。）であって区規則で定めるもの
二	区長	認可保育所に準ずると区長が認める施設に入所している児童に係る保育料の補助等に関する事務であって区規則で定めるもの	教育委員会	学校教育法に基づく幼稚園への入園に関する情報（以下「幼稚園入園情報」という。）であって区規則で定めるもの
三	区長	認可保育所に準ずると区長が認める施設において保育を実施する事業に関する事務であって区規則で定めるもの	教育委員会	幼稚園入園情報であって区規則で定めるもの
四	教育委員会	学校教育法による就学に必要な経費の援助に関する事務であって区規則で定めるもの	区長	地方税関係情報、生活保護関係情報、外国人生活保護関係情報又は児童扶養手当関係情報であって区規則で定めるもの
五	区長	法別表第一の十五の項に定める生活保護法に関する事務であって区規則で定めるもの	教育委員会	学校保健安全法関係情報であって区規則で定めるもの
六	教育委員会	法別表第一の二十七の項に定める学校保健安全法に関する事務であって区規則で定めるもの	区長	地方税関係情報、生活保護関係情報、外国人生活保護関係情報又は児童扶養手当関係情報であって区規則で定めるもの
七	区長	法別表第一の六十三の項に定める中国残留邦人等の円滑な帰国の促進並びに永住帰国した中国残留邦人等及び特定配偶者の自立の支援に関する法律に関する事務であって区規則で定めるもの	教育委員会	学校保健安全法関係情報であって区規則で定めるもの
八	区長	法別表第一の九十四の項に定める子ども・子育て支援法に関する事務であって区規則で定めるもの	教育委員会	幼稚園入園情報であって区規則で定めるもの

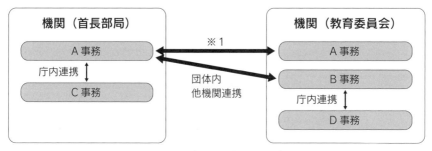

図表3−4　団体内他機関連携と庁内連携の関係

※1　多くの場合は、番号法1号や2号で提供可と考えられる。

(2) 東京都港区の団体内他機関連携条例の例

　団体内他機関連携条例は全自治体で必要となるものではない。団体内の他機関と特定個人情報の授受を行いたい自治体のみが制定する条例となる。

　既に定められている条例を見てみると、首長部局と教育委員会間の特定個人情報の授受が多い。例えば、東京都港区では、図表3−3の団体内他機関連携条例を定めている。

(3) 団体内他機関連携・庁内連携の関係

　団体内他機関連携と庁内連携の関係をまとめると、図表3−4の通りとなる。同一機関内の複数事務間の特定個人情報の授受が庁内連携であるため、首長部局であればその中の複数事務間の授受が庁内連携になる。団体内の他機関と特定個人情報をやりとりする場合は、番号法19条1号や2号に基づく場合のほか、番号法19条9号の団体内他機関連携条例に基づく場合が考えられる。

4　マイナンバーカード活用条例

(1) 全自治体が制定する必要はない

　マイナンバーカード活用条例とは、マイナンバーカードを活用するための

条例である。マイナンバーカードは、住民基本台帳カードの後継として、番号制度に基づき新設されたカードである。マイナンバーカードは住民基本台帳カードと同様、公的個人認証と空き領域の活用が可能である。

　マイナンバーカード活用条例は全自治体で必要となるものではない。これまで住民基本台帳カードを活用していた自治体のほか、マイナンバーカードを活用したい自治体のみが制定する条例となる。もっとも、政府ではマイナンバーカードの普及率を向上させるため、マイナンバーカードの機能としてさまざまなものを検討中である。

　番号制度の目的は行政効率化と国民利便性向上であるが、個人番号の効果は、第1章で述べた通り、対象者特定機能にあり、国民利便性向上というよりは行政効率化につながる制度である。個人番号は国が定めたお客様番号とも捉えることができるが、お客様番号は、企業が顧客情報の管理を正確化・効率化するのに資するものであり、顧客の利便性向上にはさほど役立たないのと同様である。行政手続の省力化による国民利便性向上以外は、個人番号の本質的効果として導かれるものではない。しかし、せっかく導入する制度であるから国民利便性を向上させるべく、さまざまな仕組みが用意されている。例えば、マイナンバーカード、マイナポータルである。

　番号制度をめぐっては、「便利になると聞いていたが、便利になったという実感がない」という声も散見される。国民利便性向上のためには、マイナンバーカードの機能、マイナポータルのコンテンツが重要であり、国だけではなく、自治体においても積極的な取り組みが求められる。

(2) 全国のマイナンバーカード活用条例の例

　マイナンバーカード活用条例としては、証明書等の自動交付機カードとしてや、図書館カードとして活用されている例が多い。例えば、東京都渋谷区では印鑑登録証明書の交付（渋谷区個人番号カードの利用に関する条例2条・別表）、鹿児島県鹿児島市では住民票の写しその他の規則で定める証明書の交付（鹿児島市個人番号カードの利用に関する条例2条）、愛知県蒲郡市では、自動交付機による住民票の写し、印鑑登録証明書その他の証明書の交付、書面による申請による印鑑登録証明書の交付（蒲郡市個人番号カード

の利用に関する条例2条)、東京都三鷹市では住民票の写し、印鑑登録証明書、市民税・都民税に関する証明書、戸籍に関する証明書の交付(三鷹市個人番号の利用に関する条例3条)について、マイナンバーカードを活用する旨が条例で定められている。

第4章 わかりやすい特定個人情報保護評価書をつくる方法

1 特定個人情報保護評価の運用・改善のポイント

(1) 特定個人情報保護評価の現状と理念

　特定個人情報保護評価書というと、自治体では、複雑で難解な文章を記載した書面というイメージが強くなっているかもしれないが、特定個人情報保護評価はそのようなものではない。「マイナンバーでいろいろなことがわかってしまうのでは」「マイナンバーが怖い」「国や自治体は、我々の個人情報をいいように使って我々を管理しようとしているのではないか」といった国民・住民の不安を解消するべく、業務上必要な範囲でしか特定個人情報を取り扱わず、またプライバシー権等侵害が起こらないようさまざまな対策を行っていることを、国民・住民に向けてアピールするための手段が、特定個人情報保護評価である。

　現在の評価書は、書き手も読み手も、何が書いてあるかを理解できないようなものとなってしまっているが、複雑な文章を書くことが求められているものではない。なぜそのような評価書が大量に公表されているかというと、評価書の様式自体の記載が個人情報保護の専門用語が多用されていてわかりにくいことと、最初のころに公表された評価書が難解な表現をしつつも正確に記載されていたものが、劣化コピーされて使いまわされてしまったというのが理由であると思われる。

　前者の評価書様式のわかりにくさは、様式案を作成した筆者（水町）の責任である。今後、評価書様式の改善に向けて、筆者としてできる限りのことを行っていきたいと考えている。特定個人情報保護評価を実施する自治体においても、再評価や評価書の修正をする際には、ぜひ、特定個人情報保護評

価が本来の姿を取り戻せるように、わかりやすい記載を心掛けていただければと思う。

(2) 特定個人情報保護評価をもっと理解するために

　特定個人情報保護評価は継続的な取り組みであるので、今後公表する評価書は、国民・住民の不安を解消できるようなわかりやすいものへ改めていくべきである。とはいえ、再評価や評価書の修正も、既に公表した評価書をコピーして、一部修正する形で行っている自治体も多い。また自治体自身では評価書を作成せず、ICTベンダーに丸投げしている例も多々見受けられる。
　本書では、特定個人情報保護評価の理想に沿った評価書へとブラッシュアップするのを容易化できるよう、簡潔な解説を行いたい。詳細な解説は、別書（水町雅子『完全対応　特定個人情報保護評価のための番号法解説～プライバシー影響評価（PIA）のすべて～』第一法規、2015年）にてすでに行っている。もっとも、詳細な解説を読むのは大変という自治体職員やICTベンダー担当者の声も聞こえてくる。そこで本書では、まずは簡単に特定個人情報保護評価のエッセンスを把握できるような解説を行い、特定個人情報保護評価が難解なものではないということを理解していただきたいと思う。
　なお、本章の図表、「つくば市介護保険に関する事務重点項目評価書概要」は、ホームページ上に資料としてまとめた形でも掲載する（「資料編」参照）。特に、第三者点検を行う自治体では、これらを基に自身の事務について評価を実施すると、第三者点検の際の説明が容易化すると考えられる。

(3) 茨城県つくば市の実例

　以下で解説する内容を実際に実践した例として、茨城県つくば市がある。つくば市では、番号制度導入当初より特定個人情報保護評価を実施してきたが、人口規模的に、基礎項目評価が大多数であり、一部は重点項目評価であった。基礎項目評価及び重点項目評価には第三者点検は義務付けられていないが、つくば市では平成27年より、重点項目評価について任意に第三者点検を実施することとしている。筆者（水町）はつくば市個人情報保護審査会委員を拝命した関係で、つくば市個人情報保護審査会の一員として、つくば

市の第三者点検に関与させていただいた。

　つくば市では、以下で解説する特定個人情報保護評価のエッセンスを踏まえて、第三者点検用に、評価書とは別にわかりやすい資料を作成していただいた。本章でつくば市の実例を踏まえて解説していきたい。自治体職員の読者においては、筆者の抽象的な解説に加えて、つくば市の実例を参照することで、自団体の特定個人情報保護評価実務の参考になるものと思われる。本書への掲載についてご了承いただいたつくば市には、心より感謝申し上げたい。

2　特定個人情報保護評価書の作成のポイント

(1) どのような事務か説明する

　特定個人情報保護評価書を作成するにあたり、まずは、特定個人情報を取り扱うのがどのような事務なのかを説明する。事務の詳細を解説するというよりも、事務の全体像をわかりやすく平易に説明する。その際、国民・住民や消費者に向けての説明をイメージするとよい。国民・住民・消費者は、公務員等とは異なり、自治体でどのような事務が行われているかを全く知らないという場合も多い。公務員にとっては当然のことであっても、外部から見たらわからないので、たとえるなら、事務担当に新しく加わった職員（新人・異動者）に説明するように、全体像をわかりやすく説明する。

　その上で、事務の全体像の中での特定個人情報の流れを追記していく。できれば図示できるとよいが、図示が難しいようであれば図表4－1のように平易な文章で記載する。

　なお、特定個人情報保護評価書の様式はWebサイト上で公開されているので、次の**評価書の該当箇所**に示した箇所を参照しながら読み進めてほしい。

◆「事務の説明」のポイントと例

図表4-1　事務の説明

> 1．どういう事務か説明しよう
> ・事務の全体像をわかりやすく平易に説明しよう
>   ✓ 国民・住民に向けての説明をイメージ
>   ✓ 国民・住民は、行政内部・企業内部の者とは違い、どのような事務なのかが全く分からない場合も多い。行政内部・企業内部にとっては当然のことであっても、外部から見たらわからない。
>   ✓ たとえるなら、この事務に新しく加わった従業員（新人・異動者）に説明するように、全体像をわかりやすく説明する
> ・さらに、事務の全体像の中での個人情報の流れを追記しよう
> ・できれば図にするとよい。難しいようであれば平易な文章で

評価書の該当箇所：重点項目評価書Ⅰ1②・全項目評価書Ⅰ1②別添1に記載する

文章の例（イメージ）

> ・目的：乳幼児医療費助成：経済的負担を心配しなくてもお子さんが病気などを治療できるよう、〇歳未満のお子さん[*1]の医療費等[*2]のうち保護者等が負担しなければならない分を、市で助成します。
> ・概要：当市では、出生届を受け取ったら、保護者等に申請を促します。保護者等の申請を受け付けたら、助成対象外[*1]に当たらないか当市で確認し、医療証を発行します。保護者等は病院の窓口等で医療証・健康保険証を提示の上、診療等を受けます。そうすると保険外等の、対象外となる医療費等[*2]を除き、保護者等は自己負担がなくなります。当市では、病院等から請求を受け、病院等へ対象額を支払います[*3]。
> ・[*1~3]：例外や、審査・支払機関等の点は、注記するとわかりやすくなる可能性がある。注記とせず、本文に書いてもよいが、正確に記載しようとして例外の解説が多すぎると、わかりにくくなるので、留意する。

絵の例（イメージ）　※内閣官房作成資料を抜粋

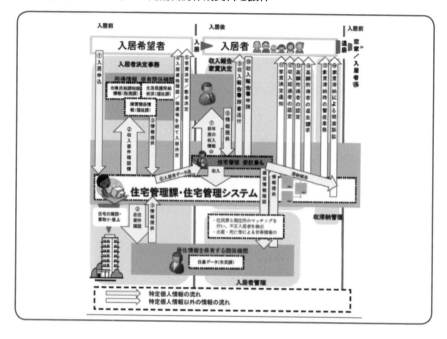

つくば市の例

1　どういう業務か

業務の全体像

介護保険制度は，介護保険法に基づき市区町村が保険者となって運営している。40歳以上の方が被保険者（加入者）となって保険料を納め，介護や支援が必要となったときは，要介護要支援認定申請を行い，介護や支援が必要と認められた場合，費用の一部を支払って介護保険のサービスが利用できるしくみとなっている。
被保険者は，65歳以上の第1号被保険者と40歳から64歳の第2号被保険者に分けられる。第1号被保険者は，原因を問わず介護や支援が必要となったとき，市区町村の認定を受けサービスを利用することができ，第2号被保険者は，老化が原因とされる病気（特定疾病）により介護や支援が必要となったとき，市区町村の認定を受けサービスを利用することができる。

・業務の内容
　①住民票に基づく被保険者の異動等及び年齢到達による資格の取得，喪失を管理している。
　②世帯構成，世帯員の課税状況，被保険者の所得及び生活保護受給状況等を把握し保険料を賦課している。
　③要支援・要介護認定申請に応じて諸要件を調査し要支援・要介護認定をしている。
　④世帯構成，世帯員の課税状況，被保険者の所得及び生活保護受給状況等を把握し自己負担を決定している。また，給付された実績の管理をしている。
　⑤決定した保険料の徴収方法を管理し，納期限ごとの金額を決定する。
　⑥普通徴収者に対して納付方法の選択（窓口納付，口座振替，コンビニ納付）ができるように環境整備をしている。
　⑦納付データの納付情報入力処理を行い，未納状況を管理している。
　⑧未納者に対して督促状を発行し，更なる未納者には催告等の滞納事務を行っている。
　⑨介護給付，予防給付又は市町村特別給付の支給に関する事務を実施している。
　⑩地域支援事業（※1）に関する事務を実施している。
　（※1）高齢者が要支援・要介護の状態になることを予防するサービスや要介護の状態になっても住み慣れた地域で自立した生活を営むことができるよう支援する事業

1 どういう業務か（業務の概要図）

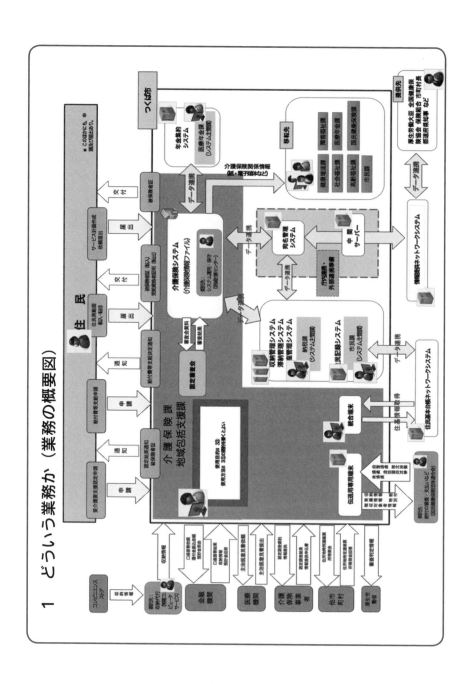

業務の概要図説明

①被保険者からの申請や届出，請求を受付けます。
②被保険者からの申請等に基づき，通知書や被保険者証の交付を行います。
③コンビニエンスストアや金融機関から収納情報を取得します。
④金融機関へ口座振替情報や還付情報を送付し，保険料の口座振替や還付を行います。
⑤被保険者の主治医へ主治医意見書の提出依頼を行います。
⑥主治医から主治医意見書の提供を受けます。
⑦調査委託事業者に対して訪問調査の依頼を行います。
⑧調査委託事業者から訪問調査の結果を受取ります。
⑨他市町村へ住所地特例(※3)情報や所得情報の照会を行います。
　(※3)　被保険者が，他市町村の施設に入所・入居して，施設所在地に住所を変更した場合に，施設所在地の市町村ではなく，施設入所前の市町村の介護保険被保険者となること。
⑩他市町村から住所地特例情報や所得情報の回答を受取ります。
⑪厚生労働省へ認定審査の判定情報を送付します。
⑫国民健康保険団体連合会へ資格や賦課，収納，給付実績などの情報を送付します。
⑬国民健康保険団体連合会から資格や収納，給付実績などの情報を受取ります。
⑭認定審査会に審査会資料を提供し，審査判定を依頼します。
⑮認定審査会から審査結果（認定結果）を受取ります。

（2）特定個人情報をどのように取り扱うか説明する

　次に、特定個人情報をどう取り扱うか説明する。前に説明した事務の中で、どのように特定個人情報が取り扱われるかを、国民・住民がイメージしやすいよう、わかりやすく説明する。

◆「特定個人情報の取扱いの説明」のポイントと例

図表４－２　特定個人情報の取扱いの説明

> ２．特定個人情報をどう取り扱うか説明しよう
> ・事務の中で特定個人情報をどう取り扱うか、平易に説明しよう
>   ✓国民・住民に向けての説明をイメージ
>   ✓国民・住民からすれば、誰の個人情報が何のためにどのように使われるかわからない。行政内部・企業内部にとっては当然のことであっても、外部から見たらわからない

評価書の該当箇所：重点項目評価書Ⅱ２③④３⑤・全項目評価書Ⅱ２③④３⑧に記載

例（イメージ）

・誰の個人情報：当市在住の〇歳未満のお子さん、保護者、過去の対象者[*1]
　　✓*1　〇歳以上になったお子さんと保護者の個人情報についても、過去△年分の情報を保存しています。
・どんな個人情報：
　✓主な記録項目：個人番号、４情報（氏名・住所・性別・生年月日）、連絡先、その他住民票関係情報、医療保険関係情報、児童福祉・子育て関係情報・生活保護・社会福祉関係情報、障害者福祉関係情報
　✓全ての記録項目：〇〇関係情報とある点を、もっと具体的に記載する
・どう使用するのか：
　✓医療証関係
　✓出生届を受け取ったら、保護者等の住所宛に乳幼児医療費助成について申請を促す連絡をする
　✓申請を受け付けたら、助成対象外に当たらないか〇、△、□情報を元に当市で確認し、医療証を発行する
　✓〇〇の時に、医療証を再発行する
　✓〇〇の時に、医療証を更新する

✓転出届を受け取ったら、……

つくば市の例

2　個人情報をどう取り扱うか

・取扱うファイルの種類：
　・介護保険情報ファイル

・誰の個人情報：
　・第1号被保険者及び認定を受けて被保険者証を交付されている第2号被保険者
　・第1号被保険者の属する世帯の世帯員及び認定を受けて被保険者証を交付されている第2号被保険者の属する世帯の世帯員

・どんな個人情報：
　・主な記録項目：個人番号，個人番号対応符号，その他識別情報（内部番号），4情報（氏名・性別・生年月日・住所），連絡先，その他住民票関係情報，地方税関係情報，健康・医療関係情報，医療保険関係情報，生活保護・社会福祉関係情報，介護・高齢者福祉関係情報，年金関係情報

・どう使用するのか：
［資格情報］
　・資格の得喪を管理し，保険料の賦課及び要支援・要介護区分の認定，給付を行うための基礎台帳とする。
［保険料情報］
　・資格情報から保険料の対象月数を算定する。
　・資格情報に所得情報・生活保護情報・老齢福祉年金情報を突合し，保険料を算定する。
　・算定した保険料の徴収方法を決定する。
　・上記の決定に基づき特別徴収決定通知書又は納入通知書を作成する。
　・減免申請や資格内容等の変更に基づき保険料の変更をし更正通知書を作成する。
　・保険料の問合せに対し，算定根拠を参照しながら回答をする。

［認定情報］
・要支援・要介護認定の申請内容を登録する。
・申請日から決定の期限日を算定し，訪問調査・意見書入手・一次判定・審査会実施の期限日を決める。
・訪問調査を依頼しその結果を登録する。
・主治医意見書を依頼しその結果を登録する。
・調査項目・意見書から一次判定を実施する。
・審査会資料を作成し審査会を開催する。
・審査会結果を登録し，決定通知書・被保険者証を作成する。
［給付実績情報］
・国民健康保険団体連合会からの審査済の実績データを登録する。
・償還払（費用の払戻し）申請データを登録し，支給決定をする。
・給付実績データから高額介護サービス費の算定を行い，対象者に申請勧奨をする。
・高額介護サービス費の支給を行う。
・高額医療合算介護サービス費の算定を行い，対象者に申請勧奨をする。
・高額医療合算介護サービス費の支給を行う。
・統計情報の作成を行う。
［特別徴収情報］
・介護保険料と対象者の年金支給額を比較し，天引き可能ならば1回当たりの天引き額をセットして年金保険者に依頼をする。
・死亡等の住民票の異動又は更正により年金特別徴収の中止を年金保険者に依頼をする。
［補足給付情報］
・給付申請を受付け，その内容を登録する。
・世帯所得情報から負担限度額を決定する。
・決定に基づき決定通知・認定証を作成する。
［負担区分情報］
・高額介護サービス費の算定を行い，対象者に申請勧奨をする。
・高額介護サービス費の支給を行う。
・高額医療合算介護サービス費の算定を行い，対象者に申請勧奨をする。
・高額医療合算介護サービス費の支給を行う。
［宛名情報］
・資格情報に組み合わせて被保険者証を作成する。
・保険料情報に組み合わせて保険料決定通知を作成する。
・認定情報に組み合わせて認定決定通知を作成する。

・給付実績に組み合わせて各種通知を作成する。

［収納情報］

・本人又は代理人から，納付日・計上日・保険料納付額の情報を受け取り（紙），納付事務を行う。
・金融機関から，窓口で支払われた保険料の納付日・計上日・納付額の情報を受け取り（紙・データ），納付事務を行う。
・各金融機関ごとに保険料の口座振替依頼情報（データ）を作成し，振替結果情報を受け取り，納付事務を行う。
・公的年金保険者から，年金受給者に対し受給額から保険料を天引きした情報を受け取り（データ），納付事務を行う。
・請求に基づき，納税証明書の交付を行う。
・保険料に更正が生じた場合に納付額に応じて還付充当の事務を行う。
・確定申告時に使用する保険料年間支払額を証明する事務を行う。

［滞納情報］

・金融機関へ通知書による預貯金情報の照会又は差押を依頼する。
・保険会社へ通知書による生命保険料情報の照会又は差押を依頼する。
・電話会社へ通知書による加入権情報の照会又は差押を依頼する。
・勤務先へ通知書による給与情報の照会又は差押を依頼する。
・他自治体へ固定資産情報（土地・家屋）の照会をし財産を把握する。
・本市における固定資産情報（土地・家屋）の照会をし財産を把握する。

［口座情報］

・本人の申請により，保険料を引き落とすための口座情報を管理する。
・金融機関別に，口座振替依頼データの作成を行う。
・金融機関からの振替結果より消込データを作成する。
・振替不能者に対し不能通知を作成する。

(3) 委託について説明する

　自治体内部で特定個人情報を取り扱う際は、自治体の条例・規程・セキュリティポリシー等に遵守した厳格な取扱いがなされることが考えられる。これに対し自治体以外の者が特定個人情報を取り扱う場合は、当該団体が履行しているレベルの安全性が担保できるかが、住民やその他の外部者にとっては大きな関心となることが考えられる。そこで、自治体（評価実施機関）以外に、誰に特定個人情報を取り扱わせるのかという委託について説明する。

◆「委託の説明」のポイントと例

図表4-3　委託の説明

> 3．委託について説明しよう
> ・委託先に特定個人情報を取り扱わせるか、平易に説明しよう
> 　✓評価実施機関以外に、誰が特定個人情報を取り扱うのかを説明する

評価書の該当箇所：重点項目評価書Ⅱ4・全項目評価書Ⅱ4に記載

例（イメージ）

> ・何を委託するのか：システム運用・保守
> 　✓乳幼児医療費助成システムの運用・保守を委託
> ・どこに委託するのか：
> 　✓Aシステム会社
> ・再委託するのか
> 　✓再委託は禁止　OR　再委託先の条件は……

つくば市の例

```
2  個人情報をどう取り扱うか

・委託事項：
  ① 介護保険システムの管理
      委託先： (株)茨城計算センター
  ② 給付の審査・支払
      委託先： 茨城県国民健康保険団体連合会
  ③ 高額医療合算介護サービス費等の計算
      委託先： 茨城県 国民健康保険団体連合会
  ④ コンビニ収納
      委託先： 常陽コンピューターサービス株式会社
  ⑤ 公金収納
      委託先： 常陽コンピューターサービス株式会社

・すべての委託事項において，再委託はしない。
```

(4) 目的外入手リスク対策について説明する

　目的外入手リスクとは、過剰入手リスクとも言い換えることができる。事務（利用目的）の達成に不必要・不相当な個人情報を入手しないよう、どのような対策を講じているかを説明する。利用目的の範囲外の個人情報を入手してしまうと、そもそも何のためにそのような個人情報を保有するのか疑問であるし、悪用されるリスクも高まる。これに対する対策としては、「人」の観点、「項目」の観点、「その他」の観点に分類できる。

　「人」の観点とは、事務（利用目的）のために必要な対象者以外の特定個人情報を入手しないための対策である。まずは対象者が誰なのか、その対象者に限って特定個人情報を入手するためにどのような対策がとられているかを説明する。

　「項目」の観点とは、事務（利用目的）のために必要な項目以外の特定個人情報を入手しないための対策である。その前提として、必要な項目を評価

書（評価書Ⅱ2④・別添2）に示し、その項目をなぜ必要とするかが説明する（評価書Ⅱ2④「その妥当性」）。そして、それらの項目以外を入手しないためにどのような対策がとられているかを説明する。

「人」「項目」の観点以外にも、目的外入手を防止するための対策があれば、それについても記載する。

◆「目的外入手リスク対策」のポイントと例

図表4－4　目的外入手リスク対策の説明

4．目的外入手リスク対策について説明しよう

どんなリスク？

・利用目的の達成に不必要・不相当な特定個人情報を入手しないよう、どのような対策を講じるかを説明する
  - ✓過剰入手とも表現できる
  - ✓利用目的の範囲外の特定個人情報を入手してしまうと、そもそも何のためにそのような特定個人情報を保有するのか疑問であるし、悪用されるリスクも高まる
  - ✓例えば、デモのための道路使用申請の際に、生活保護を受給しているか聞くことは、利用目的（道路使用許可）の範囲外であるし、プライバシー侵害に当たりうる
  - ✓網羅的・探索的に特定個人情報を入手する場合や、利用目的や入手経路、対象者の範囲が十分に特定されていない場合に特に問題になる
  - ✓まずは前提として、使用目的（評価書Ⅱ4⑥）、使用方法（Ⅱ4⑧）、入手元（Ⅱ3①）、入手方法（Ⅱ3②）、入手の時期・頻度（Ⅱ3③）が明らかになっているか。次に人と情報の両面から対策

・対策

(1) 必要な人以外から入手しないように
- 後期高齢者医療事務で仮に「65歳以上の住民」を対象者とするのであれば[*1]、評価書の記載を読めば、なぜ「65歳以上の住民」の個人情報を必要とするのかがわかるようになっているか
- 次に、誰がどのようにして「65歳以上の住民」に該当する者を洗い出すのか、どうやって特定個人情報を入手するのか、その際、それ以外の者の個人情報を入手するリスクを防止するためにどのような対策がとられているか
- 例えば住民基本台帳で生年月日を調査し、65歳以上の住民の特定個人情報を、システム上抽出して入手するのであれば、間違いは少ないものと考えられる

  [*1] 後期高齢者医療事務では、実際には、「65歳以上の住民」以外も対象者とするが、ここでは説明のために単純化して記載している

(2) 必要な個人情報以外を入手しないように
- 保有する項目は記録項目(評価書Ⅱ2④・別添2)に示す。まずは、その項目をなぜ必要とするかが説明(Ⅱ2④「その妥当性」)する
- 入手項目をシステムで限定したりダブルチェックする等、必要な個人情報以外を入手してしまうリスクに対し、どのような対策を講じるか

(3) その他の観点からの対策があれば記載
- 人、情報以外にも、目的外入手を防止するための対策があれば記載する

評価書の該当箇所:重点項目評価書Ⅲ2・全項目評価書Ⅲ2リスク1に記載

つくば市の例

3　目的外入手リスク対策について

どんなリスク？

・利用目的範囲外の特定個人情報を入手してしまうと，本来不必要な特定個人情報であるため，不正利用につながる恐れがある。

・確認事項
　・業務に不必要な情報を入手できるようになっていないか。

・主な対策
　・業務システム間の情報連携の制限

→　重点項目評価書Ⅲ2 に記載

対策

・目的外の入手が行われるリスク
　・庁内連携による他の業務システムからの入手については，法令等に基づくものに制限した上で，入手元システムのデータを参照し，必要な情報のみ画面に表示させることで不必要な情報の入手を防止している。

・入手の際に特定個人情報が漏えい・紛失するリスク
　・外部機関からのネットワークを通じた入手については，専用線を利用し，インターネットに接続できないようにした上で，端末を限定し，特定の通信しかできないように制限している。
　・窓口に設置している端末には覗き見防止フィルターを使用し，覗き見による情報漏えいを防止している。

→　その他の対策については重点項目評価書Ⅲ2 を御覧ください。

(5) 過剰紐づけリスク対策について説明する

　過剰紐づけリスクとは、評価書では「目的を超えた紐付け、事務に必要のない情報との紐付けが行われるリスク」と記載されているが、要は過剰に特定個人情報が紐づけられないよう、どのような対策を講じるかを説明する。個人情報が過剰に集約・使用されてしまうと、対象者について、業務に必要な範囲を超えて情報を得ることができ、人のプライバシーを不正に暴いてしまう恐れがある。個人番号は、これをキーとすることで、さまざまな個人情報を紐づけることができてしまう危険性があるため、このリスクに対する対策が重要となる。これに対する対策としては、システムと人の操作の両面から検討する必要がある。

　「システム」の観点とは、システム上、特定個人情報が過剰に連携されて、過剰に紐づいていたりしないかという観点からの検討である。「人」の観点とは、人間がシステム上ではなく手動でさまざまな特定個人情報を集めてしまわないかという観点からの検討である。

◆「過剰紐づけリスク対策」のポイントと例

図表4－5　過剰紐づけリスク対策の説明

> 5．過剰紐づけリスク対策について説明しよう
>
> **どんなリスク？**
>
> ・目的を超えた紐づけ、事務に必要のない情報との紐づけが行われないよう、どのような対策を講じるかを説明する
> ・個人情報が過剰に集約・使用されてしまうと、対象者について、業務に必要な範囲を超えて情報を得ることができ、人のプライバシーを不正に暴いてしまう恐れがある。個人情報が、使用目的を超えて取り扱われないよう、また、業務に必要のない情報と併せて取り扱われないよう、合理的な対策が講じられるか、システムと人の操作の両面から

評価する
- 例えば、乳幼児医療費助成の担当者が、乳幼児医療費助成の対象者以外の住民の個人情報を見られるようになっていないか。道路の使用許可をする担当者が、申請者がどのような家族関係で、どのような持病があって、所得額がいくらかみられるようになっていないか、など

対　策

(1) システムで適切な制御がなされているか
- システム間ではさまざまな接続／連携がなされており、適切な制御をしなければ、別々のシステムで保有されている個人情報全てを紐づけ・参照等することもできてしまう
- 特に、さまざまな事務で共通基盤として用いられているようなシステムでは、一つの事務に必要な情報以外のさまざまな範囲の情報を保有することが考えられる。共通システムではない個別システムであっても、過剰紐づけ・参照等のリスクがある
- 共通システム、個別システムともに、当該事務に必要な情報のみアクセスできるよう、どのような制御がなされているか、説明する
- 特定個人情報については、特に、業務上不要な個人番号にアクセスできないようになっているかも、十分説明する

(2) 人が過剰紐づけしないよう対策がされているか
- システム上で適切な制御がなされていても、職員がさまざまな権限を悪用して、業務と無関係な個人情報を手動で集めてしまうリスクもある。そのようなリスクを防止するためにどのような対策がとられるか

評価書の該当箇所：重点項目評価書Ⅲ３リスク１・全項目評価書Ⅲ３リスク１に記載

つくば市の例

4 過剰紐づけ対策について

どんなリスク？

・特定個人情報が過剰に集約・使用されてしまうと，対象者について，業務に必要な範囲を超えて情報を得ることができ，人のプライバシーを不正に暴いてしまう恐れがある。特定個人情報が，使用目的を超えて取り扱われないよう，また，業務に必要のない情報と併せて取り扱われないように対策を講ずる。

・確認事項
　・業務担当者が業務に不必要な特定個人情報にアクセスできないようになっているか。

・主な対策
　・業務システムにおける権限設定

→　重点項目評価書Ⅲ3リスク1に記載

対策

・宛名管理システム及び各業務システムにおける対策
　・アクセス権限の管理
　　・宛名管理システム及び各業務システムにおける権限設定に「特定個人情報アクセス権限」を追加し，権限を持つ者のみが対象のシステムにおける特定個人情報にアクセスすることができる。
　　・担当業務ごとに必要なシステムを切り分け，必要最低限の権限を付与している。
　・システムにおける設定・制限
　　・個人番号は暗号化して保存しており，画面に表示する際は，ログインしているユーザが「特定個人情報アクセス権限」を有していることを確認後，復号化して表示している。
　　・検索，照会，登録等の特定個人情報へのアクセスについては，「いつ」，「誰が」，「何の目的で」行ったか記録している。
　　・庁内連携による他の業務システムとの連携については，法令等に基づくものに

制限している。

→ その他の対策については重点項目評価書Ⅲ３リスク１を御覧ください。

（6）無権限者使用リスク対策について説明する

　無権限者使用リスク対策とは、評価書では「権限のない者（元職員、アクセス権限のない職員等）によって不正に使用されるリスク」と記載されているが、要は正当に特定個人情報を使用する者以外が特定個人情報を使用することがないよう、どのような対策を講じるかを説明する。

　無権限者とは、当該事務処理を担当していない職員、かつては当該事務処理を担当していたが今は担当していない退職者・異動者、外部者（役所窓口を訪れた一般人、無関係のサイバー攻撃者等）等を指す。まずは特定個人情報を使用できる者を特定した上で、特定された者のみが特定個人情報を使用できるようになっていることを具体的に説明する。

　これに対する対策としては、システムとシステム外の両面から検討する必要がある。「システム」の観点とは、システムを用いる者についてＩＤ／パスワード等によってユーザ認証を行うこと、アクセス権限の発効・失効を適切に行うこと、アクセス権限を管理すること、使用記録を取得・監査すること等がある。「システム外」の観点とは、システム以外で、無権限者が特定個人情報を使用できないようにする対策であり、書面が格納された書庫を施錠管理する等の例が挙げられる。

◆「無権限者使用リスク対策」のポイントと例

図表4－6　無権限者使用リスク対策の説明

6．無権限者使用対策について説明しよう

どんなリスク？

- 特定個人情報を取り扱うことが必要な者以外には、原則として特定個人情報を使用させてはならない。また、退職者・異動者のように、かつては特定個人情報を取り扱う必要があったが今はない者についても、特定個人情報を使用できないようにする必要がある。さらに、内部者だけではなく、外部者（市役所窓口を訪れた一般人、無関係のサイバー攻撃者等）についても同様に、他人の個人情報を使用できないようにする必要がある。そこで、特定個人情報を使用できる者を特定した上で、特定された者のみが特定個人情報を使用できるようになっていることを具体的に説明する。
- 例えば、個人の所得額を、地方税担当職員・生活保護担当職員が見るのは業務上必要であると思われるが、個人の所得額を業務上知る必要のない者が所得額にアクセスできないよう、どのような対策を講じているのか。

対　策

（1）システム面での対策

- システムの場合は、ユーザ認証を行い、アクセス権限の発効・失効を適切に実施し、アクセス権限を管理すること、使用記録を取得・監査すること等が考えられる。
- 全項目評価書には、「ユーザ認証の管理」「アクセス権限の発効・失効の管理」「アクセス権限の管理」「特定個人情報の使用の記録」欄が設けられているので、これらを具体的に説明し、無権限者が個人情報を

使用できないようにしていることを説明する。

(2) システム外での対策
・書面の場合も、施錠管理等で、個人情報を使用できる者を特定した上で、特定された者のみ個人情報を使用できることなどを、具体的に説明する。

評価書の該当箇所：重点項目評価書Ⅲ3リスク2・全項目評価書Ⅲ3リスク2に記載

つくば市の例

5　無権限者使用対策について

どんなリスク？

・特定個人情報を取り扱うことが必要な者以外（事務担当者以外の者や退職者や異動者などの以前は取り扱う必要があったが今はない者など）が，特定個人情報にアクセスできてしまうと，不正に利用される恐れがある。そのため，特定個人情報を取り扱うことが必要な者だけがアクセスできるように必要な対策を講ずる。

・確認事項
　・特定個人情報を取り扱う必要がない者がアクセスできないように制限，制御されているか。

・主な対策
　・適切なユーザ管理及びユーザ認証

→　重点項目評価書Ⅲ3リスク2に記載

対策

- ユーザ認証の管理　→　静脈による生体認証
  - 生体情報は個人ごとのユーザIDに紐づけて管理しており，その上で，「端末を起動するとき」及び「業務システムを起動するとき」に生体認証を行っている。また，端末は１分間操作を行わないと画面ロックがかかるように設定しており，解除にも生体認証を行うことでなりすましを防止している。

- アクセス権限の発効・失効の管理
  - 業務システムの利用に当たっては，所属の長から情報主管課の長に申請があった職員にのみアクセス権限を付与している。臨時職員の場合は，雇用通知書の写しを確認し，雇用期間内で申請のあった期間に限りアクセスできるように権限を付与している。
  - 権限を有している職員の異動・休職・退職等の情報を人事部門からの通知及び情報提供等により確認し，発生した場合には該当の職員のアクセス権限を即日失効する。
  - 年度切り替え時には，全職員のアクセス権限を失効させた上で，再度，新しい所属の長から情報主管課の長に申請があった職員にのみアクセス権限を付与している。

→　その他の対策については重点項目評価書Ⅲ３リスク２を御覧ください。

（7）委託先の不正リスク対策について説明する

　どんなに自治体内では厳格な取扱いをしても、委託先・指定管理者がずさんな扱いをされてしまっては、元も子もない。特定個人情報を委託先に取り扱わせることが禁止されているのではなく、委託先が特定個人情報を適切に取り扱うことを、委託元がどのようにして確認・担保しているかが重要である。

　重要なのは、契約と再委託についての対策である。委託先に特定個人情報を適切に取り扱わせるよう、どのような取り決めを行っているかを記載する。委託契約書というと、自治体の定型文をイメージする向きもあるが、委託先に特定個人情報を適切に取り扱わせるためには、法的な約束をする必要があ

り、その意味で契約は重要である。契約事項となっていない事柄を委託先に遵守させるのは困難である。委託契約の内容を精査し、委託先に求めることが網羅されているかを確認する必要がある。

再委託も禁止されていないが、委託の段階が深くなると自治体のコントロールが及びにくくなるおそれもある。そこで、委託先のみならず再委託先についても、特定個人情報を適正に取り扱わせるよう、委託元がどのようにして確認・担保しているかを記載する。

全項目評価書では、委託先の不正リスク対策として、このほかに、①情報保護管理体制の確認、②閲覧者・更新者の制限、③取扱記録、④ルール策定、⑤ルール遵守確認、そして前述の⑥契約、⑦再委託について記載することとされている。重点項目評価書でも、これを参考に、契約、再委託以外についても、対策を記載することも考えられる。

◆「委託先の不正リスク対策」のポイントと例

図表４－７　委託先の不正リスク対策の説明

７．委託先の不正対策について説明しよう

> **どんなリスク？**
>
> ・委託先に特定個人情報を取り扱わせると、委託元で取り扱う場合と比べ、特定個人情報を取り扱われる本人からは予期できなかったり、委託元の監督が及びにくいことが考えられる。そこで、委託先が特定個人情報を適切に取り扱うことを、委託元がどのようにして確認・担保しているかを、具体的かつ合理的に説明する
> ・どんなに地方公共団体内では厳格な取扱いをしても、委託先（指定管理者）でずさんな扱いをされてしまっては、不適切である。例えば、指定管理者に特定個人情報を取り扱わせている場合、指定管理者にどのようなことを守らせ、指定管理者を地方公共団体として監督しているか

- 全項目評価書では、対策として、①情報保護管理体制の確認、②閲覧者・更新者の制限、③取扱記録、④ルール策定、⑤ルール遵守確認、⑥契約、⑦再委託の7点が、すでに欄として設けられている。重点項目では、⑥契約、⑦再委託が、欄として設けられている
  - ✓ いずれも重要な対策であるが、特に⑥契約、⑦再委託がポイントとなる
  - ✓ 重点項目評価書では、全項目評価書の①から⑦を参考に、さらに対策を記載してもよい

対　策

(1) 契約
- 委託先と締結する委託契約において、特定個人情報の取扱いに関してどのような定めを置いているか
- 例えば、目的外利用の禁止、特定個人情報の閲覧者・更新者の制限、特定個人情報の提供先の限定、情報漏洩等を防ぐための保管責任、情報の返還・消去措置、特定個人情報の取扱いに関する定期的な点検・報告、委託先に対する視察・監査、委託契約終了後の特定個人情報の取扱い、再委託の取決め等
- 委託先に法律やガイドラインを遵守させることは当然であるが、法律やガイドラインの内容をさらに具体化して、どのような取り決めをしているか。例えば、委託先で特定個人情報の目的外利用、利用範囲を超えた利用が行われないよう、どうするのか。特定個人情報自体にアクセスできる人を限定したり、管理者が従業員をチェックしたり、取扱いのログを取るなど

(2) 再委託
- 再委託先で特定個人情報が適正に取り扱われるために行っている措置について記載する
- ①情報保護管理体制の確認、②閲覧者・更新者の制限、③取扱記録、④

> ルール策定、⑤ルール遵守確認、⑥契約を参考に、具体的に記載する
> ・例えば、再委託先における特定個人情報の管理状況を定期的に監査・点検している場合は、実施頻度、点検方法（訪問確認、セルフチェック）、点検後の改善指示の実施有無、改善状況のモニタリングの実施有無等を記載する

評価書の該当箇所：重点項目評価書Ⅲ4・全項目評価書Ⅲ4に記載

つくば市の例

6　委託先の不正対策について

どんなリスク？

・委託先が特定個人情報を扱う場合，委託元で取り扱う場合と比べ，委託元の監督が及びにくく，知らない間に不正利用される恐れがある。そのため，委託先が特定個人情報を適切に取り扱うことを確認・担保し，監督義務を適正に履行するために必要な対策を講ずる。

・確認事項
　・委託先の業者が不正に利用しないように適正に監督義務を履行しているか。

・主な対策
　・委託契約書への情報セキュリティ要件の記載

→　重点項目評価書Ⅲ4に記載

対策

・セキュリティ要件の明記
　・特定個人情報の取扱いに係る委託契約を行う場合，委託事業者との間で次の情報

セキュリティ要件を明記した契約を締結する。
・「法令等の遵守」,「秘密保持義務の遵守」,「目的外使用・第三者への提供の禁止」,「安全な情報管理の整備,報告」,「つくば市の調査権の明記」,「情報の返還,廃棄,消去」,「情報の複製の禁止」,「委託作業場所の特定」,「委託先における特定個人情報の取扱者への監督・教育」,「事故の報告義務」,「再委託の制限」

・業務実施状況の報告
　・委託業者がその日に行った作業について毎日報告を求めている。
　・業務の進捗状況を把握するため,２週間に１度,会議を開催し,業務システム及び機器等の運用状況や課題などについて報告を求めている。

・委託先に対する調査
　・委託業者の作業場所について職員による実地調査を行い,サーバ室の入退室及び鍵管理や記憶媒体の管理など,セキュリティが確保されているか確認している。

・特定個人情報ファイルの閲覧者・更新者の制限
　・アクセス権限を付与する従業員を必要最低限に限定し,アクセス権者の報告を求めている。

・再委託先における不正対策
　・以下の２点を契約書に明記している。
　　・再委託する場合は,あらかじめ書面によるつくば市の承認を得なければならない。
　　・再委託先についても,委託者と同様の義務を負う。

・再委託の条件
　・全部の業務を一括して再委託することを禁止し,一部の業務について再委託を行う理由が合理的であること,委託先と同程度のセキュリティが確保されていることを条件としている。

→　その他の対策については重点項目評価書Ⅲ４を御覧ください。

(8) 不正提供・不正移転リスク対策について説明する

　特定個人情報が違法・不正に提供・移転されると、特定個人情報が転々流通し、本人の意図しない多種多様な特定個人情報が、個人番号をキーとして不正に集約される恐れもある。番号法・条例を遵守するためにも、実際に行われている提供・移転を評価書に記載し、それが法律・条例上認められていることを確認する。そして、法律・条例上認められていない提供・移転を防止するよう、どのような対策を講じているかを記載する。

　対策としては、記録とルールが重要となる。記録を作成することで、不正の抑止効果も期待されるし、万一不正が行われた時のトレース効果も有する。法律・条例上認められていない提供・移転を防止するためには、職員等が行う提供・移転に関するルールを決めることが重要である。ルールについても評価書で説明する。

◆「不正提供・不正移転リスク対策」のポイントと例

図表4-8　不正提供・不正移転リスク対策の説明

8．不正提供・不正移転リスク対策について説明しよう

　どんなリスク？

・番号法では、特定個人情報の必要な範囲外の提供・移転を防止するため、厳格な規制が講じられている。評価実施機関においても特定個人情報が違法・不正に提供・移転され、転々流通しないよう、流用されないようにしなければならない
・例えば、乳幼児医療費助成事務で、乳幼児の保護者からマイナンバーが記載された申請書を受け取り、処理を行い、マイナンバーを記載した医療証を交付することは、適法・妥当（医療証にマイナンバーを記載しない選択もありうる）
　　一方で、乳幼児医療費助成事務で、乳幼児の病名・医療費と乳幼児・保護者のマイナンバーを、名簿業者に売却しては当然いけないし、保

険会社に提供してもいけない。自治体内で情報移転することも、例えば保育課に渡すことも、条例で規定しなければ原則だめ
　なぜなら、プライバシー侵害のおそれ、マイナンバーによる紐づけのおそれ
・評価書の「Ⅱ5．提供・移転」に法律上認められた提供・移転だけが記載されているか、法令上の根拠欄（Ⅱ5①）などを確認した上で、それら以外の提供・移転を防止できることが、具体的かつ合理的に説明する

対　策

・提供・移転時に記録を作成し、不正行為を抑止する
　✓具体的にどのような記録が作成されるか
　✓記録を作成しない場合でも、不正提供・移転を防止できる理由が合理的に記載されていればよい
・提供・移転に関して、ルールを定める
　✓どのようにしてルール遵守を確認するか
　✓ルールを定めなくても、不正提供・移転を防止できる理由が合理的に記載されていればよい

評価書の該当箇所：重点項目評価書Ⅲ5・全項目評価書Ⅲ5リスク1に記載

つくば市の例

7　不正提供・不正移転対策について

どんなリスク？

・特定個人情報が不正提供及び不正移転されると，知らない間に特定個人情報が流通し，第三者に不正利用される恐れがある。そのため，特定個人情報の提供・移転については，法律で認められたものに限定し，それ以外の提供・移転が行われないよ

うに必要な対策を講ずる。

・確認事項
　・特定個人情報の提供及び移転に関するルールを定めているか，また，ルール遵守を確認する手段が整備されているか。

・主な対策
　・特定個人情報の提供及び移転に関するルールの策定

→　重点項目評価書Ⅲ５に記載

対策

・特定個人情報の提供・移転に関するルール
　・特定個人情報の提供・移転を行う場合は，データ利用課の長がデータ主管課の長に対してその目的，法的根拠等を明示して申請を行い，データ主管課の長が必要かつ適当であると認めた場合に限り許可している。承認後，承認したことを通知する文書をデータ主管課の長から情報主管課の長に送付することとし，情報主管課においても承認内容を確認している。

・その他の措置
　・外部デバイスの制限
　　・端末への外部媒体の接続はシステムで原則禁止しており，やむを得ない場合については情報主管課の長の許可を得た媒体のみ接続を許可している。また，媒体の接続履歴として，「誰が」「どのような」操作をしたかを記録している。
　・ネットワークの分離
　　・特定個人情報を扱うネットワークはインターネットに接続可能なネットワークと物理的に分離している。

→　その他の対策については重点項目評価書Ⅲ５を御覧ください。

(9) 情報提供ネットワークシステムによる不正リスク対策について説明する

　情報提供ネットワークシステムの悪用等のリスク対策について記載する。情報提供ネットワークシステムにより情報連携の容易化・効率化が期待されるが、それと同時に、本人の知らないところで勝手に特定個人情報がやりとりされないかとの不安の声も聞こえるところである。職員が、情報提供ネットワークシステムを利用できることを奇貨として、興味本位で住民等の情報を入手したりするといった不正が行われないように、どのような対策を講じているか説明する。

　また、情報提供ネットワークシステムが安全でなければ、そこで大量の特定個人情報が授受されるので、さまざまな情報が抜き取られたりするのではという不安も生じる。情報提供ネットワークシステムの安全性についても、政府資料等を基に、国民・住民に対し評価書でわかりやすく説明する。

　対策としては、上記の入手や提供に対するリスク対策と基本的には同様であるが、情報提供ネットワークシステムにおいて特有な点として、使用目的と入手経路が法律上明確に限定されており（番号法19条7号・別表第二・番号法19条8号・個人情報保護委員会規則・条例）、限定された以外のものは情報提供ネットワークシステムにて情報連携を仲介しない技術上の仕様とされていることが挙げられる。

◆「情報提供ネットワークシステムによる不正リスク対策」のポイントと例

図表4-9　情報提供ネットワークシステムによる不正リスク対策の説明

9. 情報提供ネットワークシステムによる不正リスク対策について説明しよう

どんなリスク？

- 情報提供ネットワークシステムを使用して、他の自治体・行政機関などとの間で特定個人情報の授受が行われる。個人番号によって情報連携を容易化・効率化して効果が見込まれると同時に、本人の知らないところで勝手に情報がやりとりされないかとの不安も
- 例えば、業務上必要性があって、法令に明記された範囲内で、適正に情報授受がなされているのならばよいが、情報提供ネットワークシステムを利用できることを奇貨として、職員が興味本位で住民等の情報を入手することは当然認められない
- また、情報提供ネットワークシステムが安全でなければ、そこで大量の特定個人情報が授受されるので、さまざまな情報が抜き取られたりするのではという不安も
  - ✓ 中間サーバー部分の安全面については、総務省からの情報提供を参照
  - ✓ 情報提供ネットワークシステム部分の安全面については、総務省・内閣官房より情報提供がなされていないように見受けられ、非常に問題

対策

目的外入手防止対策
- まず目的と入手経路が特定されていることが前提となる

- ✓ 情報提供ネットワークシステムを通じた入手の場合、使用目的と入手経路は法律上限定されていて、明確に特定されている（番号法19条7号・別表第二・番号法19条8号・個人情報保護委員会規則・条例）
- ✓ 対象者以外の情報を入手しない
- ✓ どのように対象者を洗い出すのか、マイナンバーを入手する担当者等に対象者のリストを示し、入手の際は複数人でチェックする等
- ✓ この点、事務処理の流れをすべてシステム化することで、対象者情報以外は職員が入手できないようにする対策も考えられる。厚生労働大臣が平成27年4月21日に公表した「労働者災害補償保険法による保険給付等（年金給付）に関する事務 全項目評価書」では「情報提供ネットワークシステムを通じた特定個人情報の入手は、労災年金の請求等から決定に至るまでの事務の流れの中でシステム的に行われるようにすることで（請求内容のOCR（文字認識）入力を契機として、日本年金機構への情報照会を自動的に行う等）、請求等と離れた形で個別に照会が行われないようにしている」と記載されており、参考になる
- ・必要な情報以外を入手しない
  - ✓ 情報提供ネットワークシステム又は中間サーバーの仕様上、番号法で認められた特定個人情報のみ入手できるよう、一定の制御がなされていると考えられるので、その点をわかりやすく記載
- ・その他
  - ✓ 具体的にどのような記録が作成されるか
  - ✓ 記録を作成しない場合でも、不正提供・移転を防止できる理由が合理的に記載されていればよい

不正提供防止対策

- ・提供記録
  - ✓ 情報提供ネットワークシステム又は中間サーバーの仕様上、情報提

供等記録の作成が行われると考えられるので、その点をわかりやすく記載
- ルール
  ✓ 自治体内で、情報提供ネットワークシステムを使用した情報提供について、どのようなルールが設けられており、それに従えば、不正提供が防止できる理由を説明する
- その他

評価書の該当箇所：重点項目評価書Ⅲ6・全項目評価書Ⅲ6に記載

つくば市の例

8　情報提供ネットワークによる不正提供対策について

どんなリスク？

・情報連携が始まると，情報提供ネットワークシステムを使用して，他の自治体・行政機関などと特定個人情報の授受がなされうるため，不正入手及び不正提供対策として必要な対策を講ずる。

・確認事項
　・中間サーバ・ソフトウェア及び情報提供ネットワークシステムは不正入手，不正提供が行われないようなシステムになっているか。

・主な対策
　・中間サーバ・ソフトウェア及び情報提供ネットワークシステムによる不正入手，不正提供防止対策

→　重点項目評価書Ⅲ6に記載

対策

(1) 目的外入手防止対策
・つくば市における対策
　・権限設定により，情報提供ネットワークシステムを通じた入手ができる者を制限している。また，端末は静脈による生体認証によって操作者を特定している。

・中間サーバー・ソフトウェアにおける対策
　・中間サーバーの情報照会機能（※1）により，番号法上情報連携が認められた特定個人情報の照会以外の照会を受け付けない。
　　（※1）情報提供ネットワークシステムを使用した特定個人情報の照会及び照会した情報の受領を行う機能。
　・中間サーバーの職員認証・権限管理機能（※2）では，ログイン時の職員認証の他に，ログイン・ログアウトを実施した職員，時刻，操作内容の記録が実施されるため，不適切な接続端末の操作や，不適切なオンライン連携を抑止する仕組みになっている。
　　（※2）中間サーバーを利用する職員の認証と職員に付与された権限に基づいた各種機能や特定個人情報へのアクセス制御を行う機能。

(2) 不正提供防止対策
・つくば市における対策
　・つくば市と中間サーバー・プラットフォームは直接接続しておらず，データセンターに中間サーバとの連携機能を持ったサーバーを設置し，そのサーバーを介して接続することで外部からの脅威を防いでいる。また，つくば市及びデータセンターの出口にはファイアウォールを設置した上で，【つくば市－データセンター間】，【データセンター－中間サーバー・プラットフォーム間】はＶＰＮ（※3）によって接続している。
　　（※3）専用でない回線を暗号化等の技術を用いることにより，仮想の専用線として利用する技術。
　・権限設定により，情報提供ネットワークシステムを通じた入手ができる者を制限している。また，端末は静脈による生体認証によって操作者を特定している。

・中間サーバー・ソフトウェアにおける対策
　・中間サーバーの情報提供機能（※4）により，番号法上情報連携が認められた特定個人情報の提供要求以外の提供を受け付けない。

> （※4）情報提供ネットワークシステムを使用した特定個人情報の提供の要求の受領及び情報提供を行う機能。
> ・中間サーバーの情報提供機能により，情報提供ネットワークシステムに情報提供を行う際には，情報提供ネットワークシステムから情報提供許可証と情報照会者へたどり着くための経路情報を受領し，照会内容に対応した情報を自動で生成して送付することで，特定個人情報が不正に提供されるリスクに対応する。
> ・特に慎重な対応が求められる情報については，自動応答を行わないように設定し，特定個人情報の提供を行う際に，送信内容を改めて確認し，提供を行うことで，不正に提供されるリスクに対応する。
>
> → その他の対策については重点項目評価書Ⅲ6を御覧ください。

（10）開示請求・問合せについて説明する

　開示請求や特定個人情報の取扱いに関する問合せは、個人情報保護上も大変重要な意義を有する。特定個人情報の取扱いについて不安に思った国民・住民にとっては、①評価書を読む、②特定個人情報の開示・訂正・利用停止を請求する、③自治体に問い合わせるという方法以外に、アクションを起こす方法があまり想定されない。特定個人情報の取扱いについて不安に思った国民・住民がアクションをとりたいと思ったときにとれるようにする必要がある。そのためには、評価書全般をわかりやすく平易に改めるとともに、開示請求・問合せ方法を評価書中でわかりやすく説明することが重要である。

◆「開示請求・問合せの」のポイントと例

図表4-10　開示請求・問合せの説明

> 10．開示請求・問合せについて説明しよう
>
> ・特定個人情報の取扱いについて不安に思った国民・住民がとりうるア

> クションは、主に①特定個人情報保護評価書を読む、②特定個人情報の開示・訂正・利用停止を請求、③評価実施機関に問い合わせる
> ・アクションをとりたいと思ったときにとれるように、方法をわかりやすく説明する

評価書の該当箇所：重点項目評価書Ⅳ・全項目評価書Ⅴに記載

(11) 評価書の構成

図表4－11　評価書の構成

- 表紙
    - ✓ どんな評価か
- Ⅰ　基本情報　　　　　　　　　　　　　　　　　事実
    - ✓ 評価対象の基本的情報（どんな事務？どんなシステム？）
- Ⅱ　特定個人情報ファイルの概要　　　　　　　　事実
    - ✓ どのように特定個人情報を取り扱うかの詳細
    - ✓ 入手・使用・委託・提供・移転・保管・消去プロセスごとの事実
- Ⅲ　特定個人情報ファイルの取扱いプロセスにおけるリスク対策　　　　　　　　　　　　　　　　対策
    - ✓ どのようなリスク対策を行うかの詳細
    - ✓ 入手・使用・委託・提供・移転・保管・消去ごとのリスク対策
- Ⅳ　その他のリスク対策　…重点項目評価ではなし　対策
    - ✓ プロセスごとではない全般的な対策

```
Ⅴ  開示請求、問合せ
    ✓開示請求等をするにはどうすればいいか      手続等
Ⅵ  評価実施手続
    ✓どのように評価したか                    手続等

        事実（ⅠⅡ）を踏まえてのリスク対策（ⅢⅣ）→
```

(12) 評価書の全体構成

　以上、評価書のポイントを解説してきたが、最後に評価書の構成についてみていきたい。基礎項目評価書については簡潔なものなので解説は省略するが、重点項目評価書・全項目評価書の構成は、図表4－11の通りであり、表紙と6つのパートに分けることができる。

　まず「表紙」には、どんな評価であるかを記載する。「Ⅰ　基本情報」「Ⅱ　特定個人情報ファイルの概要」には事実を記載し、「Ⅲ　特定個人情報ファイルの取扱いプロセスにおけるリスク対策」「Ⅳ　その他のリスク対策」にはリスク対策を記載し、「Ⅴ　開示請求、問合せ」「Ⅵ　評価実施手続」には手続等を記載する。特定個人情報保護評価で重要なのは、事実（ⅠⅡ）を踏まえてのリスク対策（ⅢⅣ）である。

　「Ⅰ　基本情報」には、どのような事務、どのようなシステムに対する評価なのかという、評価対象の基本的情報を記載する。

　「Ⅱ　特定個人情報ファイルの概要」は、どのように特定個人情報を取り扱うかに関する詳細を記載する。ここには、入手・使用・委託・提供・移転・保管・消去プロセスごとの事実を説明する。

　「Ⅲ　特定個人情報ファイルの取扱いプロセスにおけるリスク対策」では、どのようなリスク対策を行うかの詳細を記載する。入手・使用・委託・提供・移転・保管・消去ごとのリスク対策を説明する。

図表4-12 重要な記載項目

該当箇所		内容	わかること
表紙		・評価書名、評価実施機関名 ・特記事項	・誰の何に対する評価か ・力を入れている対策
I	別添1	・事務の内容	・自分のマイナンバーがどのように取り扱われるかの見取り図
II	2③	・対象となる本人の範囲、その必要性	・誰のマイナンバーがなぜ取り扱われるか
	2④、別添2	・記録される項目、主な記録項目、その妥当性、すべての記録項目	・マイナンバーと共にどのような情報が取り扱われるか
	3⑧	・使用方法、情報の突合、情報の統計分析、権利利益に影響を与え得る決定	・マイナンバーが具体的にどのように使用されるか
	4	・委託事項、委託先名、再委託の有無等	・マイナンバーの取扱いがどこに委託されるか
III	2リスク1	・目的外の入手が行われるリスク	・マイナンバー情報を過剰に入手しないための対策としてどのような措置がとられるか
	2リスク3	・入手した特定個人情報が不正確であるリスク	・本人確認がどのように行われるか等
	3リスク1	・目的を超えた紐づけ、事務に必要のない情報との紐づけが行われるリスク	・マイナンバーが必要のない情報と過剰に紐づかないための対策としてはどのような措置がとられるか
	3リスク2	・権限のない者（元職員、アクセス権限のない職員等）によって不正に使用されるリスク	・業務に必要なくマイナンバーが利用されないための対策としてどのような措置がとられるか
	4	・特定個人情報ファイルの取扱いの委託	・委託先においてマイナンバーが適切に取り扱われるための対策としてどのような措置がとられるか
	5リスク1	・不正な提供・移転が行われるリスク	・マイナンバー情報が不正に提供・移転されないための対策としてどのような措置がとられるか
	6	・情報提供ネットワークシステムとの接続	・情報提供ネットワークシステムを通して不正な提供が行われないための対策としてどのような措置がとられるか
	7リスク3	・特定個人情報が消去されずいつまでも存在するリスク	・マイナンバー情報が適切に廃棄されるための対策としてどのような措置がとられるか
VI	2④⑤	・国民・住民等からの意見の聴取の主な意見の内容、評価書への反映	・評価書案に対し国民からどのような意見が提出され、それをどのように評価書に反映したのか
	3③	・第三者点検の結果＜自治体のみ＞	・自治体から独立した第三者専門家がこの評価書についてどのような点検を行い、どのような意見が出されたか
	4②	・特定個人情報保護委員会による審査＜自治体以外＞	・特定個人情報保護委員会でこの評価書についてどのような審査が行われ、どのような意見が出されたか

「Ⅳ　その他のリスク対策」は、「Ⅲ　特定個人情報ファイルの取扱いプロセスにおけるリスク対策」と異なり、プロセスごとではない全般的な対策を記載する。重点項目評価には存在していない項目である。

「Ⅴ　開示請求、問合せ」には、開示請求をするにはどうすればいいか等を記載する。「Ⅵ　評価実施手続」には、どのように評価を実施したか等を記載する。

それぞれのパートについて重要となってくる記載項目は、図表4－12の通りである。

3　特定個人情報保護評価書の効果

（1）情報保護に関する自治体のアピールになる

特定個人情報保護評価は番号法上の義務であるために、自治体であれば原則としてこれを実施しなければならない。特定個人情報保護評価は国際的にも評価の高い仕組みである。法律上の義務であるからいやいや実施するよりも、特定個人情報保護評価本来の効果を実感できるように実施していくべきである。せっかく時間と労力を割いて特定個人情報保護評価を実施するのであるから、実施する意味があるような特定個人情報保護評価が目指される。

特定個人情報保護評価のまずもってのメリットは、情報保護に関するアピールである。特定個人情報を取り扱うことなしに自治体実務を遂行していくことはできないが、一方で、特定個人情報を取り扱われる側にとってみれば、不安を覚えることもある。

例えば、役所窓口で、番号制度に対する不安や個人情報保護に対する不安の意見を表明する住民対応を考えてみよう。その都度、番号制度や個人情報保護について説明するというのも適切な方法かもしれないが、実際には、窓口を訪れる住民以外にも、同じような不安を持っている国民・住民も存在するかもしれない。自治体では、番号制度のつつがない運営、個人情報保護のために充実した努力を日々行っているにもかかわらず、それはあまり世間一般には知られていない状況にある。

現代のように個人情報への意識が高い時代においては、個人情報保護・プライバシー権保護に配慮した取扱いを行っていることは、国民・住民に対する大きなアピールとなる。特定個人情報保護評価を実施し、評価書を公表することで、自治体がどのように個人情報保護・プライバシー権保護に取り組んでいるかをアピールすることができるものと考えられる。

（2）職員研修にもなり職員意識の向上につながる

　自治体としては、職員等が個人情報を適切に取り扱うように、研修の実施のほか、さまざまな取り組みが行われている。しかし研修だと座学のため、どうしても抽象的なものになりかねず、職員に当事者意識が生まれにくいことも考えられる。

　その点、特定個人情報保護評価では、職員が現に担当している業務の中で、特定個人情報の取扱いに伴い、具体的にどのようなリスクが考えられるのかを検討する。そのため、自身の業務の中での具体的なリスクポイントや、リスクを防止するために職員自身がやるべき事項を認識することができ、職員のプライバシーに対する意識向上を図ることができる。

4 充実した特定個人情報保護評価が求められる

　特定個人情報保護評価で、情報保護に関する自治体のアピールをするためには、国民・住民から見てわかりやすい評価書でなければ意味がない。また職員意識を向上させるためには、職員自身でリスクや対策について検討することが重要である。なお、特定個人情報保護評価が原則自己評価とされているのは、特定個人情報を取り扱う者自身がリスクを把握し対策を検討することが重要であるためである。

　難解な文章を複写するだけの特定個人情報保護評価から、特定個人情報保護評価本来の理念を反映した特定個人情報保護評価への転換が求められる。

　本章では、つくば市の実例を挙げたが、これは評価書の概要説明資料であり、上長への説明や第三者点検の際に役立つと考えられる。つくば市のその

他の説明資料や評価書本体については、つくば市Webサイト（https://www.city.tsukuba.ibaraki.jp/14278/14282/18057/index.html）に掲載されているので、適宜参照願いたい。

第5章 条例の精査・改正対応のために行うべきこと

1 事務の洗い出しが必須

　第1章1（1）のように、番号制度対応のために自治体では、①独自事務条例、②庁内連携条例、③団体内他機関連携条例、④個人番号カード活用条例の整備が必要である。このうち最も問題となるのは②庁内連携条例である。もっとも、これらの条例の案文自体は、筆者による別書（宇賀克也・水町雅子・梅田健史『施行令完全対応　自治体職員のための番号法解説[実務編]』第一法規、2014年、第4章）や、内閣官房によりすでに提示されている。

　しかし、実際に自治体の声を聞いてみると、問題は、条例案文というよりも、庁内連携条例のうち、具体的にどの事務とどの事務の間で特定個人情報の授受が発生しているのかという、事務の精査であるように思われる。

　実際に自団体内で行われている庁内連携をすべて網羅するように庁内連携条例を精査したり、又は今後の別表第二主務省令改正、番号法改正等に向けて準備を進めていくためには、具体的にどのような対応が必要となるのか。それは、自治体で実施する庁内連携を洗い出すために、照会を行い、一覧表等を作成することである。原課、システム所管課、ICTベンダーに対し、個人番号を利用する事務を対象に照会を行い、自団体内の他の事務との間で特定個人情報のやり取りをしている場合は、他の事務名、個人情報の概要を照会する。

　これを行った上で、当該庁内連携に相当するものが番号法別表第二に規定されているか確認し、別表第二に規定されているものは庁内連携条例の包括方式で足り、別表第二に規定されていないものは個別列挙で庁内連携条例に規定するということになる。

図表5－1　条例の精査・改正のために行うべきこと

照会		
	対象者	原課、システム所管課、ICTベンダー
	対象	個人番号を利用する事務
照会内容		
	1	自団体内の他の事務との間で特定個人情報のやり取りを行っているか
	2	行っている場合は、他の事務名、個人情報の概要
	3	相当する別表第二の号番号
条例の整備		
	1	相当する別表第二が存在する場合は包括方式で足りる
	2	相当する別表第二が存在しない場合は個別列挙要

2　照会を容易にする地プラの活用

(1) 地プラをベースにした照会

　しかし自治体の声を聞いてみると、照会が困難であるという声も聞こえてくる。そこで力を発揮するのが地プラである。

　地プラを確認することで、他の事務や他のシステムとの情報連携を可視化することができる。極端なことをいうと、地プラの理念からいえば、地プラ資料を参照するだけで、庁内連携条例のための事務の洗い出しが完了し、照会が不要ということになる。もっとも地プラは、「標準」的な自治体における事務、システムをモデル化したものであるため、自団体が常に地プラと全く同じ事務を処理し、同じシステムを実装しているわけではない。

　自治体の事務は法律・条例に基づくものであるため、全国どの自治体においてもベースは同じであるが、自治体によって独自色を強めていたり、創意工夫しているところもある。自治体独自の事務を行っていたり、上乗せ・横出し給付を行っていたりもする。システムについても同様である。

　そこで、地プラをベースにしつつ、原課、システム所管課、ICTベンダーに対し照会を行う手法を、本書では提案する。地プラをベースにしつつ、自

団体として創意工夫している部分、独自に行っている部分を、原課、システム所管課、ICTベンダーに確認してもらうということである。

(2) 地プラをベースにした照会のメリット

　この方が白地で照会を行うよりも、効率的である。全く一から、原課、システム所管課、ICTベンダーに対し、庁内連携について照会すると、通常業務で忙しい中、協力が得られない可能性がある。すべての職員が番号制度や庁内連携に精通しているわけではないため、照会されても何を回答してよいかわからない場合も考えられる。

　この点、地プラを活用すると、一定程度の回答がすでに地プラ資料によって提示されているため、それを加除修正するという形になり、原課等の照会が得られやすいと考えられる。

　現に、茨城県つくば市では、地プラをベースとせずに独自に照会を行ったところ、照会を行い回答を得て、回答に関する疑問点を再度照会するなどした結果、1年程度の時間を要して、庁内連携条例案の制定に至ったとのことである。これに対し、地プラをベースにした照会を行った宮崎県小林市、福島県白河市では、より短期間で庁内連携条例の制定が可能となっている。

図表5－2　茨城県つくば市での例

・平成26年4月	つくば市番号制度推進会議　設置
・平成27年4月	つくば市番号制度推進本部　設置（新体制）
・平成27年1月	条例WG　検討開始
・平成27年2月	原課照会→回答（2週間）
・平成27年3月	回答取りまとめ（1週間）
・平成27年4月～8月	条例WG　内容検討
・平成27年9月	関係各課最終ヒアリング
・平成27年10月	ヒアリング結果まとめ
・平成27年11月	規則へ委任内容確認
・平成27年12月	条例案及び規則案作成完了

図表5-3　福島県白河市での例

- 平成26年 7月　条例制定に向けた担当者会議の立ち上げ
- 平成27年 1月　条例制定打合せ
- 平成27年10月　とりまとめ
- 平成27年12月　12月議会
- 平成28年 2月　条例改正のためシートを原課・ベンダーへ照会、回答（2週間）
- 平成28年 3月　とりまとめ（2週間）　原案作成
- 平成28年 4月　条例改正案決済
- 平成28年 6月　議会承認

　※　庁内連携等のための条例改正事務は、照会から議会承認まで4ヶ月のうち照会からとりまとめが1ヶ月、実作業時間は2ヶ月程度。

図表5-4　宮崎県小林市での例

【条例制定】

H26	11月	対策本部決定　小林市情報化推進本部
H27	4月～5月	例規部会で方針の協議 【資料作成と例規部会の開催　1週間程度】
	6月	原課洗い出し調査開始 【原課照会→回答　2週間程度】
	7月	洗い出し調査をもとにたたき台作成
	7月	総務省地域情報化アドバイザーの支援 （議案上程時期、独自利用事務）
	8月	市独自利用事務再調査 【原課再照会　→　回答　→　とりまとめ　4週間程度】
	9月	条例案文の検討
	10月	情報化推進委員会で協議
	11月	法規審議会、条例案決定
	12月	12月議会へ議案を提出　可決
H28	1月1日	施行

※条例制定までのスケジュール　9ヶ月
※原課照会等とりまとめ実作業期間　7週間程度

【一部改正】

H28	1月	業務フロー票に基づく地プラ前事前調査を実施【原課照会 →回答 2週間程度】
	2月	原課ヒアリング開始 【原課ヒアリング 1週間程度】
	2月～3月	地プラ前事前調査と地プラシートを比較
	3月	一部改正条例、一部改正規則たたき台の作成
	4月～5月	例規部会と調整開始、例規部会は規定ぶりの技術的支援と内容チェック。調整結果をもとに原課へ確認依頼。【改正案文の修正を7回行う。原課再照会 → 回答 4週間程度】
	5月	法規審議会、例規部会で調整。一部改正議案決定
	6月	6月議会へ一部改正議案を提出
	6月30日	施行

※一部改正までのスケジュール　6ヶ月
※原課照会等とりまとめ実作業時間　7週間程度

　ボリューム的には一部改正の方が大きかったが、APPLIC会議で不明な点について見解をいただけたので制定と同じ実作業時間で改正することができた。

3　照会方法

　地プラを活用した照会方法については、第2編で詳述する。第2編では、地プラの概要についても解説するため、システムを専門としない読者にとっては、わかりにくい部分もある。そこでまず本章で、地プラを活用した照会方法について簡潔に紹介する。

　行うべきことは、図表5-5の通りである。

　まずは照会の準備を行う。調査主体となるチームにおいて、資料（資料編のダウンロード資料の地プラを利用した業務別連携確認シート（以下、地プラ連携確認シートという）、原課照会依頼書例）を確認する。誰に対しどの事務についての調査を依頼するかも確認する。また、実際の照会の際に用いる照会依頼書を、巻末原課照会依頼書例を基に作成する。この段階で、事前に原課、システム所管課、ICTベンダーへ協力依頼を行うことも考えられる。

　次に、照会を行う。原課、システム所管課、ICTベンダーに、地プラ連携

図表５－５　地プラを活用した紹介方法

1	照会の準備
	● 資料を確認 〈参考：地プラ連携確認シート、原課照会依頼書例〉 ● 照会対象（原課、システム所管課、ICTベンダー）を確認 ● 照会依頼書を作成 〈参考：原課照会依頼書例〉
2	照会
	● 照会 〈参考：地プラ連携確認シート、原課照会依頼書例〉 ● 回答確認 ● 再照会、再回答確認等
3	とりまとめ
	● 回答結果を集約 ● 必要な条例対応を確定
4	条例対応
	● 別表第二包括方式のほか、個別列挙する ● 議会上程

　確認シートを確認してもらい、自団体の実情に合わせて加除修正してもらう。調査主体となるチームにおいて照会に対する回答を確認し、疑問点等あれば再照会等を行う。疑問が解消されれば、とりまとめ段階に移る。とりまとめ段階では、回答結果を集約し、必要な条例対応を確定する。

　地プラ連携確認シートを確認して、別表第二に相当するものがある庁内連携については、別表第二包括方式で足りるため、個別列挙は不要となる。別表第二に相当するものがない庁内連携については、別表第二包括方式では規定できないため、個別列挙をする。個別列挙のための条例案文を検討し、条例案としてまとめて、議会へ上程する。

4 条例精査だけではない地プラの活用

(1) 法改正対応

　地プラ連携確認シートは、条例精査・条例制定時のみに役立つものではな

い。番号法改正、別表第二主務省令改正等が随時行われることが今後とも考えられるが、その際に、庁内連携条例のみしか手元資料が存在していないと、具体的にどのように条例の手当てを行えばよいのか、事務対応をすればよいのか、わからないことも考えられる。特に、番号制度は複雑なこともあり、別表第二主務省令が何回か改正されると、さらに複雑さを増すことも考えられる。

　加えて、自治体では、定期的な人事異動が行われるため、番号制度担当者や法規担当者、原課担当者、システム所管担当者が異動になる可能性がある。その際、担当者の力量にのみ頼った運営を行っていると、人事異動後に異動前と同じ対応が難しくなってしまう。

　その点、地プラ連携確認シートを用いれば、どういう事務でどういう庁内連携が行われており、それが条例上どのように規定されているのかが一覧できるため、法改正、別表第二主務省令改正が行われても、影響範囲を正しく見極め、適切な手当てを行うことができると考えられる。さらに人事異動があっても、地プラ連携確認シートがあれば、番号制度全体を俯瞰することや各事務の連携の詳細を確認することも可能である。

(2) システム改修・刷新対応

　また、地プラ連携確認シートは、システム改修・刷新時にも役立つ。地プラ連携確認シートには、自団体で現在行われている庁内連携がすべて記載されているため、システムの前提となる業務要件の一部が可視化されている。どのような連携が行われているかが可視化されているため、例えば、現行事務では書面による連携が行われているものや媒体での連携が行われているものについて、システム化を図る検討をすることなども可能である。庁内連携以外の仕様等については、地プラのその他の資料を参考にすることで把握することができるだろう。

　システム改修・刷新により、庁内連携や事務運営に変化があったとしても、地プラ連携確認シートを用いれば、それが番号制度や庁内連携条例にどのような影響をもたらすかを確認し、管理することができる。

(3) 特定個人情報保護評価対応

　特定個人情報保護評価のうちの重点項目評価、全項目評価では、特定個人情報の「移転」について記載するものとされている。例えば、地方税事務で特定個人情報保護評価を実施していた場合には、特定個人情報保護評価書の表紙に「地方税事務」と記載されている。この表紙に記載されている事務外に特定個人情報を渡すことを「移転」と呼ぶ。

　地方公共団体からは、庁内連携と同様に、「移転」の洗い出しが難しいとの声も聞こえてくる。特定個人情報保護評価上の「移転」は、庁内連携と概ね同じ概念であるので、地プラを活用することで、「移転」の洗い出しも行うことができる。

　もっとも、「移転」と庁内連携は、単位が異なる場合がある。「移転」の単位は、特定個人情報保護評価書の表紙記載の事務単位となるが、これは、必ず別表第一の項ごとではないため、庁内連携よりも範囲が狭い場合もあれば広い場合もある。その点の調整さえ行えば、地プラ連携確認シートに記載された内容を、特定個人情報保護評価書に「移転」として転記すれば足りるということになる。なお、「移転」の概念や、「移転」と庁内連携の関係性についての詳細な解説については別書（水町雅子『逐条解説マイナンバー法』商事法務、2017年、近刊）に譲りたい。

(4) 地プラ連携確認シートの維持の重要性

　このように地プラ連携確認シートは番号法改正・別表第二主務省令改正対応やシステム改修・刷新対応、特定個人情報保護評価にも役立つものである。せっかく労力をかけて作成するのであるから、一度作成したら完了とするのではなく、定期的なメンテナンスを行い、最新状態を維持し続けることが重要である。

　番号制度はさまざまな事務にまたがる制度であるし、番号法も複雑であり、法律と条例との適用関係の把握も難しい。さらには法制度と実務とICTシステムとを総合的に理解しなければならないため、対応に苦慮している地方公共団体も散見される。

　そのさまざまな事務の洗い出し、条例上の規定の確認、ICTシステムとの

関わりを一元管理できる手段として、地プラ連携確認シートがあるので、ぜひこれを活用されたい。また、地プラ連携確認シートでは情報量が多く詳細すぎると感じる場合には、その総括表的な位置づけとして、特定個人情報保護評価の計画管理書（http://www.ppc.go.jp/files/pdf/20160101_youshiki1kisaiyouryou.pdf）が役立つ。

個人情報保護条例上、多くの自治体では、個人情報取扱事務登録簿制度等が存在しているが、登録簿制度も、一度登録した後に変更があった場合に、それをさらに登録し、最新状態に維持し続けるのが難しいとの評価もある。しかし、登録簿制度にせよ、地プラ連携確認シートにせよ、特定個人情報保護評価の計画管理書にせよ、自団体内の状況を一元的に管理し、可視化する手段がなければ、管理を行うということはほぼ不可能である。最新状態の維持の重要性を認識し、今後番号制度を運用し続ける限り、地プラ連携確認シートや特定個人情報保護評価の計画管理書を維持し、これを用いたガバナンスが期待される。

第6章 今後のICTシステム・実務運用のポイント

1 これまで以上に強固な情報ガバナンスの必要性

　番号制度に対応してゆくためには従来以上に強固な情報ガバナンスが必要となる。一番の理由は「特定個人情報」という新たなカテゴリーの導入である。特定個人情報が求める高度な安全管理措置は、
- 全庁的な取組みであること
- 制度と技術を総合的に理解した取組みが必要であること

という従来にない困難さを持つ。

　この新たな課題に対応するには、制度と技術双方を俯瞰し、全体を掌握する強力な情報ガバナンスの確立が不可欠である。そして、そのためには「現状の可視化」が何より必要となる。

　情報ガバナンスは番号制度という新しいインフラを担う自治体の責務である。ここでは、特定個人情報の導入のためにどのような取り組みが必要であるか、そして、その取り組みにおいて情報ガバナンスがどのような役割を果たすのか、なぜ現状の可視化が必要になるのかを概説する。

(1) 特定個人情報の保護という新たな命題

　番号制度で新たに導入された「特定個人情報」は、従来の個人情報よりも厳格な取扱が必要とされている。この取扱いについては個人情報保護委員会が公表している「特定個人情報ガイドライン」や「特定個人情報保護評価指針の解説」に詳しい。そこには、自治体が責任をもって全庁的な取組みを推進することの必要性が述べられている。

　特定個人情報ガイドラインの「第3-5　特定個人情報保護のための主体

的な取組について」には、
　「行政機関等及び地方公共団体等は、番号法等関係法令並びに本ガイドライン及び指針等に従い、特定個人情報の適正な取扱いを確保するための具体的な方策について検討し、実践するとともに、国民・住民等の意見、事務の実態、技術の進歩等を踏まえ、点検・見直しを継続的に行う体制を主体的に構築することが重要である。」
　と述べられており、特定個人情報の保護に関して自治体は主体的に、
●方策の検討
●実践
●継続的な点検・見直し体制の構築
を行わなければならないとしている。
　特定個人情報ガイドラインはさらに、その具体的な進め方を「（別添）特定個人情報に関する安全管理措置」に示し、安全管理措置のあり方を定義している。安全管理措置の実施には改正条例に従った運用が必須であることは前述のとおりである。しかし、それだけではなく、運用や事務手順の見直し、さらに技術的な対策など、幅広い対応が必要となる。具体的には、
●基本方針策定
●取扱規程等見直し
●組織的、人的、物理的、技術的安全管理措置の実施
が求められている。
　単なる個別事務の取扱い見直しや、部分的なセキュリティー強化にとどまる要請とはレベルの違う取組みが求められている。基本方針を作り、統一的な考え方に基づいて推進しなければならない。さらに、全庁的な組織体制をもって取り組むことも必要とされている。
　特定個人情報導入の影響は非常に広範囲に及ぶので、全庁で足並みをそろえた対応が不可欠だからである。自治体には特定個人情報を取り扱う事務が多数ある。さらに、これら自治体の各事務はお互いに多くの情報を交換しながら実施されている。つまり、相互に複雑に影響しあっている。その結果、事務ごとに対応方針が異なり、全体として不整合を起こすようでは十分な保護措置が取れなくなってしまう。整理された考え方、判断基準で、庁内全体

として特定個人情報の保護を強化しなければならない。

(2) 特定個人情報に対する安全管理措置という取組み

　全庁で足並みをそろえて安全管理措置を実施するには「情報ガバナンス」がしっかりと実現されている必要がある。組織横断的に状況を把握し、適切な判断を下し、状況をコントロールする能力が必要となる。情報システムだからベンダーにしかわからないといったことは許されない。自治体が自らの力で、責任をもって安全管理措置を着実に推進しなければならない。

　特定個人情報ガイドラインの「(別添)特定個人情報に関する安全管理措置」には全庁的な推進体制のもと、着実に保護水準を上げるための手順が示されている。大小さまざまな事務を一斉に足並みそろえて強化することは容易ではない。特定個人情報ガイドラインでは、段階を踏んでこれを実現する。まず対象を明確にする。次に方針を明確にする。そして具体的な規程見直しを行う流れである。

　特定個人情報を扱う事務範囲は広いので、まず対象を明確にする必要がある。対象の明確化には、

●事務範囲の明確化
●特定個人情報範囲の明確化
●事務取扱担当者の明確化

が含まれる。できるだけ限定された事務で、限定された特定個人情報を、限定された担当者が扱うというのが基本的な考え方である。

　事務範囲の明確化とは、番号法で定義されている「個人番号利用事務」の明確化である。個人番号利用事務は法定されており、番号法の別表第一に列挙されている。具体的に庁内のどの事務が個人番号利用事務に該当するかを整理する。さらに、自治体は条例をもって個人番号利用事務を追加できるので、これについても整理する必要がある。

　自治体は一部で「個人番号関係事務」も実施する。主に職員に対する事務である。これらも特定個人情報を扱うので、合わせて整理が必要となる。

　次に、事務が整理できたら整理したそれぞれの事務がどの特定個人情報を扱うのか、取り扱う特定個人情報の範囲を明確にする。番号法は個人番号を

利用できる事務は定義しているが、それぞれの事務がどのような特定個人情報を扱うかについては制限していない。特定個人情報の保護のためには当然、どの情報が扱われているか明確にする必要がある。

さらに、特定個人情報ガイドラインは事務取扱担当者の明確化を強く求めている。ここまでで整理した事務を実際に行うのは誰なのかをはっきりさせなければならない。個人番号利用事務は誰でも実施できるものではなく、許された担当者だけが実施する。保護の観点からは担当者は必要最低限に厳選されるべきである。特定個人情報の明確化と事務取扱担当者の明確化は特定個人情報保護評価においても重要な基礎情報となる。

事務、特定個人情報、事務取扱担当者といった対象が明確になったところで、これらに適用される全体的な方針、考え方を「基本方針」としてまとめる。対象はコンピュータ処理とは限らない。紙による事務も特定個人情報を扱う事務に変わりない。これら多種多様な事務に組織としてどのように取り組んでいくのかを整理する。

最終的に基本方針にのっとった具体的な運用を取扱規程として整備し、運用の適正化を維持する手段として安全管理措置をまとめる。取扱規程は事務ごとの特性に応じる部分がある。一方で、組織的、人的、物理的、技術的な対応である安全管理措置は全体的な取組みであり、事務によらない共通要素として定められる部分が大きい。当然、どちらも基本方針に基づいたものでなければならない。

以上見てきた、対象の明確化から基本方針作成、取扱規程見直しといった流れこそ、まさに情報ガバナンスの強化である。個々の事務、個々の組織に閉じず、全体を正しく可視化、把握して、的確な判断の基に取組みを推進するには力強い司令塔が必要である。番号制度のように多種多様な業務、事務に影響を及ぼす制度導入には全体を正しく掌握し、コントロールする力が欠かせない。安全管理措置の実現とはすなわち、情報ガバナンスの強化そのものである。

(3) 技術的な整備と条例との整合性という困難

安全管理措置において技術論が重要であることは当然である。技術的安全

管理措置は必ずテーマに上がる。とはいえ、従来のそれはセキュリティーなどの純粋な技術論であり、条例などの制度論との整合性はそれほど重要ではなかった。しかし、番号制度対応ではシステムの全体的な技術論、いわばシステムの作りと制度論の整合が問われる。これまであまりなかった状況である。一層複雑な情報ガバナンスが求められる。

これまで技術と制度の整合性は部分的な問題が主であった。例えば制度側の要請として本人確認が必要とされるとき、個人認証の技術論をどうするのかとか、個人情報の利用状況が適切であることを監査人が確認するために用いる証拠となる監査証跡が必要とされるときにログをいかに出力、保管するのかといったものであった。いずれも制度的な要求水準と技術的な実現水準との整合や費用対効果といった議論になる。

一方で、番号制度において、特に特定個人情報の庁内連携の議論においては、業務システム全体の考え方が制度と整合するかの検討が必要となる。特定個人情報は様々な個人番号利用事務で利用される。複数の個人番号利用事務の間で特定個人情報が流通することを特定個人情報の庁内連携という。第2編で詳しく説明するが、この庁内連携は条例をもって許可しなければならない。このとき、どのように条例を作成する必要があるかはどのようなシステム構成になっているかに大きく影響を受ける。

特定個人情報の庁内連携を技術的に定義するとかなり複雑な理解を必要とする。庁内連携や移転[※1]となる要件は特定個人情報保護評価解説に詳しいが、簡単に言うと、実際に事務間を流れるデータが外形的に特定個人情報でなくとも特定個人情報の庁内連携と解釈される場合がある。移転元の事務が特定個人情報ファイルを持っており、そこから個人番号を伴わない個人情報だけを切り出し、他事務に送信する場合、受け取った事務側でその個人情報を改めて個人番号と紐づけて特定個人情報として理解可能になっていれば、この情報の流れは特定個人情報の庁内連携と解釈される。特定個人情報保護評価解説の「Q第2の9－1」には次のような記述がある。

※1　なお、本書では庁内連携と移転を同列に論じたが、この庁内連携と移転という2つの概念は、大部分の場合においては同じものを指すが、厳密にいうとイコールではない。詳しくは、水町雅子『逐条解説マイナンバー法』（商事法務、2017年、近刊）に譲りたい。

「特定個人情報の移転は、機関の内部での行為です。マイナンバーを含まない個人情報を渡した場合においても、渡した先において当該個人情報がマイナンバーと紐付くときには、機関として考えれば、渡した情報が移転先で個人番号と紐付けて利用されることを把握できるため、特定個人情報の移転と解します。」

詳細は後述するが、実務の上ではマイナンバーや特定個人情報を扱っているように見えなくとも、データベースの実装などシステムの作りによっては特定個人情報の庁内連携や移転と解釈される可能性があるということである。例えば、送信する側としては個人情報だけを切り出して送っており、特定個人情報を送り出す意図が全くない場合はあり得る。さらに、受け取った側も、事務処理の上ではマイナンバーに紐づけする必要性もなく、個人情報だけを扱って処理する場合もあり得る。ところが、受け取り側でデータベースに登録した際に意図せずマイナンバーに紐づいてしまうといったことが起こり得る。このとき、外見上も、事務処理の必要性上も特定個人情報の庁内連携ではないにも関わらず、庁内連携となってしまう。

即ち、特定個人情報の庁内連携に関する条例の必要性はシステムの作りに大きく影響を受けることになる。本来は制度、運用上の要請として、どの事務がどの特定個人情報を扱うのか、事務間で特定個人情報の共有や交換は必要なのかといった整理が条例の要否を決めるものである。しかし、実際には特定個人情報の庁内連携であるかの判定基準がシステムの作りに依存するため、システムの作りについての言及なしには議論できない。

条例や事務の定義とシステムの技術的な実装がこれだけ密接に関連する例はあまり見られない。事務処理や条例を整理するだけではだめなのであり、また、システムの実装を考えるだけでもだめである。制度、技術の関連性、相互の依存関係を正しく理解し、評価しなければならない。

しかも、全庁のさまざまな事務でこの事態が発生する。自治体が住民に説明責任を果たすうえでも全体像を把握していなければならない。特定個人情報の運用について住民に問われたとき、正確に説明できるだろうか。十分な理解を得られるだろうか。部分ごとの理解で対応できるだろうか。

ここでも情報ガバナンスが要となる。全体像を整理し、理解すること。制

度的な定義と技術的な対応に矛盾がないことを明確に説明できること。全体のガバナンスが必要になる。

(4) 情報ガバナンスの強化と現状の可視化

　特定個人情報の導入は、全庁的な安全管理措置の実施と、制度論と技術論の整合という大きな命題を投げかける。自治体が責任もってこの取組みを推進するには「情報ガバナンスの強化」が不可欠である。様々な事務の運用フロー、利用されている情報やシステムの内容、管理体制と利用体制、これら広く全てを掌握し、コントロールする必要がある。このように、従来以上に高度な情報ガバナンスが求められる中で要点となるのは「現状の可視化」である。

　特定個人情報は、個人番号を用いて個人を完全に特定して利用できる情報である。その強力な特性は従来にない様々な価値を生む。同時に、従来にはない危険性も生む。そこで、特定個人情報の利用には今まで以上の強い義務が課せられている。

　この特定個人情報に課される様々な義務を果たすためには、新たな情報ガバナンスが必要となる。特定個人情報に係る情報ガバナンスの特徴は、非常に広範囲な事務に対して、制度と技術両面に対する管理が必要となることである。数多くの事務、様々な情報システム、関連する諸条例、それらを横断的に見渡し、全体の整合性を維持することが大きな目的となる。

　このような情報ガバナンスの実現において重要なのが「現状の可視化」である。いかに正確に全体像を把握するか。いかに整理された基準をもって制度、技術双方を確認し、不整合がないように維持するか。いかに内外の変化に反応し、その影響を分析し、必要な対応をとるか。いずれにおいても現状を正しく可視化することが不可欠である。

　このとき、影響が広範囲である以上、なんらかの基準をもって全体を可視化していかなければならない。単に現状を調査確認するだけでなく、継続的に維持可能な形で整理することが肝要である。誰でも理解できる形式で整理すれば、職員個人の知識や経験に依存することなく、管理を継続できる。そのためには調査結果をどのように整理するか、整理の方法論が極めて重要に

なる。

　加えて、番号制度の対応では、初期導入のための対応だけではなく、今後生じるさまざまな変化への対応が重要となってくる。次章で詳しく述べるが、番号制度はその性質上、多くの変化要素を含んでいる。よって、今後それらの変化をキャッチアップしてゆく必要がある。制度対応は導入当初だけに必要な作業ではない。今後も継続的に必要な作業となる。

　そのとき、現状の可視化が発揮する大きな効果が、変化に対応するための影響範囲分析である。現状を一定の基準をもって整理しておけば、内外の変化が現状に与える影響を正確に把握することができる。何を変えなければならないか、何が維持されるのかが正しく理解できる。制度、技術それぞれの整合性を維持しつつ必要な変更をしていくことができる。

　特定個人情報の導入、すなわち番号制度への対応は広範囲に高度な対応を求めてくる。さらに、今後起こる様々な変化に対応して、対応状態を維持してゆく必要がある。そのためには現状の可視化が必要であり、その際の整理のための基準が求められる。第2編ではこの基準に地域情報プラットフォーム標準仕様を利用した方法を解説しているので参照願いたい。

2　法改正対応のポイント

　前節では情報ガバナンスの必要性と、その実現のためには現状の可視化が大切であることを述べた。そして、それは初期の導入のためだけでなく、今後起こる様々な変化に対応してゆくためにも重要であることを説明した。
　以下では、まずは制度的変化、つまり法改正の影響について見ていく。

（1）法改正の影響

　番号制度は広範囲な事務を対象としているため、法改正の影響を非常に受けやすい。番号制度が対象とする事務は当然、なんらかの根拠法に基づいて実施されている。これだけ広範囲の事務を対象とすれば、根拠法も多種多様である。常に何らかの法改正にさらされることとなる。結果、それらを束ね

る番号法も改正される可能性の高い法律となる。

　したがって、番号制度への対応では法改正に効率的に対処できるガバナンスが必要となる。法改正への対処では、短期間に正確な対応が必要となる場合が往々にしてある。法改正の影響を分析し、対応策を検討するコストも大きな負担となる。番号制度対応の当初段階から法改正対応の効率性に十分配慮した方法論を取るべきである。

　具体的に、維持管理が必要となる法改正の影響について整理しよう。法改正は多様である。番号法そのものや、一般法である個人情報保護法の改正なども重要であるが、ここでは庁内事務への影響の観点で、番号法別表第一、別表第二事務の増減の場合に特化して説明する。

(2) 別表第一事務の増減

　まず、別表第一事務の増減が発生し得る。つまり、個人番号利用事務のバリエーション変化である。特定個人情報の対象となる事務に増減があれば、当然何らかの影響を受ける。主な影響は、安全管理措置対象の変化と、特定個人情報の庁内連携に関する対応である。

　まず、個人番号利用事務の増減に伴う全管理措置対象の変化について対応が求められる。増加、減少それぞれに対応が必要である。安全管理措置対象が増えれば当然に運用その他が追加になる。さらに、減少に対しても特別な対応が必要になる。

　個人番号利用事務が増加する場合、その事務の今までの運用が特定個人情報の安全管理措置に見合ったものであったかが重要になる。もとから十分な安全管理措置が取られていれば、既に説明している、

- ●事務範囲の明確化
- ●特定個人情報範囲の明確化
- ●事務取扱担当者の明確化

の観点で、追加となった事務を明確化すれば事足りる。一方で、いままでの事務運用が、安全管理措置の観点で特定個人情報を扱うに足らないものであった場合、その強化が求められる。基本方針に従い、取扱規程を見直さなければならない。組織的にも、人的にも、物理的にも、そして技術的にも安

全管理措置を強化する必要がある。

では、個人番号利用事務が減少する場合は単に対象事務が減るだけで大きな影響はないといえるのか。残念ながら、事務が減少するだけでも様々な影響が発生する。

典型的な問題が特定個人情報の破棄である。特定個人情報の安全管理措置は特定個人情報の収集から破棄まで全体に及んでいる。一度収集してしまった特定個人情報は破棄するまで責任をもって管理する必要があるのは当然である。さらには不要となったものは滞りなく廃棄することも求められている。

別表第一事務から削除された事務については特定個人情報を破棄しなければならない。実際には事務そのものはなくならないのだから、特定個人情報ではなく個人情報として利用するように変更しなければならない。個人番号と切り離すなど、いかに特定個人情報ではなくし、事務を継続するかは大きな問題である。

特定個人情報の破棄や個人番号を切り離した個人情報としての利用可否は技術的な安全管理措置のあり方に強く依存する。システムとしてどのように特定個人情報を扱っているのか、特定個人情報へのアクセスをどのように制御しているのかによって方策が変わってくる。例えば、マイナンバーを含まない個人情報部分だけのアクセスに自在に変更できるようなアクセス制御機能があれば、柔軟な対応が可能となる。技術的な安全管理措置は対象特定個人情報の減少などについても容易に対応できる仕組みであることが望ましい。

次に、特定個人情報の庁内連携に関する対応が必要となる。すでに述べた通り、複数の個人番号利用事務の間で特定個人情報が流通することを特定個人情報の庁内連携といい、この庁内連携は条例をもって許可しなければならない。個人番号利用事務の増加は当然、特定個人情報の庁内連携の増加にもつながる。

今までは個人情報の流れであった情報連携が特定個人情報の流れに変わると、それに対応して条例の追加が必要となる。しかも、今までと事務処理手順、業務運用にはなんの変化がなくても条例の追加が必要となる場合があるので注意しなくてはならない。どのような場合、特定個人情報の庁内連携に

なるかは解釈が複雑なので後述する。

　このような事務の増減に対処するとき、どの特定個人情報が、どの事務で、どのようなシステムで利用されているのかが把握されていることが大切になってくる。これらの対応関係が可視化されてないと法改正の影響範囲が明確にならない。逆に、この対応が明確になっていれば影響範囲がはっきりし、具体的な対応策を検討することができる。やはり現状の可視化と正確なガバナンスが肝要となる。

（3）別表第二事務の増減

　別表第二事務の増減の影響はどうだろう。別表第二事務は他機関との情報連携を定めるものであり、庁内の事務には直接影響しない。しかし、間接的な影響は決して侮れない。むしろ、現状可視化の効果が一番現れるのが別表第二事務の増減と見ることもできる。

　別表第二事務の対象となる事務は別表第一事務でもあり、当然に特定個人情報の安全管理措置は取られていなければならない。これまで個人番号利用事務でなかった事務が新規に追加される場合は、前項と同様の対応がまず必要である。

　別表第二に追加されることで新たに外部との情報連携が始まる場合では、情報を受ける側と情報を出す側の立場があり、それぞれに対応が必要となる。情報を受ける側は従来添付書類として受け取っていた情報を情報提供ネットワーク経由の電子データとして受け取るように業務フローを変更しなければならない。情報を出す側では、外部に提供すべき情報を適切なタイミングで中間サーバーに登録する手順が加わる。

　これら業務フローの見直しに加えて影響が大きいのが条例の包括規定に対する変更である。特定個人情報の庁内連携には条例が必要であり、多くの自治体では包括規定と言われる条例制定方法がとられていることはすでに述べた。包括規定とは、番号法別表第二で認められている機関間連携に相当する庁内連携は一括して認めるという趣旨の条文を定め、別表第二に対応するものがない庁内連携のみ個別に規定する条例作成方法である。

　包括規定では別表第二を基準に庁内での情報連携条例を定めるのだから、

当然に別表第二に変更があれば条例に影響を受ける。別表第二に連携が追加されれば、従来個別に条例で定めていたものが包括規定で定義されるようになり、個別条例は不要となる。逆に、別表第二から削除されれば対応する庁内連携が包括規定では規定できず、個別に条例化する必要が生じる。これらについては第2編で詳しく説明するのでそちらを参照願いたい。

(4) 法改正対応に必要となる現状の可視化

　以上、見てきたように番号法に関連する法改正においてはさまざまな対応が求められる。典型的な例として、ここでは別表第一と別表第二の変化への対応を見てきた。そして、どちらの対応においても個人番号利用事務増減に伴う事務処理手順の見直しと、特定個人情報の庁内連携に係る条例の改正が必要となることも述べた。

　いずれの場合にも現状の可視化に基づく正確な対応方針決定が求められるが、特に特定個人情報の庁内連携に関する対応では現状の可視化が要点になってくる。事務処理手順の見直しならもともと対象が明確であり、検討主体も通常は業務主管部門とはっきりしている。一方で、庁内連携は移転先、移転元双方に関連する問題であり、次節で詳述するが、技術的な対応に依存する部分も多く、誰が判断できるのか、すべきなのか、全体像を可視化していないと不明確となりがちである。

　どこからどこへ、どのようなシステムを利用して情報が流れているのか。それは誰の権限で、なんの法的根拠をもって行われているのか。正しく全体像を把握する情報ガバナンスの強化、特に現状の可視化徹底が必須の準備となる。どこに影響があるのか、その影響はだれが対応すればよいのか、正確な判断と決定こそ情報ガバナンスの機能である。庁内連携に関する現状の可視化、特に法制度との関連性整理について第2編で地域情報プラットフォーム標準仕様を利用した方法を解説しているので参照願いたい。

❸ 全庁システムを見すえたシステム改修への対応

　番号制度対応ではシステムと制度が密接に関連する。結果、システム改修などシステム側の変更は条例作成など制度側への影響を無視しては行えない。常に双方の整合性を確認しながら改修をすすめなければならない。まさに情報ガバナンス力が試される点である。

　特に、特定個人情報の庁内連携はシステムの機能に大きく依存する性質があり、十分な注意が必要となる。ここでは特定個人情報の庁内連携を中心にシステムの機能と制度の関係性を維持するためのガバナンス、その際に必要なベンダーとの協力関係などについて整理する。

（1） システム観点での特定個人情報庁内連携

　複数の個人番号利用事務の間で特定個人情報が流通することを特定個人情報の庁内連携といい、この庁内連携は条例をもって許可しなければならないことはすでに述べた通りである。ここで難しいのは特定個人情報の庁内連携となるかの判断はシステム上の実装方法に強く依存することである。

　しかも、システム実装に強く依存するにも関わらず、システムの外見からは庁内連携となるかを判断することは難しい。システムの技術的対応のいかんでは同じような庁内の情報連携であっても特定個人情報の庁内連携とみなされるものと、そうではないものが生まれる。これは実際に連携される情報を見ただけでは判断できず、業務運用手順やシステムの操作画面、出力される帳票などの外見だけでも判断できない。システム設計の詳細まで踏み込んだ評価をしなければ判定できない。

　特定個人情報の庁内連携を正しく把握することは、条例整備を含めた番号制度対応における必須事項である。特定個人情報の安全管理措置の観点から現状を把握していなければならない。

　ではどのような点を確認すればシステム観点での特定個人情報庁内連携を判定できるのだろうか。情報ガバナンス強化の上で、どのような点を可視化し、掌握する必要があるのだろうか。

(2) 実運用の外見だけではわからない世界

　特定個人情報の庁内連携については特定個人情報保護評価指針解説に詳しい。特定個人情報保護評価解説で定義されている技術的な観点での庁内連携の要件について簡単にまとめてみよう。

　業務システム間で特定個人情報が直接やり取りされる場合、これは当然に特定個人情報の庁内連携である。やり取りされる情報の形式は限定されない。電子データは当然、紙でのやり取りや、他システムの画面を見るなど人的なやり取りも庁内連携である。

　直接特定個人情報のやり取りがない場合、これが問題である。次に最も複雑な場合を例に説明しよう。

　図表6-1は特定個人情報保護評価指針解説で例示されている最も複雑な例を参考に作成したものである。

　この例ではひとり親医療費助成システムが個人住民税システムから個人情報を取得している。①のインタフェースでは「宛名番号」をキーにして、個人住民税システムから「宛名番号、地方税情報」といったレイアウトの情報がひとり親医療費助成システムに届くとする。この情報には個人番号は含まれず、外見上は個人情報であり、特定個人情報ではない。

　入手した情報をひとり親医療費助成システムのデータベースに登録する。このデータベースは「宛名番号、地方税情報、助成情報」となっており、個

図表6-1　特定個人情報庁内連携の複雑な例

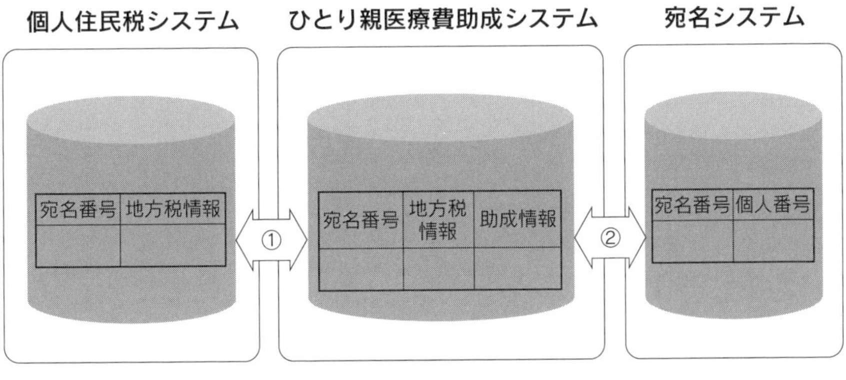

人番号を含まない。ここでも外見上は個人情報ファイルであり、特定個人情報ファイルではない。

　この流れを運用設計やネットワークを流れる電文レイアウト、データベース設計などの設計資料を基に分析したとしよう。すると、連携している情報も、連携先のデータベースも特定個人情報と関連しておらず、連携は特定個人情報の庁内連携とはならないと判断されるものである。

　ところが、ある自治体ではひとり親医療費助成事務を独自事務として個人番号利用事務に追加しており、ひとり親医療費助成システムは宛名システムと連携して、②のインタフェースで宛名番号をキーに個人番号を入手可能であったとしよう。結果、先に入手した地方税情報は宛名システムとの組み合わせで個人番号とあらためて紐づけされることとなる。つまり、ひとり親医療費助成システムは地方税情報と個人番号の組合せを理解することができる。

　これは特定個人情報の庁内連携にあたるのだと特定個人情報保護評価指針解説は述べている。実行上、地方税情報と個人番号の組合せをひとり親医療費助成システムが認識できる以上、これは特定個人情報として地方税情報を直接やり取りしたことと同じ効果を生んでいるというわけである。

　これはシステムの全体アーキテクチャについて深い理解をもたないと判断できない事項である。個人住民税システム単体の理解だけではだめである。ひとり親医療費助成システムの部分的理解でもだめである。宛名システムとひとり親医療費助成システムとの関係性を理解し、さらに個人住民税システムとの情報連携を合わせて評価する能力が求められる。

　さらに、宛名システムのような業務横断的な仕組みは俗にいう共通基盤として業務システムから独立して構築される場合も多く、余計に全体把握を困難としている。個別の業務システムについての理解と、共通基盤との関係性の理解が必要になる。相互にどのような依存関係にあるのかを正しく理解し、評価する必要がある。当然、マルチベンダー環境となる可能性も高い。

　情報ガバナンスの観点では、これらを総合的かつ一元的に掌握することが求められる。何度も指摘している通り、番号制度対応は全庁的な対応になる。個別の理解ではなく、全体としての理解が何より重要となる。全庁システム

に対する横断的なガバナンスが求められる。

(3) ブラックボックスでよいのか

　全庁システムに対する横断的な情報ガバナンスが、番号制度対応では必須の要素となる。しかし、実際には多くの部分でベンダー任せのブラックボックスとなっていないだろうか。たとえば共通基盤を利用した情報連携、宛名の共通化など正しく理解できているだろうか。

　すでに述べた通り、特定個人情報の庁内連携となるかどうかの判断はシステムの外見だけではできない。特定個人情報が実際にどのように取り出され、どのように連携し、どのように格納され、さらには宛名システムなど他システムとどのように関連するか、システムの全体像を把握しなければならない。

　ここで特に重要になってくるのが、特定個人情報ファイルへのアクセス制御に対する理解である。

　特定個人情報保護評価指針解説の「Q第2の9-1」では、

「特定個人情報の移転とは、「第2　定義」で示されているとおり、評価実施機関内において、特定個人情報ファイルに記録された特定個人情報を特定個人情報保護評価の対象となる事務以外の事務を処理する者の使用に供することを言います。」

とあり、特定個人情報ファイルから他事務に供することが判断基準となっている。一方で、特定個人情報ファイルであることの判断基準は同じく特定個人情報保護評価指針解説の「3　特定個人情報ファイル」の解説において、

「つまり、個人番号をその内容に含む個人情報ファイルとは、単に個人番号が含まれているテーブルのみを意味するのではなく、個人番号にアクセスできる者が、個人番号と紐付けてアクセスできる情報を意味し、これが特定個人情報ファイルということとなります。」

とされている。さらに「Q第4の3-2」では、

「事務を行う権限を有する者が個人番号を画面や帳票などで見ることができる場合や、システムの内部処理において個人番号を用いる場合は、特定個人情報ファイルに該当することになりますが、アクセス制御がされており、個人番号を画面や帳票で見ることができず、システムの内部処理においても

用いていない場合には、特定個人情報ファイルに該当しません。」

とあり、画面に表示されるなど利用者が見ているかには依存せず、システム内部で連携するだけでもアクセスしているとされる。一方で、個人番号にアクセスしないような「アクセス制御」がなされていれば特定個人情報ファイルには該当しない、ともされている。

つまり、特定個人情報の庁内連携となるかは適切なアクセス制御がなされているかに大きく依存する。例えば先に説明した図6-1の例で、ひとり親医療費助成事務を独自事務として個人番号利用事務に追加しないとする。つまり、ひとり親医療費助成システムが宛名システムを利用する意図が送付先などの宛名情報取得であり、個人番号そのものは不要だったとする。であれば、宛名システムに適切なアクセス制御がなされ、個人番号には触れず、宛名情報だけを参照できる仕組みになっておれば、住民税システムから国民年金システムへの情報連携は特定個人情報の庁内連携とならない作りとすることも可能である。

実際、適切なアクセス制御機能を持たせることで、特定個人情報の庁内連携を極力減らすように工夫された共通基盤システムもあるだろう。番号制度対応製品としての機能的な売りとしてこのようなアクセス制御機能を前面に出す製品があってもおかしくない。技術的な安全管理措置としても望ましいものである。

ここで問題なのは、それを自治体側が正しく理解し、ガバナンスしているかである。なぜ特定個人情報の庁内連携にならないのか、正確な判断基準を理解しないまま、ベンダーの説明だけで庁内連携ではないと判断していないだろうか。判断基準がブラックボックスのままでよいのだろうか。情報ガバナンスの観点からも、住民への説明責任の観点からも、なぜ庁内連携とならないのか、技術的な背景を完全に把握する必要がある。

(4) ベンダーとの協力体制

特定個人情報の庁内連携となるかはシステムの作りに依存している。その判定にはシステムの機能について詳細な理解が必要であり、自治体単独で行うことは困難なので、ベンダーとの協力体制が不可欠となる。

情報ガバナンスの観点では、第2編で地域情報プラットフォームを活用した方法を説明しているように、まず庁内の情報連携を全て洗い出す必要がある。それは、単に連携があるという事実にとどまらず、何の根拠で許された連携であるかも理解している必要がある。データベースを介して情報共有されているなど、明示的な連携ではない場合も多く、ここでもベンダーからの情報提供が不可欠である。

　そのうえで、特定個人情報の庁内連携にあたる連携はどこなのかを整理してゆく。その際の判断にもベンダーからの協力が欠かせない。具体的な連携の仕組みはもちろん、連携したあとの情報がどのように利用されているか、他のシステムとどのように連携するかなど広範囲の情報が必要となる。システムの機能によって特定個人情報の庁内連携にならないように制御されている場合は特にその点を明確にする必要がある。

　システムの詳細にかかわる情報収集は、今後のシステム改修においてベンダーロックインとならないためにも必要な取組みである。システムはいずれ改修される。時には他ベンダーに移り変わる場合もある。その時、条例作成にまで深くかかわる機能がブラックボックスでは、いざシステムを改修しようとする際に他ベンダーの異なった仕組みに移ったことが条例にどこまで影響するのか把握できなくなってしまう。結果、同じベンダーを使い続けることに優位性が出かねない。

　システム改修によって特定個人情報へのアクセス制御機能が変更されるのであれば、その影響が条例作成にどこまで及ぶか正しく判定する必要がある。そのために必要なレベルで現状を可視化し、連携と機能の関係を整理しておく必要がある。今がどのようになっているのか理解なしには対応できない。

　情報ガバナンスは自治体が責任をもって情報システムを利用する取組みであると同時にその利用に対する自立性を確保する取組みである。ベンダーとの良好な協力関係の下、必要な情報を入手し、理解すべきことを理解する。今後の多様なシステム改修や、クラウド化対応などの新しい取組みに自治体が主体的な役割を果たすうえで欠くことのできないものである。

4 情報ガバナンス強化と可視化の責任

　前節では情報ガバナンスの必要性と、現状の可視化の重要性について特定個人情報の安全管理措置という観点で述べた。そして、安全管理措置の実施は情報ガバナンスの強化そのものであることも説明した。ここでは結論の再確認として、情報ガバナンスの強化と現状の可視化が自治体の責任であることを改めて整理しよう。

（1）イザというときのために現状の把握と可視化を

　情報ガバナンスの確立には現状の可視化が不可欠である。そして、それは自治体の責任そのものである。単に効率的な運用やシステム管理のために情報ガバナンスはあるのではない。自治体が住民に対して責任を果たす上で必要不可欠な取組みなのである。

　従来の個人情報利用では、仮に意図せず庁内連携が発生していたとしても目的外利用として説明のしようがある。個人情報では法令等に定めがある場合、目的外利用が認められるのが通常である。個人情報を収集した事務から他事務に情報が庁内連携する場合、収集時の目的と異なる利用が想定され、目的外利用となる可能性が高い。しかし、法令等から利用の必然性が読み取れれば目的外利用が許されるので説明がつく。

　一方で、特定個人情報の場合、誤って庁内連携が発生してしまうと説明のしようがない。特定個人情報の目的外利用は特殊な場合を除いて全面的に禁止である。条例によって明確な庁内連携が認められない限り勝手な利用を許すべがない。誤って庁内連携を伴う運用をしてしまった場合、言い訳が効かない。

　住民から特定個人情報の運用について問い合わせがあったとき、正確に回答できるだろうか。マイナポータルを用いて団体間連携の記録が確認できるようになる。すると、さまざまな観点から問合せが来ることが想定される。どのような情報を、どのような目的で、誰が利用しているか明確に回答できるだろうか。庁内で連携、共有されている情報がなぜ共有できているのか根

拠を説明できるだろうか。

　行政にとっての説明責任を果たす上でも現状が正確に可視化されている必要がある。全体をまさにガバナンスしている必要がある。情報の利用、流通すべてが意図されたものであり、管理されており、説明できるものでなければならない。

（2）たんなる番号制度導入にとどまらないために

　番号制度は導入するのが目的ではない。住民サービスの向上こそがその真の目的である。番号制度の利点を十分に活かし、これからの住民サービスを考えるためにも情報ガバナンスは欠かせない。

　特定個人情報は十分な安全管理措置を必要とするが、さらにそれを扱う業務システムに対しては「自治体情報システム強靱性向上モデル」が示され、ネットワークの分離を含む多くのセキュリティー対策が求められている。標的型攻撃など情報システムが様々な脅威にさらされる昨今において、住民のプライバシーに対する徹底した守りが必要とされている。

　一方で、情報は流通・利用されて初めて価値を発揮する。安全性を確保するために一切の流通・利用を行わないとすれば、それは本末転倒となってしまう。安全性を確保しながらも、適切な流通・利用を促進し、情報価値を発揮させなければならない。

　特定個人情報という極めて価値ある情報を、うまく利用し、その価値を十分に引き出し、住民サービスに活用することが自治体の役割である。安全性に十分配慮しながらも、適切な流通・利用をコントロールする必要がある。そこでも、情報の利用、流通すべてが意図されたものであり、管理されており、説明できるものでなければならないことに変わりはない。

　安全性の確保と流通・利用による価値創造を両立させるためにこそ情報ガバナンスが必要になる。現状を正確に可視化し、なにを行っているのかを把握し、十分に安全であること、十分に目的にかなったものであること、住民の理解を得られる運用になっていることを保障しなければならない。そこで初めて番号制度の真価を発揮させることが可能となる。

第2編

実務対応

第1章 地域情報プラットフォームの活用で現状を可視化する

1 地域情報プラットフォームとは

　第1編で述べた通り、番号制度への対応においては情報ガバナンスが重要なポイントとなる。本章ではこの情報ガバナンスを強化する上で一般財団法人　全国地域情報化推進協会（以下、「APPLIC」という）が作成し公開している「地域情報プラットフォーム（以下、「地プラ」という）」を活用する方策について説明する。なかでも番号制度に対応した条例策定に必要となる庁内連携の現状調査に地プラを活用する具体的な手順について詳しく解説する。

　情報ガバナンスを強化する上でまず取り組まなければならないことが現状の可視化のための調査である。正確に現状を把握することがガバナンスの第一歩であり、今後の様々な判断や変更管理の出発点となる。しかし、必ずしも現状を詳しく記述した資料がそろっているとは限らない。まず、現状を調査し、可視化しなければならない。

　現状調査は中立的な基準にそって行うことが望ましい。現状調査においては法制度や製品の仕様等、外的な要因と庁内の現状との対応関係整理や整合性確認に多くの作業が必要となる。番号制度への対応などはまさに外的な要因との整合性確保にほかならない。そのようなとき、各自治体の独自基準による可視化では非効率であり、十分な対応ができない。外部と共有できる中立的な基準に従った可視化が不可欠である。

　地プラは外部と共有できる可視化基準として最適なものである。地プラは自治体、ベンダーの協調のもと、中立的に作成された標準仕様である。そして、すでに自治体システム界でのデファクトスタンダードといえる。そこで、

本章では現状可視化のツールとして地プラを活用する方策を説明する。

(1) 地プラの概要

　地プラは自治体の業務システム間でながれるデータ連携を標準化したものである。自治体には多くの業務システムが導入されている。そして、それらはお互いにデータを交換しながら動作している。このシステム間で交換されるデータの内容と、交換手段の技術的な基準を定めたものが地プラである。

　自治体の主要業務がすべて標準化されている。住民基本台帳、個人住民税、介護保険などいわゆる基幹系業務に加え、財務会計、人事給与などの内部事務を含めて26種類の業務が標準化されている。さらに、GISや団体内統合宛名といった高度な機能や、教育、防災といった新たな情報化分野についても標準化されている。

　業務の標準化とともに、業務間連系に必要な通信やデータベースといった技術要素を支える製品についても標準化されている。サービス基盤製品と言われるこれらを標準化することで、システム間の確実な通信、疎通を確保することができるようになっている。

　地プラに従うことで、複数のベンダーの製品を組み合わせる、いわゆるマルチベンダーが実現可能となる。地プラはベンダーに依存しない相互疎通性を保証する標準仕様である。よって、これに従う製品を選択することで、業務ごとに異なるベンダー製品を使用することになっても、お互いに情報を交換して業務処理を実施することができる。

(2) デファクトスタンダードといえる地プラ

　地プラは標準仕様としての自治体分野デファクトスタンダードである。現状流通している自治体向けのシステム製品は、ほぼ地プラに従う製品である。また、実際にほとんどの自治体がなんらかの形で地プラに従った製品を導入している。

　地プラで定められた標準仕様の基準を満たし、その旨をAPPLICに届け出て登録を受けている製品を「準拠登録製品」と呼ぶ。APPLICは単に標準仕様を作成するだけでなく、それに従った製品の普及促進にも取り組んでいる。

その一環として、標準仕様に準拠した製品を認定し、準拠登録製品カタログとして公表している。

この「準拠登録製品」の数はすでに80社、1000製品を優に超える。およそ現状流通している自治体向け製品は準拠登録製品といってよい状況となっている。これは自治体向け製品を開発するほとんどのベンダーが地プラについて理解していることも表している。

また、すでに90％以上の自治体が準拠登録製品を導入していることが分かっている。準拠登録製品は多種多様であるが、なにか一つでも導入しているか調査すると、90％を超える自治体が何らかの準拠登録製品を導入している。住民基本台帳や個人住民税などの主要な業務に限定しても80％を超える自治体に導入済みである。

このように、ベンダー、自治体ともに地プラを導入しており、デファクトスタンダードとして確実な位置づけを得ている。

(3) 地プラで標準化されている事項

次に地プラで標準化されている内容についてもう少し詳しく説明する。前述のとおり、地プラではシステム間で交換されるデータの内容と、交換手段の技術的な基準を定めている。本書は地プラの詳細を解説することが目的ではないので、詳しくは「地域情報プラットフォーム標準仕様書」ならびにガイドラインを参照願うとして、ここでは現状可視化の検討に必要な基礎知識を説明する。

地プラの標準仕様は大別して業務的な標準仕様と技術的な標準仕様に分けられる。業務的な標準仕様が交換されるデータの内容を定める部分であり、各業務がどのような機能を持っており、他の業務とどのような情報を交換するかを定めている。技術的な標準仕様が交換手段を定める部分であり、通信手順やデータの表現方法などが定められている。

業務的な標準仕様では各業務を「業務ユニット」という単位に整理している。「業務ユニット」はほぼ業務システムと同義と考えてよい。住民基本台帳ユニット、個人住民税ユニットなどがある。業務システムと言わず「業務ユニット」と呼ぶのは、標準仕様上の定義である「ユニット」と実装上の構

成である「システム」を分けるためである。例えば、「住民基本台帳ユニット」と「印鑑登録ユニット」が地域情報プラットフォームには存在する。一方で、実装上は住民基本台帳と印鑑登録の両能力を備えた統合システムを導入することも考えらえる。この場合、その統合システムは二つのユニットの組合せとして表現される。

　業務的な標準は「業務ユニット」を単位に、それぞれの業務ユニットが持つ機能と、その機能を用いて交換される情報項目の内容や呼び出し手順（インタフェース）を定めている。業務ユニットは外部にデータを提供する機能を持つ。例えば個人住民税ユニットであれば個人住民税の税額に関する情報を外部に提供する機能を持つ。各ユニットがどのような機能を持ち、その機能でどのような情報項目を提供するか、すなわちどのようなインタフェースを持つかを標準仕様として定めている。

　どの業務ユニットがどの業務ユニットのインタフェースを呼び出しているかを全体的に見ることで庁内のデータ連携が俯瞰できる。業務ユニットはインタフェースを介してお互いに情報を交換する。この呼び出し関係を全体としてみれば庁内の情報の流れの全体像となる。実際には地プラは情報連携の全体像をまず整理し、その中から必要なインタフェースを定義する手順で標準仕様を作成している。

　庁内のデータ連携を俯瞰する資料として地プラには「インタフェース仕様書」という標準ドキュメントが存在する。インタフェース仕様書には業務ユニットと業務ユニットの呼び出し関係や、流れる情報項目が名称だけでなく型や桁数まで詳しく定義されている。

　図表1-1は「インタフェース仕様書」の一部を抜粋したものである。インタフェース仕様書は業務ユニットごとに作られているが、この例は「個人住民税ユニット」に対するインタフェース仕様書である。縦に流通する情報が項目ごとに列挙され、型や桁数、説明などが付けられている。定義された項目数は900を超える。横に連携先のユニットが並び情報の流れが俯瞰できる。個人住民税ユニットから見て外に情報を渡す場合はOutputの「O」が、この抜粋にはないが、情報を入手する場合はInputの「I」が記入されたマトリックスとなっている。

図表1-1 インタフェース仕様書（抜粋）「個人住民税」

自治体業務アプリケーションユニット標準仕様 V3.1

業務ユニット番号：6　　業務ユニット名：個人住民税

NO	情報名	CD	コード名	データ型	桁数	項目説明	1 住民基本台帳	2 印鑑登録	3 選挙人名簿管理	4 固定資産税	5 個人住民税	6 法人住民税	7 軽自動車税	8 収滞納管理	9 国民健康保険	10 国民年金	11 後期高齢者医療	12 障害者福祉	13 介護保険	14 児童手当	15 生活保護	16 乳幼児医療	17 ひとり親医療	18 健康管理	19 医療
490	個人住民税情報					中間サーバとの連携は特定個人情報番号2に対応									○	○	○	○	○	○	○	○	○	○	○
491	識別番号			X	15	自治体内で個人（法人を含む）を識別する番号									○	○	○								
492	相当年度			X	4	課税の対象となる年度									○										
493	異動区分	○	異動区分	X	2	連携するデータが新規に連携するデータなのか、変更するデータなのかを判断する区分									○										
494	更正年月日			日付情報		証明要正を行った年月日																			
495	更正事由	○	更正事由	X	1	住民税の更正事由を表すコード（決定、更正、取消等）																			
496	課税非課税区分	○	課税非課税区分	X	1	課税の非課税かを区別するコード																			
497	非課税区分	○	非課税区分	X	2	非課税の種類（理由）を表すコード																			
498	未申告区分	○	未申告区分	X	1	未申告者であるかを表すコード																			
501	市区町村税額情報														○	○	○	○	○	○	○	○	○	○	○
502	市区町村民税均等割額			S9	13	地方税法第292条第1項第1号、地方税法第323条に規定する市区町村民税の減免があった場合は、減免後。									○										
503	市区町村民税所得割額			S9	13	地方税法第292条第1項第2号、地方税法第323条に規定する市区町村民税の減免があった場合は、減免後。									○										
504	住宅借入金等特別税額控除額			S9	13	地方税法附則第5条の4及び第5条の4の2に規定される税額控除の金額									○										
505	寄附金税額控除額			S9	13	地方税法314条の7に規定される税額控除の金額									○										
506	外国税額控除額			S9	13	地方税法314条の8に規定される税額控除の金額									○										
507	配当割額又は株式等譲渡所得割額控除額			S9	13	地方税法314条の9に規定される税額控除の金額									○										
508	配当控除額			S9	13	地方税法附則第5条に規定される税額控除の金額									○										
510	市町村民税均等割額（減免前）			S9	13	納税義務者に課税した年税額の内の市町村民税均等割額を指定する。減免前の値									○										
511	市町村民税所得割額（減免前）			S9	13	納税義務者に課税した年税額の内の市町村民税所得割額を指定する。減免前の値									○										
512	都道府県民税均等割額			S9	13	納税義務者に課税した年税額の内の道府県民税均等割額を指定する。減免等後の値									○										
513	都道府県民税所得割額			S9	13	納税義務者に課税した年税額の内の道府県民税所得割額を指定する。減免等後の値									○										

技術的な標準は通信手順など技術的な要素を定義しており、システム開発者向け資料である。実際にシステムを開発する上では重要な資料だが、現状可視化などの業務分析に際しては特に意識しなくてもよい。もちろん、具体的なシステム構成やネットワーク構成などの検討に際しては十分な理解が求められる。

(4) 地プラと現状調査の関係

現状可視化のためには現状調査を行う必要があるが、その道具として地プラは有効である。特に庁内の情報の流れを可視化するに際して、情報連携を俯瞰した地プラは重要な指針となる。

庁内システムの全体像を把握する上で情報の流れを押さえることは重要である。どこからどこに、どんな情報が流れているかは逆に言えばどこが情報を所管し、どこが情報を消費しているかの整理となる。どのシステムがどのシステムに依存しているのか、相関関係の把握は、全体の変更管理にも欠かせない。

地プラには庁内の情報の流れが俯瞰されており、全体把握の基準となる。標準仕様通りに運用されている理想的自治体なら庁内の情報の流れと地プラで整理されている全体像は完全に一致する。実際には自治体ごとの独自性や工夫があるため、ある程度の相違がある。一から全体像を描くのではなく、地プラを基準とし、それとの違いとして現状を調査することで、効率的で漏れ抜けのない調査が可能となる。

地プラを基準に情報連携の可視化を行うことで、外的な要因との対応関係も明確になる。例えば、ベンダーが提供している業務システム製品はほぼすべて地プラの準拠登録製品なので、地プラを基準とすることで、庁内の調査結果とベンダー製品が持つ連携インタフェースとの対応もすぐに明確になる。番号制度で定義されている特定個人情報データ標準レイアウトと地プラの各項目の対応は事前に整理されているので、現状調査を地プラで行うことで特定個人情報データ標準レイアウトとの関係も把握できる。

このように現状調査、特に、庁内の情報連携を可視化するに際しては地プラを活用することが大変有効な手段となる。

❷ 地プラを活用した現状調査

　情報ガバナンスのためには現状の可視化が欠かせない。そして、現状可視化の主要な作業が庁内の情報の流れの可視化である。この情報の流れの可視化に向けた現状調査に、地プラは大変有効な手段となる。
　ここでは地プラを用いた庁内連携の可視化調査について具体的な方法を説明する。さまざまな活用が考えられるが、特に番号制度対応に焦点を当て、特定個人情報庁内連携の洗い出し作業への活用を提案する。

（1）現状調査の必要性

　第1編で詳しく説明しているが、番号制度で新たに導入された「特定個人情報」はその取扱いを条例でもって定めなければならず、特に庁内の情報連携に関する条例作成が肝要となる。そして、庁内連携に関する条例作成においては現状の情報連携を調査する必要がある。現状に対する正確な認識に基づいて正しい条例を作成し、維持していくことが自治体の義務である。
　番号制度において特定個人情報は、法に定められた事務でのみ、その事務に閉じて利用が許されている。特定個人情報の最も特徴的な性質がこれである。通常の個人情報と異なり、特定個人情報は利用目的の事務が細かく法定されている。番号法の別表第一に列挙されているため、俗に別表第一事務と呼ばれるこれらの事務以外では原則として利用できない。
　そして、自治体は特定個人情報を扱う複数の事務を担当するが、事務をまたがって特定個人情報をやり取りすることは禁止されている。自治体は多くの住民サービスを行っている。結果として、特定個人情報を扱う事務も多く担当することになる。しかし、特定個人情報を扱う事務は、その事務に閉じて特定個人情報を利用するものであり、同じ自治体内だからといって事務をまたいで特定個人情報を連携したり、共有したりすることは許されていない。
　結果、事務をまたがった特定個人情報のやり取り、つまり庁内の情報連携を可能とするには条例によってそれを許可しなければならない。事務をまたがった利用が許されないといっても、実務上は庁内で様々な情報が流通する。

地プラで規定される庁内連携がその典型例である。庁内での情報流通を禁止すると実務が回らない。そこで、条例を作成することでこれを許可できる仕組みとなっている。

　条例を作成するためにはどのような情報連携があるのかを洗い出す必要がある。条例は事務と事務の間にながれる特定個人情報の種別一つひとつについて個別に規定しなければならない。番号制度は特定個人情報の利用目的を限定しており、広く汎用的に庁内の情報連携を認めるような条例制定はその精神に反する。番号法の趣旨からは、できるだけ庁内連携も限定し、必要最低限の連携を認めるように条例を作成するべきである。

　つまり、番号制度対応のためには庁内の情報連携を洗い出す現状調査が必要となる。実際に必要となる情報連携は何か、行われている連携は何かをまず把握しなければならない。そして、その結果に基づいて条例を作成する。

(2) 地プラ連携確認シート

　ここまでに述べた調査を実施する具体的な手段として、APPLICでは地プラを基に作成した業務別連携確認シート（以下、「地プラ連携確認シート」という）を提供している。地プラ連携確認シートは現状と地プラで決められた標準的な情報連携とを比較しながら調査を進める構成となっている。いわば現状を整理するための基準を示すものである。

　地プラ連携確認シートを用いることで、効率的にもれなく確実な調査を行うことができる。基準がないままに現状を調査しようとしても目当てがつかず効率が上がらない。調査に見落としや勘違いがあっても気づくすべがない。標準仕様という軸があることで、調査内容に目当てがつき、漏れをなくすことができる。

　地プラ連携確認シートは以下の構成となっている（資料編参照。一部実例を掲載。また、全体データのダウンロードが可能）。

連携確認シート	1. 住民基本台帳	5. 固定資産	6. 個人住民税	8. 軽自動車税
	10. 国民健康保険	11. 国民年金	12. 障害者福祉	13. 後期高齢者医療
	14. 介護保険	15. 児童手当	16. 生活保護	17. 乳幼児医療
	18. ひとり親医療	19. 健康管理	23. 児童扶養手当	公営住宅
	児童福祉	戦傷病者支援	中国残留邦人	学校保健
	防災	母子父子寡婦	子供子育て	高齢者福祉
補足資料	主務省令整理	別表2_特定個人情報対応	特定個人情報	別表2

　地プラ連携確認シートは情報連携で情報を入手する側の業務単位にシートが作成されている。それぞれのシートに業務ごとの調査結果を記入する形となる。シート名称の初めに番号が付けられているものは地プラのユニットに対応する業務で、番号はユニット番号である。番号のないものは地プラの標準対象外だが、番号制度上の業務としては存在するものである。

　補足資料は現状調査を行う上で参考となる情報を整理したものである。「主務省令整理」は番号法別表第二主務省令に関して規定内容を表形式にまとめたものである。「別表2_特定個人情報対応」は番号法別表第二と対応する特定個人情報の関係を整理したもの。「特定個人情報」は特定個人情報の一覧。「別表2」は番号法別表第二である。

(3) 地プラ連携確認シートの記入項目

　実際に記入する項目について説明する。記入方法は市町村で共通であるが、以下では説明を簡略化するため「市」で統一して説明する。町村におかれては、市を町、村に読み替えて理解願いたい。

　地プラ連携確認シートはデータ上で大きくピンク色の項目、水色の項目、それ以外に分けられる。ピンク色の項目が調査結果を入力する項目となる。水色の項目は地プラの場合があらかじめ記入されている。水色の項目を参考に、それに対応する形でピンク色の項目を埋めるのが基本的な流れとなる。

　「担当事務名」の項目は情報を入手する具体的な事務を記入する項目であ

る。番号制度では情報の連携は事務単位に行われる。ここには情報を受け取る事務を記入する。

「相手方」は情報を提供してくる側を整理する。「担当事務名」で整理した事務が誰から情報を受け取るのか、相手方を整理する。

「取得情報」はなんの情報を入手するのかを整理する。番号制度ではどの事務が、どの事務から、なんの情報を入手しているのかをセットで確認する必要がある。ここでは情報部分を整理する。

繰り返しになるが、番号制度ではどの事務が、どの事務から、なんの情報を入手しているのかを確認しなければならない。理想的には相手方についても事務名まで特定して整理すべきである。しかし、地プラ連携確認シートは情報を入手する側の業務担当課が記入する前提で作成されている。情報入手側では相手方の事務名まで把握していない可能性が高い。そこで、相手方については担当課の特定までを求める形にしている。

以下、各項目をさらに詳しく説明する。

担当事務名
（市の現状）
① 市の業務名

情報を入手する側の業務名を記入する。暫定的に地プラのユニット名が記入されているので、市において利用されている名称に修正する。シートは一業務あたり一枚の構成になっているので、ここは一行だけの記入になる。

独自業務など、市の業務に対応するシートがない場合、シート全体をコピーして独自の業務名シートを作成する。

② 情報利用する事務

情報を入手する事務を列挙する。一つの業務には複数の事務が対応する形になっている。例えば、「個人住民税」業務に対して「課税」に関する事務、「障害者控除の適用」に関する事務、「減免」に関する事務など、一つの業務は複数の事務を持っているはずである。整理に際しては、それらをすべて洗い出す必要がある。

地プラとの対応で想定される事務については、主務省令から引用した名称

が事前に記入されている。それで正しければそのままに、過不足あれば修正する。過剰分は削除する。削除に際しては、後の比較整理のため、打消し線などで見え消しにすることが望ましい。不足分は行を追加して記入する。その際、次に説明する「相手方」欄との対応を確認し、適切な場所に追加すること。

事務名は原則として主務省令に規定されている事務名を用いる。実際には違う呼び名で事務を行っている場合などは併記するなど、わかりやすい記載に変更して差支えない。ただし、最終的に主務省令と対応づけることになるので、市で用いている事務名に変更する際も、主務省令の記載は残すことが望ましい。主務省令にない事務を行っている場合は独自の名称で記入する。

(地プラ)
③　名称
業務に対応する地プラのユニット名が記入されている。通常、特に変更は必要ない。

相手方
(市の現状)
④　自治体内外
情報の入手元が自分と同じ自治体内であれば「内」、他団体など外部との連携は「外」、自治体内も外も両方ある場合は「内／外」を選ぶ。
⑤　入手元機関
自治体内外が「内」の場合は入力不要。「内／外」あるいは「外」の場合、自団体外のどの機関から情報を入手するのか記入する。例えば「他団体」などを記入する。
⑥　入手元業務担当
自治体内外が「外」の場合は入力不要。「内」あるいは「内／外」の場合、自団体内のどの担当組織から情報を入手するのか記入する。例えば「税務課」などを記入する。
⑦　機関内外
自治体内外が「外」の場合は入力不要。「内」あるいは「内／外」の場合、

情報の入手元が自身と同じ機関（市長部局どうし、教育委員会どうしなど）の場合は「内」、別機関の場合は「外」を選ぶ。例えば教育委員会が市長部局の担当課から情報を入手するといった場合に「外」となる。

(地プラ)

⑧　入手元システム名

　地プラの標準で、現在シートの業務ユニットが情報連携をしている相手方の業務ユニットが列挙されている。さらに、「⑩地プラ連携情報」にその際連携されている情報名称が列挙されている。⑧と⑩の組合せに対応させる形に、②から⑦および⑨の情報を記入することとなる。

取得情報

(市の現状)

⑨　入手している情報

　入手している情報名称を記入する。「⑩地プラ連携情報」に記入済みの情報名称に対応させる形で記入する。庁内で連携している情報に相当する情報が「⑩地プラ連携情報」にある場合はそれに並べる形で記入する。庁内で連携している情報に、地プラでは定義されていない情報がある場合には、対応づけられないので行を追加して記入する。地プラでは連携対象と定義されているが、市の現状では連携させていない情報がある場合は、⑩の部分を打消し線等で見え消しにする。

　各項目が地プラとどこまで厳密に一致した場合、対応するとみなすかは各団体の判断にゆだねられる。厳密には項目一つひとつ、型や桁数まで一致することが正確である。ただし、条例改正の目的からは主務省令との対応が確認できればよく、ここでの厳密性はあまり問題とはならない。

(地プラ)

⑩　地プラ連携情報

　地プラの場合の連携情報項目が記入されている。地プラの「インタフェース仕様」の項目名から引用されたものである。No.欄はインタフェース仕様のNoに対応する。各項目の詳細を確認したい場合は「インタフェース仕様」の対応する項目を参照願いたい。

番号法上の整理

　ここまでで洗い出した情報連携が、番号法の主務省令に規定されているものに対応するかをチェックする。

⑪　別表第2項番

　補足資料の「主務省令整理」から「②情報利用する事務」「⑨入手している情報」に対応する主務省令の番号を選択して記入する。「②情報利用する事務」に記入した事務名などを参考に、「主務省令整理」の「別表二項番」から対応する番号を選んで記入する。

⑫　No.

　同様に、「主務省令整理」の「No」から対応する番号を選び記入する。

　両欄とも対応する主務省令が見つからない場合は空欄でよい。

（4）具体例での説明

　前項で説明した記入項目について具体例で説明する。なお、この例は説明用の仮内容であり、実務上必ずしも正確なものではない。

　図表1－2は「こども福祉課」が作成した児童手当業務に関する現状調査結果を表している（図表1－2Ⓐ部分）。

　地プラの定義と一致している部分として、自団体内の市民課から「住民基本情報」を入手している。これは広くすべての事務で必要な情報と定義されている（図表1－2Ⓐ部分）。

　さらに税務課からは「個人住民税情報」を入手している。「個人住民税情報」については一月一日現在住民でなかった場合、前住地から入手することが必要なので「④自団体内外」は「内／外」となっている。この連携は主務省令とも対応がついている（図表1－2Ⓑ部分）。

　また、自団体内の福祉課からは「国民健康保険加入情報」を、年金課からは「国民年金加入情報」を入手している。これらも地プラの相当する情報に対応する形で記入されている（図表1－2ⒸⒹ部分）。

　地プラの定義と一致しない例として、この市では児童扶養手当との連携はなかったので打消し線が入れられている（図表1－2Ⓔ部分）。このように地プラ側が過剰な場合は削除を行う。削除したことが明確になるように打消

し線などを利用する。

　追加の内容として、保育課から「保育料滞納情報」を入手しているのでそれを最後に追記している（図表１－２Ｆ部分）。地プラにないものは追記する。連携の相手方は地プラにあるが、対応する連携情報がないといった場合には対応する場所に追記する。もし福祉課の国民健康保険から地プラにはない追加情報を入手しているといった場合は、わかりやすいように「国民健康保険加入情報」の下に追加するとよい。

　中間サーバーとの連携についても記入可能となっている。本書執筆段階で日本年金機構との連携詳細は未定であるが、もし確定されると例のように記入されることになるだろう。

　「個人住民税情報」について前住地からの連携は中間サーバー経由となる。例では税務課との連携部分で「④自団体内外」を「内／外」としているが、税務課との連携を「内」として、中間サーバーとの連携部分に「外」を分けて表現してもよい。どちらの記法を採用してもよいが、全体で記入方法は統一すべきである。

(5) 調査の流れ

　最後に、上記で説明した連携確認シートへの記入を中核に、調査全体の流れを説明する。調査をどのように進めるかは各団体の状況や組織構成などに応じて適宜決定する必要がある。ここでは手順検討の参考に、例えばこのような進め方もあるという例を示すこととする。

　ここで示す調査手順例では、大きく流れを準備段階、調査段階、結果集約段階、条例改正段階に分けて説明する。準備段階では地プラ連携確認シートを用いた調査を始める前に準備すべきことを説明する。調査段階はまさに地プラ連携確認シートの記入作業となる。記入作業は各担当課に分担する想定である。結果集約段階では各担当課からの結果を集約し、整理する段階である。条例改正段階は結果を条例改正にどのように活かすべきかを説明する。

① 　準備段階

　準備段階では少なくとも、

●調査体制の立ち上げ

図表1−2

地プラ連携確認シート
15　児童手当

記入日	2月3日
所属	APPLIC市こども福祉課
担当	吉本

他事務からの情報取得（他事務から情報を入手する場合）										
担当事務名				相手方						
市の現状			地プラ	市の現状				地プラ		
①市の業務名	②情報利用する事務		No.	③名称	④自団体内外	⑤入手元機関	⑥入手元業務担当	⑦機関内外	No.	⑧入手元システム名
児童手当			15	児童手当						
	すべての事務				内		市民課	内		
									6	住民基本台帳
	一　児童手当法第七条第一項（同法第十七条第一項（同法附則第二条第三項において準用する場合を含む。）及び同法附則第二条第三項において適用し、又は準用する場合を含む。）の児童手当又は特例給付（同法附則第二条第一項の給付をいう。）の受給資格及びその額についての認定の請求に係る事実についての審査に関する事務				内/外	市区町村	税務課	内		
	二　児童手当法第二十六条（同法第二項を除き、同法附則第二条第三項において準用する場合を含む。）の届出に係る事実についての審査に関する事務				内/外	市区町村	税務課	内		
									6	個人住民税
	一　児童手当法第七条第一項（同法第十七条第一項（同法附則第二条第三項において準用する場合を含む。）及び同法附則第二条第三項において適用し、又は準用する場合を含む。）の児童手当又は特例給付（同法附則第二条第一項の給付をいう。）の受給資格及びその額についての認定の請求に係る事実についての審査に関する事務				内		福祉課	内		
									10	国民健康保険
	一　児童手当法第七条第一項（同法第十七条第一項（同法附則第二条第三項において準用する場合を含む。）及び同法附則第二条第三項において適用し、又は準用する場合を含む。）の児童手当又は特例給付（同法附則第二条第一項の給付をいう。）の受給資格及びその額についての認定の請求に係る事実についての審査に関する事務				内		年金課	内		
									11	国民年金
					内				23	児童扶養手当
	一　児童手当法第七条第一項（同法第十七条第一項（同法附則第二条第三項において準用する場合を含む。）及び同法附則第二条第三項において適用し、又は準用する場合を含む。）の児童手当又は特例給付（同法附則第二条第一項の給付をいう。）の受給資格及びその額についての認定の請求に係る事実についての審査に関する事務				外	日本年金機構ほか				中間サーバー
	保育料特別徴収事務				内		保育課			

取得情報				番号法上の整理				条例スタイル	
市の現状		地プラ		⑪別表 第二項番	⑫ No.	入手目的	特定個人 情報No	入手している情報	
⑨入手している情報	No.	⑩地プラ連携情報							
住民基本情報	75	住基情報							A
個人住民税情報	124	個人住民税情報	74	1		一 児童手当法第七条第一項（同法第十七条第一項（同法附則第二条第三項において準用する場合を含む。）及び同法附則第二条第三項において適用し、又は準用する場合を含む。）の児童手当又は特例給付（同法附則第二条第一項の給付をいう。）の受給資格及びその額についての認定の請求に係る事実についての審査に関する事務	2	地方税関係情報	B
個人住民税情報	124	個人住民税情報	74	2		二 児童手当法第二十六条（同法第二項を除き、同法附則第二条第三項において準用する場合を含む。）の届出に係る事実についての審査に関する事務	2	地方税関係情報	
国民健康保険加入情報	306	国民健康保険情報							C
国民年金加入情報	287	国民年金情報							D
	370	児童扶養手当情報							E
年金情報	302	年金情報							
保育料滞納情報									F

●事前資料確認
●調査依頼文書等作成
●情報システムベンダーへの協力依頼
●担当部門への調査依頼

といった作業が必要となる。

　調査体制の立ち上げに際しては最低でも、とりまとめ担当、調査担当を明確にする必要がある。とりまとめ担当は通常、情報政策部門が担う。条例改正のための作業なので法制部門も考えられるが、情報システムの運用などについて情報システムベンダーとのやり取りが必須であり、また、多くの調査内容が情報システムに依存することから情報政策部門が担当することが効率的である。調査担当は各業務の担当部門が分担する。

　事前資料確認では調査担当への依頼に先立ち、とりまとめ部門で調査可能な資料を事前に確認する。業務システムの一覧や運用手順書、業務フロー、システム間の連携データに関する仕様書などを確認し、調査対象システムを明確にする。調査対象はExcelなどを利用したPC単体のシステムや、電算化されていない紙台帳の事務も含まれる場合がある。それらについても運用手順や事務処理要領などを基に整理する。

　特定個人情報保護評価の結果は事前資料確認の重要な対象となる。システムや事務の一覧としては特定個人情報保護評価で作成した「特定個人情報保護評価計画管理書」が参考になる。また、連携データについては「個人情報ファイル簿」などが利用できる。さらに、特定個人情報保護評価において重点項目評価以上を実施していれば、評価書にある「特定個人情報の提供・移転」が情報源となる。

　どの部門へどの業務についての調査を依頼すべきかもこの事前資料確認の段階で確定させる。業務システムや事務の一覧を基に担当部門を特定する。地プラ連携確認シートを担当部門に割り当てる。担当部門ごとの連絡方法や窓口担当者を明確にする。

　担当部門が整理できたら、調査依頼文書等を作成する。依頼文書には調査の目的、調査対象、調査事項の概要などを明記する。さらに調査期間や回答方法、調査についての問い合わせ先などを記載する。調査依頼文書と担当す

る地プラ連携確認シート、調査手順書、必要な附属資料をセットにして担当部門への送付資料を作成する。業務や事務の中で既存の地プラ連携確認シートでは対応しないものがある場合は、シートをコピーして新しい地プラ連携確認シートを作成する。依頼文書や調査手順書については資料編に原課照会依頼書例を載せているので参照願いたい。

　担当部門への調査依頼準備と並行して、情報システムの担当ベンダーへ協力依頼を行う。情報システム間の連携データについて、詳細はベンダーに確認しなければわからない場合が多い。帳票やファイルといった単位で連携している場合は運用手順から洗い出すことができるが、データベース間で連携されていたり、もともと複数の業務システムでデータベースが共有される設計になっていたりする場合などは、外形的な調査では実情がなかなか判明しない。実際にどのようなデータが流れ、共有されているのか、地域情報プラットフォームとの差異はあるのかといった情報の提供や確認作業を依頼する。

　すべての準備が整ったら担当部門への調査依頼を行う。依頼を行ってからは調査に関する担当部門からの問い合わせ対応や、期限内の結果回答を求めて督促を行うといったアフターケアが必要となる。

② 調査段階

　調査段階は調査担当の作業となる。調査手順は手順書として提示する。できるだけ具体的な手順とし、担当部門ごとに回答方法がばらつかないように注意する。

③ 結果集約段階

　調査結果がそろったら結果集約段階に入る。それぞれの地プラ連携確認シートは独立しているので全体集計のような作業はない。しかし、どうしても担当部門ごとに回答の方法や判断基準にばらつきが出る。全体を確認し、必要な確認や再調査依頼を行う。

　ベンダーからの情報との整合性確認や、特定個人情報保護評価の評価書との整合性確認も併せて行う。担当部門の実務上の理解と業務システムの実際の動作は異なっている可能性がある。特定個人情報保護評価の評価書は特定個人情報に限定したものではあるが、今回の調査結果と不整合があれば十分

に確認を行う必要がある。

④　条例改正段階

　調査結果はさまざまに活用できるが、ここでは条例改正に活用する場合を例に説明する。条例改正の詳しい方法については第1編に譲るが、ここでは調査結果と条例改正の関係性について整理する。ポイントは主務省令との対応にある。

　地プラ連携確認シートでの調査結果として得られた情報連携のうち、主務省令と対応するものについてはいわゆる包括規定でカバーすることができる。すなわち、主務省令にある連携に相当するものは庁内での連携を許す旨の規定を設けることで対応できる。これら包括規定で対応できるものについても、包括規定で対応しているという事実を正確に把握し、今後の法改正などに備えるために今回の調査結果は極めて重要になる。

　主務省令に対応しないものについては個別の規定を設ける必要がある。条例改正の観点ではこれら対応しないものが主要な対象である。現段階で主務省令に対応しなくとも、将来的には対応する可能性もあり、やはり調査結果は今後のためにも貴重な情報として保持する必要がある。

第2章 自治体における地プラの活用事例

ケース1 宮崎県小林市

1 はじめに

　小林市における番号制度の導入は、小林市情報化推進本部を対策本部とし、小林市情報化推進本部設置要綱に基づき制度導入及び運用を組織的に管理し、実務的な検討及び調整を本部に設置されている情報化推進委員会で実施した。委員会に業務部会を20部会設置し、各分野の具体的な検討を行った。制度導入には原課職員との情報共有が必須と考え、グループウェアを活用し各種情報の提供を積極的に行った。

　小林市におけるマイナンバー利用事務の特定については、DigitalPMO（国が公開するマイナンバー情報共有Webサイト）に掲載されている「番号法別表第1及び第2に規定される主務省令事項の整理について」のデータをもとに、マイナンバー利用事務、所管課、制度導入前後の業務フロー等を記載した業務フロー票を作成し、BPR（業務改革）、安全管理措置及び庁内連携条例の制定・改正のための基礎資料として活用した。

2 庁内連携条例の制定

　平成27年4月から5月にかけて主に法規担当職員から構成される例規部会を開催し、制定の時期、原課への照会・とりまとめ方法及び条例案文の作

成に係る方針を協議した結果、番号制度の主管課である企画政策課情報政策グループ職員から構成される統括部会が担当することになった。庁内連携条例が、市民の利便性の向上及び行政手続きの簡素化に寄与することを念頭に置きつつも、まずは、スモールスタートを基本とし、番号法9条2項による独自事務（以下「市独自利用事務」という。）を中心に条例案文を作成することにした。

(1) 市独自利用事務の調査及び条例案文の作成

条例案文を作成するにあたり平成27年6月より原課に対して調査を行った。回答があった18事務をもとに条例案文の作成を行い、総務省地域情報化アドバイザー派遣事業を活用し、専門家による支援をいただいた。議会上程時期については、平成27年12月議会とし、条例案文については、市独自利用事務が他自治体と比較して多いとの助言をいただいたので、市独自利用事務の情報連携を想定し、原則、特定個人情報保護委員会規則（現・個人情報保護委員会規則）で定める3要件に合致するものを市独自利用事務として規定する方針を定め、平成27年8月より原課に対して再調査を行った。

最終的には、3要件に合致しないものの、システムの機能上、別表第一に規定されている事務と区別することができない2事務を含む4事務について条例案文に規定することとした。

(2) 条例案作成の方針転換

作成を開始した当初は、内閣官房条例イメージを参考に条例案文の検討を行ったが、庁内連携でやり取りする特定個人情報を事前かつ明確に特定する必要があると判断し、番号法別表第二相当を規定する包括方式では網羅しきれない庁内連携（以下、「個別列挙方式」という）について、内閣官房条例イメージの3欄形式から特定個人情報の移転元の事務を追加した4欄形式へ変更を行った。

(3) 庁内連携条例の議会上程

統括部会が作成した条例案文について、例規部会において規定ぶりのチェ

ックを行い、条例等の制定や解釈等に関する事項を審議する小林市法規審議会での審議終了後、平成27年12月議会に議案として提出した。審議の結果、議決を得たので、マイナンバーの利用が開始される平成28年1月1日付けで庁内連携条例が施行され、併せて庁内連携条例施行規則も施行された。

3 庁内連携条例の改正

　庁内連携条例の制定に併せて、番号法別表第二に規定のない別表第一事務の間での庁内連携規定の追加に向けて、分析作業を行うことができるツールがないものか情報収集を開始した矢先に、APPLICより地プラを活用した現状分析に係る情報提供をいただいた。

　地プラについては、平成25年度から平成26年度に実施した基幹系システム再構築事業において、データ項目の標準化やシステムの共通化を図る目的で、地プラ等の先進的な機能に対応することを調達条件のひとつに掲げており内容は知っていたが、地プラで現状分析ができるという事実を知り、正直なところ驚きを感じた。

(1) 改正に向けた事務と特定個人情報の洗い出し

　まず初めに、既に作成が完了していた業務フロー票を基に、個別列挙方式に追加する必要のある利用事務及び特定個人情報の洗い出しを行うために原課に調査を依頼した。連携キーにマイナンバーを含まず、宛名番号や個人を特定する基本4情報でのやり取りであったとしても、紙・システムのオンライン即時処理・システムのバッチ処理・媒体による電子ファイルでのやり取りである場合は、情報を渡す側（提供者）の事務と受け取る側（照会者）の事務の双方が個人番号利用事務であれば、庁内連携に該当するという定義を明確にした上で調査を実施した。

　原課より回答があった20事務について、効率的な改正条例案文作成を目的に利用事務の概要とやり取りする特定個人情報の内容に係るヒアリングを実施し、地プラを活用した現状分析の事前資料（以下「地プラ事前資料」と

いう）とした。

（2）地プラを活用した現状分析

　APPLICより提供のあった地プラ連携確認シートの入力手順に従い、原則、統括部会で入力作業を行い、不明な点については原課へ照会を行った。地プラ連携確認シートは、それぞれの個人番号利用事務が分野ごとにまとめられているので、慣れるまでに時間はかかったが、あらかじめ予想される他の事務とのやり取りが洗い出されているため、あとは機械的に入力を行うことができた。

（3）改正条例案文の作成

　完成した地プラ連携確認シートと地プラ事前資料を比較し、漏れがないことが確認できたので、改正条例案文の作成を開始した。庁内連携条例の個別列挙方式に追加する利用事務及び特定個人情報の基本的な方針について、利用事務は、原則、番号法別表第一の下欄に掲げる事務とし、特定個人情報は、包括方式との重複や今後の運用を考えて、番号法別表第二の第四欄に掲げる特定個人情報と整合するよう規定を行うことにした。

　庁内連携条例と庁内連携条例施行規則との整合性を図るために、順番としては、まず、庁内連携条例施行規則のレベルで作成を行い、ある程度精査された段階で庁内連携条例の改正条例案文を作成した。また、複数事務で情報を共有し入手・更新・参照するものに係る庁内連携への対応についても、水町弁護士とAPPLICによる技術支援を受けながら今回の改正案文に追加し、改正条例案文を完成することができた。

　庁内連携条例制定と同じ手続を経て、平成28年6月議会に上程し、庁内連携条例の一部を改正する条例が平成28年6月30日に施行され、併せて庁内連携条例施行規則の一部を改正する規則も施行された。

4　地プラを活用してわかったこと

　地プラを活用することで市民にマイナンバーの利用範囲を法律上明確にするという番号法の趣旨に沿った形での庁内連携条例を整備することができた。

(1) 地プラのメリット

　地プラは、個人番号利用事務双方の情報のやり取りを効率的に把握することができ、事務とやり取りする情報の洗い出しを特定の職員に依存することなく機械的に行うことができるため作業の標準化が容易であると感じた。また、小林市において作成した地プラ事前資料と地プラ連携確認シートを比較することで庁内連携条例に規定すべき事務と特定個人情報について、漏れはないだろうか、といった不安の払拭を行うことができた。

　共通フォーマットである地プラ連携確認シートを通じて「見える化」を行うことができるため、一概には言えないものの、他自治体との客観的な比較も可能と考える。

(2) 大変だった点や感想

　地プラ連携確認シートを作成する上で、庁内連携を行う事務及び特定個人情報の粒度を決定する際に、既存事務と別表第二主務省令または別表第一主務省令との紐付けを行うことに時間を要する結果となった。また、いくつかの先進自治体と情報交換を行い、他自治体が作成した地プラ連携確認シートを拝見する機会があったが、利用事務の根拠となる法律はどの自治体においても同じであったとしても、それぞれの自治体事務の運用や利用するシステム機能及び構成により全く同じ結果になるとは限らないと感じた。

5 原課の声

■例規部会担当者の感想

　例規部会では、統括部会が作成した条例案文に関する規定の技術的支援、内容チェック及び議会上程前の最終確認を行った。庁内連携条例の改正については、番号法や主務省令と同じ事務、同じ特定個人情報なのに異なる表現をすると市民や市職員が分かりづらくなることが予想されたので、略式規定も含め番号法の表現との整合性を図った。特に、個別列挙方式による規定については、包括方式による規定と重複がないか、本当に市の利用事務であるのかどうか重点的にチェックを行った。

　また、庁内連携条例施行規則に委任した内容については、将来性を考慮し、人事異動等で担当者が代わった場合に庁内連携を行う利用事務及び特定個人情報の解釈が変わることがないよう細心の注意を払い規定を行ったところである。

■後期高齢者医療部会担当者の感想

　後期高齢者医療事務については、高齢者の医療の確保に関する法律48条に基づき後期高齢者医療広域連合の設立が定められており、宮崎県後期高齢者医療広域連合規約により、それぞれが処理する事務が規定されている。市と後期高齢者医療広域連合は別機関だが、市が保有する特定個人情報を後期高齢者医療広域連合が利用することは、同一部署内での内部利用であると整理されている。

　庁内連携条例の規定上は、番号法別表第二の情報照会者が後期高齢者医療広域連合となっているものは市と同一とみなし、包括方式による利用事務及び特定個人情報の整理を行った。その後、個別列挙方式に規定する必要がある利用事務と特定個人情報について、業務フロー票を確認しながら規定の検討を行った。

　後期高齢者医療部会では、市と後期高齢者医療広域連合の関係整理、市内部における庁内連携の整理を行う必要があり、判断に苦慮する場面が多々あ

ったのだが、何度も業務フロー票を確認することで、自分が行っている事務を振り返ることができたので、業務フロー票の重要性を再認識したところである。

■福祉部会担当職員の感想

　福祉部会は、生活保護や障がい者等に関連する法令が多く、また、ひとりの職員が行う担当事務も多岐にわたることから、庁内連携を行う利用事務及び特定個人情報の整理が煩雑を極めた。個別列挙方式で規定する場合、別表第二主務省令に規定されていない部分は、庁内連携条例及び庁内連携条例施行規則に個別的に規定する必要があるが、番号法別表第二では規定されているものの別表第二主務省令に規定がない事務及び特定個人情報があり、庁内連携条例に規定する利用事務及び特定個人情報について判断に迷うことがあった。今後も庁内連携を行うことで、福祉分野に係る市民の利便性の向上及び行政手続きの簡素化に努めたい。

6 おわりに

　庁内連携条例の整備は、業務主管課である当課だけでは到底行うことはできず、原課職員も含めそれぞれの役割分担と協力のもと組織を通じた対応が必要であると改めて感じたところである。

　今後も市民の利便性の向上及び行政手続きの簡素化を図るため、番号制度を契機ととらえて積極的に事務事業に活用し、BPRを通じた行政運営の効率化を図り、もって市民サービスの向上を推進したいと考える。

福島県白河市

1 はじめに

　白河市は、那須連邦を望む福島県の南部中央に位置し、奥州の三大関所の一つとして古くから交通の要所として発展してきた。現在、東京駅まで75分で結ぶ東北新幹線をはじめ、東北自動車道、車で30分の距離にある福島空港などの高速交通体系に恵まれ、首都圏とのアクセスや広域的な交通の利便性に富んでいる。
　平成17年に周辺3村と対等合併を行い、平成27年度国勢調査では総人口は61,913人で、市長部局では6部20課の組織体制となっている。
　番号制度導入に伴う条例制定・改正は基幹業務系システム（個人番号利用系システム）を保守管理している企画政策課が中心となり検討することとした。

2 条例改正の理由

　番号法9条においては、個人番号の利用範囲を原則として以下の範囲と規定している。
　① 別表第一に掲げる主体が、同表に掲げる事務において利用する場合
　② 自治体が条例で定める事務において利用する場合
　③ 個人番号関係事務において利用する場合
　また、番号法19条においては、特定個人情報の提供を制限しており、同一自治体内の他機関へ特定個人情報を提供する場合は同条9号に基づく条例を制定する必要がある。
　このようなことから、白河市では当初、いわゆる庁内連携について、これまでシステム上でやり取りをしていた事務を継続できるよう条例を制定した

が、再度、実施事務や特定個人情報の点検を行い、主務省令に定めの無い特定個人情報の特定や「②自治体が条例で定める事務」つまり独自利用事務についてもあわせて条例改正を進めることとした。

３ 条例改正の取組み状況

　まず、基幹業務系システム（個人番号利用系システム）を保守管理している企画政策課が中心となり、同システムを利用している各課所に条例改正の趣旨を伝え、特定個人情報の利用が考えられる別表第一主務省令に記載がされていない事務や別表第二主務省令で使用の記載がされていない情報を洗い出す作業を依頼した。

　また、法規担当の総務課には主務省令などの確認作業を、企画政策課では、システム上でどの様な情報を利用しているのかの再点検を実施することとしたが、実際には各課所において住民にどのような書類の提出を求めているのかなどの事務内容が把握できないことなどから、総務課及び企画政策課は各課所で行う作業の補助をすることとした。

　依頼した時期は、補正予算成立に伴う事務や次年度当初予算事務、さらに12月議会対応事務などが重なる多忙な時期であったこと、また、番号法に関する理解度の違いや、条例改正に必要な事務や情報の洗い出し作業に有効な統一した様式などを示せなかったため担当課所においては大変苦労していた。

　そのような中、「地プラをベースとした基礎自治体番号制度対応」についてAPPLICから講師を派遣いただき７月に研修会を実施した経緯があることから、地プラを利用した事務の洗い出しについてAPPLICに対しご相談をしたところ、地プラ連携確認シートの提案や、番号法に精通している水町弁護士からもご教示いただける場があることを知り、茨城県つくば市・高知県南国市・宮崎県小林市と共に情報交換をしながら条例改正についての勉強会を進めることになった。

　地プラ連携確認シートは業務ごとに主務省令で規定された事務かどうか、

さらに入手する情報が主務省令に規定されているかどうかを一目で把握できるものであり、番号法に沿った事務内容と主務省令の整理を明確化できるものである。

何度か勉強会を重ねることで、APPLIC吉本部長のご骨折りと、水町弁護士からのご指導・ご助言、他市の皆さんの積極的なご意見等をとりいれながら、よりまとめやすく、分かりやすい地プラ連携確認シートが出来上がった。

この地プラ連携確認シートを各基幹業務系システム担当課所に配布し、それぞれに行っている事務に合致しているか、そうでない事務があるか、その事務に対してどの様な情報をどのような形で入手しているか、再度、確認の作業を進めてもらった。

また、これと並行して地プラ連携確認シートをより有効に活用するために、基幹業務系システムのベンダーにもシステム上の連携を元にした確認作業を依頼した。ベンダーは、APPLICの会員であったため、APPLICからの協力要請と作業手順の説明をしていただいたことで、各担当SE（システムエンジニア）にも作成してもらうことができた。

地プラ連携確認シートの利用では、「様式を示されたことで、マイナンバーを利用する事務、入手する情報が主務省令に記載がある事項なのか確認しながら作業でき、比較的簡単に理解を深めながら作業を進められた。」との声も聞くことができた。

その後企画政策課で、各課所からとベンダーからの地プラ連携確認シートの確認を行ったが、当市事務担当者、ベンダーSEと、記載の仕方の解釈や理解度には差があったので、地プラ連携確認シートの突合・まとめの作業に大変苦労した。

しかし、地プラ連携確認シートの回収までに約2週間、地プラ連携確認シートのまとめに約2週間と合わせて約1ヶ月程度で、番号法関連の事務・情報の洗い出し作業を終了することができたことで、個人情報保護委員会より示された事務処理手順に準じ、6月議会での条例改正の目安をつけることができた。

つくば市では、「市独自に条例改正に必要な事務や情報の洗い出し作業を実施したが、完成まで6ヶ月を要した。」と説明されており、当市が独自で

実施した場合は、各課所への説明やマンパワー不足等により、それ以上の日数を要すると思われるので、地プラ連携確認シートを利用したことで大幅に作業日数を短縮することが出来たと考える。

続いて、条例改正に必要な事務・情報を確認し条例改正（案）を作成し、条例改正の発議を行った。

当市での条例改正の進め方としては、課長・部長・副市長・市長と決裁を受けることとなるが、改正内容を説明していく段階で当然説明者は条例改正（案）を作成した企画政策課であり、マイナンバー利用事務を行っている事務担当者ではない。

企画政策課でも、基幹業務系システムの利用権限等を管理しているため、どの課所でどのような情報を利用しているかは把握しているが、それ以外の細かな情報をどの様に入手しているのかなどについては分からないため、条例改正の説明に大変苦労すると思われた。

しかしながら、地プラ連携確認シートを利用することで、各課所でのマイナンバーを利用する事務、利用している情報を一目で把握することができ、また、説明時に地プラ連携確認シートを利用することで、決裁者も番号法に基づく条例改正が必要な市独自利用事務や庁内連携している情報などについても比較的簡単に理解を得ることができた。

同様に６月定例議会の際、地プラ連携確認シートにより、スムーズに説明を進めることができ、議員各位にも理解を得ることができた。

❹ 地プラ連携確認シートを活用しての感想

地プラ連携確認シートを利用したメリットは、番号事務の実施に向けて、何をするべきか示されている点が大きい。

地プラ連携確認シートを利用する前は、番号法や主務省令を読み解くのか、関係事務や情報は何かなど、何から手をつけてよいか分からない状況であったが、条例改正に必要な事務・情報が簡単に洗い出せた。当市では条例改正を企画政策課で実施したが、担当課所で行っている事務や利用している情報

の入手方法など詳しく記載されているので、首長や議会での説明にも活用することができた。

さらに、今後の法改正や事務の改善への対応、システムの変更、各事務担当者の人事異動の際の事務引継ぎ等にも有効に対応できるものと考える。

このたび、白河市、茨城県つくば市、高知県南国市、宮崎県小林市が参集し、番号法に精通している水町弁護士にご教示いただきながら、条例改正についての意見交換を行い、同じ事務を進めるにあたり、情報の入手方法として住民から提出してもらうのか、ワンストップ化が進んでシステム上で確認できるのかで、条例の記載内容が変わることなど、多くのことを学ぶことが出来た。

また、同じ目標である条例改正に向けて、各市の考え方や進め方の助言を受け進めることが出来たのは大変心強かった。

今後、住民サービスを充実するため新規に独自条例を制定し行う事務や、市民に負担をかけないように情報の庁内連携を図ることに加え、基幹業務系システムを変更した場合等には条例改正が必要となることから、連携確認シートを、番号条例の確認、点検等に大いに活用していきたい。

高知県南国市

1 はじめに

南国市は、高知県の中央部に位置する、人口48,000人余りの市である。65歳以上人口が29.3%と高齢化が進行しており、ピーク時には5万人を超えていた人口も徐々に減少している。一方、中心市街地には児童数が多く、小学校では教室が不足するなど、人口構成に偏りが見られる。高齢化、子育て支援といった社会保障分野のきめ細かい対応を、人口1,000人当たり5.5人と、全国的にも少ない人数の職員でこなしており、個人番号制度の適切な運用で市民サービスの向上を目指すという方針を立てている。また、市民に求めて

いた書類で、情報連携を行うことで不要となるものがあれば、独自利用も含め、積極的に検討していくことも方針としている。

2 検討組織

　そのため、南国市では、平成26年6月に、副市長を本部長とする「南国市社会保障・税番号制度導入対策本部」（図表2―1）を立ち上げた。
　この組織は、市役所全部署の管理職で構成されており、南国市のマイナンバー対応方針を決定、実際の作業は、検討部会で行った。各検討部会は主に係長級の職員で構成され、それぞれの部署の担当業務により次の内容について検討を行った。
・運用部会（法務・個人情報保護担当、住民基本台帳担当）
　　個人番号の付番及び個人番号カードの交付に関すること。
　　番号制度に関する情報システムの総括に関すること。
　　特定個人情報保護評価に関すること。
・税務部会（税担当）
　　番号制度に関連する税務事務に関すること。
　　税務事務に係る個人番号の利用範囲に関すること。
　　番号制度に関する税情報システムに関すること。
・社会保障部会（保険・福祉担当、保健担当、学校教育担当、保育担当、年金担当、住宅担当）
　　番号制度に関連する社会保障事務（社会福祉）に関すること。
　　社会保障事務（社会福祉）に係る個人番号の利用範囲に関すること。
　　番号制度に関する社会保障（社会福祉）情報システムに関すること。
　　番号制度に関連する社会保障事務（児童福祉その他）に関すること。
　　社会保障事務（児童福祉その他）に係る個人番号の利用範囲に関すること。
　　番号制度に関する社会保障（児童福祉その他）情報システムに関すること。

・給与部会（人事担当）
　番号制度に関連する給与・報酬等の事務に関すること。
　番号制度に関する給与・報酬等の情報システムに関すること。
　検討に当たり、平成26年度はAPPLICが総務省の委託事業を請け負っている地域情報化アドバイザー制度を活用し、平成27年度は総務省ICT地域

図表2－1　南国市社会保障・税番号制度導入対策本部

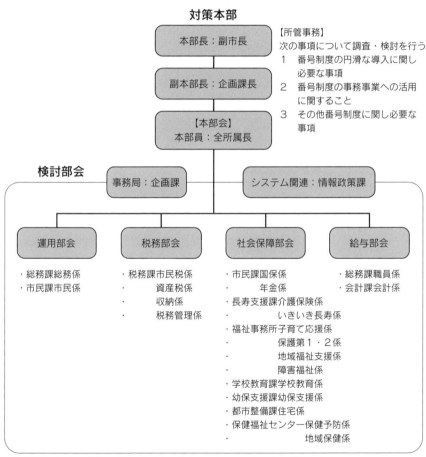

※検討部会は、関連業務の係長で構成し、番号制度について具体的に検討を行う。
　（各部会の検討項目は、別表（本書内略）のとおり）
※必要に応じて、部員以外の者の出席を求めることができる。

マネージャーの派遣を受け、全庁的に番号制度導入に向けて検討を重ねた。中でも重視して取り組んだのが、庁内連携条例により南国市における市民の

図表2-2　番号制度導入に向けたスケジュール

日　付	経　過
平成26年 6月16日	南国市社会保障・税番号制度導入対策本部会（要綱の制定前） ・全所属長（本部員）に対して、番号制度、導入スケジュール説明
6月25日	南国市社会保障・税番号制度導入対策本部会設置（要綱の制定）
6月26日	南国市社会保障・税番号制度導入対策本部会「検討部会」設置
7月 8日	**第1回検討部会** ・番号制度、導入スケジュール説明 ・番号制度関係事務の洗い出し、対象人数等を調査依頼
8月29日	**第2回検討部会** ・アドバイザーによる制度説明 ・番号制度関係事務フローの作成依頼
11月21日	**第3回検討部会** ・番号制度関係事務の整理状況の報告 　別表第一の事務の整理、事務フローの整理 ・特定個人情報保護評価書の実施手続きについて説明
12月 3日	住民基本台帳業務に係る事務フローについて打ち合わせ （関係課）市民課、長寿支援課、福祉事務所、学校教育課
平成27年 1月26日	**第4回検討部会** ・別表第二の事務の整理依頼 ・特定個人情報保護評価書の作成依頼
2月 5日	地方税務照会に係る事務フローについて打ち合わせ （関係課）税務課、市民課、長寿支援課、福祉事務所、学校教育課、幼保支援課
6月11日	特定個人情報保護評価書について、「住民基本台帳に関する事務」ほか7事務を特定個人情報保護委員会に提出・公表
7月 3日	**第5回検討部会** ・平成27年度スケジュール説明 ・導入後の事務フロー見直しと独自利用業務の検討依頼 ・根拠規定（条例等）の整備について説明

個人情報の利用、連携を明らかにすることである。

庁内連携条例の議会上程のマイルストーンを、当初は27年6月議会、後に進捗状況から9月議会に延ばし、図表2－2のスケジュールで作業を行った。

3 業務の見える化

平成26年末から、個人番号を利用する全部署において、業務フロー図（図表2－3）を作成、177業務について、情報のやり取りをそれぞれの業務担当職員が図式化した。

並行して番号法別表第一及び別表第二の各項目について、各部署において、関連システムの確認も行っている（図表2－4）。

さらに、作成した業務フローを持ち寄り、各部会で連携情報等の確認を行ったが、この作業の中で独自に連携している情報はなく、庁内連携条例に入れる必要があるのは、全国的に利用が想定されていた公費医療の業務という結論となり、平成27年9月議会に向けて条例を上程する準備を進めていた。ところが、先行で条例を制定している自治体の事例を確認したところ、外国人に対する生活保護業務が独自利用業務として上がっていたため、再度担当課にヒアリングを行った結果、生活保護法は、「国が生活に困窮するすべての国民」を対象としており、外国人に対する支給措置は生活保護法の規定からは外れていることが分かった。

このように、事務の根拠法令について、疑問点が解消されなかったので、再度他の自治体の条例も参考にしながら見直しをかけ、平成27年12月議会に条例案を上程、同時に規則を策定した。

ただ、番号法別表第一、第二の解釈について、この時点では担当者に確認してもあいまいな点が多かったため、厳密に番号法の規定を精査する必要があること、業務に精通した担当者でも、もう一度日常行っている事務の根拠法令と番号法を対照し、番号法にうたわれている連携は何かということを精査する必要があることを認識した。また、フロー図を確認した結果、システム内部での連携が抜けているのではないかという問題点も明らかになった。

図表2-3 番号制度関係事務フロー

別表第一項番号	事務名称	担当課・係	整理番号
37	児童扶養手当	福祉事務所・子育て応援係	
	関連する市の条例・規則	関連するシステム(担当課)	
	南国市児童扶養手当の支払いに関する規則(平成14年8月23日規則第29号)	児童扶養手当システム	

		照会・提供			
			庁内	他団体	関連ファイル
内容	担当課	照会・提供方法	照会・提供先	照会・提供先	関係システム

申請者(住民)

窓口訪問 → ①受付
- 申請書提出
  [添付書類]
  ・戸籍謄本
  ・金融機関口座
  ・その他(必要に応じて)
  ・所得証明
  (転入の場合)

②審査 — 【連絡票】
(1)離婚届
(2)住民異動票
※ケースにより異なる
→ 市民課
・認定要件の確認
・手当額の決定

→ 年金加入 → 市民課/税務課 → 年金事務所

住民システム
個人住民税システム

③認定
・全額支給者
・一部支給停止者
・全額支給停止者

④発行
・受給証書の発行

⑤通知
・認定通知書
(手当額に応じて)
・受給証書

児童扶養手当システム

支給開始

4 地プラを活用した庁内連携条例の検討

　検討を進める中、四国でAPPLIC主催の研修会があり、APPLIC吉本氏から地域情報プラットフォーム標準仕様と庁内連携条例整備について説明を受けた。庁内連携条例の整備範囲について、これまで考えていたより厳密な確認が必要であること、また、システム内連携を確認するうえで地プラが参考になることなどについて説明があり、特に地プラを活用しながら利用条例を検討していく点に関心を持った。

　ただ、実際利用するとなると、利用の仕方がわからず、ベンダーに協力を依頼するしかない状況であった。そのようなとき、APPLICから、地プラを利用した利用条例の整備の仕方について、自治体の事例を持ち寄りながら検討会を行うという情報をいただき、参加することにした。

　今回参加させていただいたことで、次の点について整理して検討することができた。
・地プラの連携情報とシステムの情報連携の比較
・番号法別表第二、地プラの連携情報及びシステムの情報連携の対比
・他自治体との業務内容の比較

　加えて、水町先生とAPPLIC吉本氏において、地プラ連携確認シートを作りこんでいただいたことで、担当者及びベンダーともに、回答の仕方についてあまり質問もなく、作業することができた。また、利用しているシステムが地プラ準拠のシステムで、APPLICからの依頼で、ベンダーから今回の検討作業に対する協力が得られ、南国市・保守ベンダー・開発ベンダーの確認作業をスムーズに行うことができた。

　地プラ連携確認シートを持ち寄って検討会で確認した後、条例の改正作業を行ったが、庁内連携条例の案文の作成においては、地プラを活用することによって、盛り込まなければならない内容のチェックを効率的に行うことができたと考える。

　何も参考とするものがない状態のチェックでは、個人情報の連携について、担当職員の記憶頼みな部分もあり、十分な確認ができたとは言えない状態で

図表2-4　各部署における関連システムの確認

表第一項番号	整理番号	事務名称	担当課・係
8	8-1	障害児通所サービス	福祉事務所・障害福祉係
8	8-2	保育入所事務	幼保支援課・幼保支援係
8	8-3	保育料徴収事務	幼保支援課・幼保支援係
8	8-4	保育入所解除事務	幼保支援課・幼保支援係
9	9	助産施設入所施設措置費	福祉事務所・子育て応援係
10	10	母子保健に関する業務（予防接種）	保健福祉センター・地域保健係
15	15-1	生活保護事務（申請〜決定まで）	福祉事務所・保護係
15	15-2	生活保護事務（変更申請〜決定まで）	福祉事務所・保護係
15	15-3	生活保護事務（廃止決定）	福祉事務所・保護係
15	15-4	生活保護事務（医療扶助申請〜決定まで）	福祉事務所・保護係
15	15-5	生活保護事務（医療扶助（治療材料）申請〜決定まで）	福祉事務所・保護係
15	15-6	生活保護事務（医療移送費）申請〜決定まで）	福祉事務所・保護係
15	15-7	生活保護事務（返還金発生〜決定まで）	福祉事務所・保護係
15	15-8	生活保護事務（返還金滞納〜）	福祉事務所・保護係
16	16-1-1	個人市県民税賦課	税務課・市民税係
16	16-1-2	個人市県民税賦課	税務課・市民税係
16	16-2	個人市県民税（家屋敷均等割）賦課	税務課・市民税係
16	16-3	国民健康保険税賦課	税務課・市民税係
16	16-4	法人市民税賦課	税務課・市民税係
16	16-5	たばこ・鉱産・入湯税課税	税務課・市民税係
16	16-6	固定資産税賦課（土地、家屋、償却資産）	税務課・資産税係
16	16-7	国有資産等所在市町村交付金	税務課・資産税係
16	16-8	市税徴収	税務課・収納係
16	16-9	軽自動車税賦課（原付・小特）	税務課・税務管理係
16	16-10	軽自動車税賦課（軽2輪・3輪・4輪）	税務課・税務管理係
19	19-1-1	公営住宅入居申込事務（その1）	都市整備課・住宅係
19	19-1-2	公営住宅入居申込事務（その2）	都市整備課・住宅係
19	19-2-1	公営住宅使用料決定事務（収入申告）（その1）	都市整備課・住宅係
19	19-2-2	公営住宅使用料決定事務（収入申告）（その2）	都市整備課・住宅係
19	19-3	公営住宅使用料決定事務（減免申請）	都市整備課・住宅係
19	19-4	公営住宅使用料決定事務（同居申請）	都市整備課・住宅係
19	19-5	公営住宅使用料決定事務（退去申請）	都市整備課・住宅係
19	19-6	公営住宅使用料決定事務（返還申請）	都市整備課・住宅係
19	19-7	公営住宅入居承継事務	都市整備課・住宅係
26	26	特別支援教育就学奨励費事務	学校教育課・学校教育係
27	27	医療に要する費用についての援助に関する事務	学校教育課・学校教育係
30	30-1	国保関係届書の受理・処理業務	市民課・国保係
30	30-2	被保険者証等の再交付業務	市民課・国保係
30	30-3	短期被保険者証・資格証明書の交付・再交付業務	市民課・国保係
30	30-4	高齢受給者証の交付・再交付業務	市民課・国保係
30	30-5	限度額認定・標準負担額減額認定証の交付・再交付業務	市民課・国保係
30	30-6	特定疾病受領証の交付・再交付業務	市民課・国保係
30	30-7	所得状況等の調査　※30-1へまとめ	市民課・国保係
30	30-8	高額療養費の支給業務）	市民課・国保係

関連する市の条例・規則	関連するシステム（担当課）	税情報
	障害者総合支援システム	○
南国市保育の実施に関する条例 南国市保育所入所承諾基準運用要綱	保育料システム	
南国市保育実施児童の保護者負担金徴収規則	保育料システム	
南国市保育の実施に関する条例	保育料システム	
		○
	健康管理システム	
	生活保護システム	○
	生活保護システム	○
	生活保護システム	
	生活保護システム	
	生活保護システム	
	生活保護システム	
	生活保護システム	○
	生活保護システム	
南国市税条例（平成6年9月26日条例第19号）	個人住民税システム 課税支援システム	
南国市税条例（平成6年9月26日条例第19号）	個人住民税システム	
南国市税条例（平成6年9月26日条例第19号）	個人住民税システム	
南国市国民健康保険税条例（昭和36年3月29日条例第7号）	国民健康保険税システム	
南国市税条例（平成6年9月26日条例第19号）	法人住民税システム	
南国市税条例（平成6年9月26日条例第19号）	固定資産税システム	
南国市税条例（平成6年9月26日条例第19号）	固定資産税システム	
南国市税条例（平成6年9月26日条例第19号）	滞納管理システム	
南国市税条例（平成6年9月26日条例第19号）	軽自動車税システム	
南国市税条例（平成6年9月26日条例第19号）	軽自動車税システム	
南国市営住宅設置及び管理条例 南国市営住宅設置及び管理条例施行規則	住宅管理システム 収納管理システム 個人住民税システム	○
南国市営住宅設置及び管理条例 南国市営住宅設置及び管理条例施行規則	住宅管理システム 収納管理システム 個人住民税システム	
南国市営住宅設置及び管理条例 南国市営住宅設置及び管理条例施行規則	住宅管理システム 個人住民税システム	○
南国市営住宅設置及び管理条例 南国市営住宅設置及び管理条例施行規則	住宅管理システム 個人住民税システム	○
南国市営住宅設置及び管理条例 南国市営住宅設置及び管理条例施行規則	住宅管理システム 個人住民税システム	○
南国市営住宅設置及び管理条例 南国市営住宅設置及び管理条例施行規則	住宅管理システム 個人住民税システム	○
南国市営住宅設置及び管理条例 南国市営住宅設置及び管理条例施行規則	住宅管理システム 個人住民税システム	○
南国市営住宅設置及び管理条例 南国市営住宅設置及び管理条例施行規則	住宅管理システム 収納管理システム 個人住民税システム	○
南国市営住宅設置及び管理条例 南国市営住宅設置及び管理条例施行規則	住宅管理システム 収納管理システム 個人住民税システム	
	教育システム	○
南国市就学援助規則（平成19年9月20日教委規則第9号）	教育システム	○
	国民健康保険システム（資格管理）	○
南国市国民健康保険滞納世帯に係る事務処理要領 （平成13年8月31日告示第41号）	国民健康保険システム（資格管理） 国民健康保険税システム	○
	国民健康保険システム（資格管理） 国民健康保険税システム	○
	国民健康保険システム（資格管理）	○
	国民健康保険システム（資格管理） 国民健康保険税システム	○
	国民健康保険システム（資格管理） 国民健康保険税システム	
	国民健康保険システム（資格管理）	○

あった。しかし、地プラの標準的な仕様をもとにチェックをすることにより、標準どおりなものの確認はもとより、それが分かることによって、本市独自の個人情報の連携が明らかになり、また、担当者に確認するときも、より具体的に話をすることができた。

また、標準的な仕様どおりであり、業務の必要上、当たり前のように連携している個人情報についても、チェックを行っていくと、別表第二主務省令の規定がなく、庁内連携条例の包括規定では対応できていないものもあり、担当者の業務に対する認識がより深まるなど、本市にとって大変意義のある調査となった。

その一方、作業を進めていく中で一番大変だったのは、調査結果の確認であった。地プラ連携確認シートの作業方法については特に質問は上がらなかったが、初めての作業で担当職員が慣れていないこともあったため、回答を確認すると、不足している情報があるのではないかという疑問が生じ、取りまとめ作業の中で1つ1つの項目を担当者と確認、1業務で2時間以上担当者と議論することもあった。このように、必要に応じて細かいヒアリングを行ったが、確認をすればするほど、記入ミスや記入抜かりが散見するという状況であった。住民にとっては同じ福祉サービスでも、制度的に年齢によって主務省令の範囲内であったりなかったりというものもあり、担当者がマニュアルや法令を何度も見直すこともあった。これは、地プラの課題ではなく、職員のその業務に対する知識と番号法、主務省令に対する認識の課題ということになるのであろうが、調査の精度を高めるためには、担当職員及び取りまとめをする職員双方の、番号法に対する理解と習熟が重要であると改めて感じた。

このような苦労はあったが、地プラ連携確認シートが完成すると、庁内連携条例と規則については、その情報を落とし込んでいくことで整備がされていった。また、利用しているシステムの機能として、異なる業務システム間で共通参照できる情報が多いということも、ベンダーと話をしている中でわかった。情報が参照できる以上は条例に書き込むべき連携であるとはいえ、個々の連携を条例に書き込んでは、かえってわかりにくい、ということで、どのように条例上表現するかを、検討会の中で考えていただいた。

5 おわりに

　今回、地プラを活用した庁内連携条例の検討を行う中で、庁内連携条例の整備が、通り一遍の確認では正確に行えないこと、番号法以前に、職員がそれぞれの業務について、根拠、業務フロー、情報の流れ、システムについてきちんと把握していることが、まずは基本であることを改めて認識させられた。今後、番号利用業務の追加や変更、また、連携情報の変更があると思うが、今回の作業で作成した地プラ連携確認シートは、今後の庁内連携情報の管理簿として十分活用できるものなので、ぜひ多くの自治体の方に活用していただきたい。

　また、今回規模も、利用している業務システムも異なる自治体の方と条例の検討をさせていただいたが、10万人程度までの自治体（つまり全国の自治体の8割以上）だったら、規模の大小による業務の内容の違いと言えるものはあまりなく、また、地プラ準拠のパッケージシステムを利用している自治体であれば、今回の検討結果は標準的に使えるのではないかと思う。

　検討にあたり、法務担当とシステム担当がともに参加できる環境を整えていただいたことも、作業を進めるうえで大変なメリットであった。庁内連携条例の整備については、業務担当、システム担当、法務担当がともに作業を行うことの重要性を体験した。この体制で検討することで、より精度の高い条例整備につながることを実感し、他団体の皆様にも是非お勧めしたい。

茨城県つくば市

1 はじめに

　番号法に基づく社会保障・税番号制度（以下、「番号制度」という。）の導入により、平成27年10月から個人番号の通知が開始され、平成28年1月から個人番号の利用が開始された。それに伴い自治体では、通知カードの送付及び返戻対応、個人番号カードの交付、自治体の事務における個人番号の利用開始に伴う準備作業などを実施する必要が生じた。

　個人番号を取り扱う上では、従来の個人情報の取扱い以上に厳重な安全管理措置を講じることが求められ、準備作業は条例、規則等の整備、業務運用の見直し、システム改修、住民及び企業への広報など多岐に渡る。

　つくば市では、全庁的に取り組むべき課題であることから、平成25年12月に管理職を対象とした「番号制度に関する勉強会」を開催し、番号制度が導入されることにより、自治体の業務が大きく影響を受けることについて、勉強する機会を設け、全庁的な取組みを開始した。

2 番号制度推進体制

　番号制度に関し、全庁的な情報共有及び円滑な導入を図るとともに、市の事務事業への積極的な活用による一層の市民サービスの向上を目的として、平成26年4月から総務部長を会長とし、関係課長を委員とする「つくば市番号制度推進会議」（以下、「推進会議」という。）を置き、総務部総務課が事務局となり、準備を進めてきた。

　平成27年4月からは、番号制度の導入準備をより強力に進めていくため、推進会議の上に、「つくば市番号制度推進本部」（以下、「推進本部」という。）を置く新体制とした。

図表2-5　つくば市における番号制度推進体制

推進本部
- 本部長：市長
- 副本部長：両副市長、教育長
- 本部員：部長等連絡会議構成員
- 〔所掌事項〕　① 番号制度に係る基本的な方針に関すること。
　　　　　　　② 番号制度に係る重要事項に関すること。

推進会議
- 会長：総務部長
- 副会長：総務部次長、市民部次長
- 委員：関係課長
- 〔所掌事項〕　① 番号制度の導入及び運用に係る庁内の調整に関すること。
　　　　　　　② 各専門ワーキンググループの進行管理に関すること。

専門WG（8分野）

住基・番号通知及びカード交付WG	税務WG	保健福祉WG	防災WG
リーダー：市民部市民課長補佐 メンバー：市民課、広報広聴課、IT推進課、総務課	リーダー：財務部納税課長補佐 メンバー：納税課、市民税課、資産税課、IT推進課	リーダー：保健福祉部社会福祉課長補佐 メンバー：社会福祉課、障害福祉課、高齢福祉課、こども課、国民健康保険課、医療年金課、介護保険課、地域包括支援課、健康増進課、IT推進課	リーダー：環境生活部危機管理課長補佐 メンバー：危機管理課、社会福祉課、消防総務課、IT推進課

給与事務WG	行政サービス向上WG	条例検討WG	教育WG
リーダー：総務部人事課長補佐 メンバー：人事課、こども課、水道総務課、会計事務局、学務課、IT推進課	リーダー：総務部IT推進課長補佐 メンバー：ひと・まち連携課、IT推進課、行政経営課、総務課	リーダー：総務部法務課長補佐 メンバー：法務課、総務課、IT推進課、行政経営課	リーダー：教育局教育総務課長補佐 メンバー：教育総務課、学務課、教育指導課、総合教育研究所、IT推進課

　推進体制は、三層構造となっており、番号制度に係る基本的な方針及び重要事項を検討する推進本部の下に、導入及び運用に係る庁内の調整を行う推進会議がある。
　さらに、推進会議の下に、個別専門的な事項について調査及び検討を行うため、8つの専門ワーキンググループ（以下、「WG」という。）（住基・番号通知及びカード交付WG、税務WG、保健福祉WG、防災WG、給与事務

WG、行政サービス向上WG、条例検討WG、教育WG）が設置されている。

3 推進本部及び推進会議の実施状況

　推進本部は、年度当初や節目に開催され、推進体制、作業スケジュール、番号法16条に基づく本人確認の措置に関する方針などを議題としてきた。
　推進会議は、平成26年度から4か月に一回程度開催され、各専門WGの進捗状況及び課題、作業スケジュールの確認などを議題としてきた。
　さらに、各専門WGにおける課題を共有し、当該課題の解決を図るため、各専門WGリーダーによるリーダー会議を開催し、情報共有を行ってきた。

4 条例検討WGの設置

　番号制度の導入に伴う条例・規則等の整備に関する検討を行うため、条例検討WGを設置した。
　条例検討WGでは、特定個人情報保護に関する条例、庁内連携条例（つくば市においては、「つくば市個人番号の利用及び特定個人情報の提供に関する条例」）、関連する規則や要綱などの検討を行ってきた。総務部法務課長補佐をリーダーとし、総務課、法務課、行政経営課及びIT推進課の職員がメンバーとなっている。
　庁内連携条例を検討する際には、税務WG及び保健福祉WGからもその都度主要メンバーを集め、事務内容を確認しながら検討を進めた。

5 番号法別表第一及び別表第二に掲げられている事務の明確化

　つくば市において最初に行った作業は、番号法別表第一及び別表第二に掲げられている事務にどのようなものがあるかを把握し、各事務についてつく

ば市ではどの課が担当しているかを明らかにし、一覧にする作業である。

　この作業は、最初に全体を把握する作業であることと、庁内連携条例に関する情報が不足していたことから、事務局である総務課が中心となり、平成26年7月に庁内事務調査を実施し、関係部署の洗い出しを行った。調査は、別表第一主務省令を参照しながら、各部署の事務所掌範囲と照合し、該当事務の有無を確認した。各部署での検討結果を各専門WG内で調整し、取りまとめて整理した。

6　庁内連携確認調査の概要

　次に、庁内連携確認調査を実施した。「庁内連携確認調査票」の内容は、次のとおりである。

・システムがデータベースにアクセスしている業務
・職員が使用権限を持っている業務
・主管課
・移転該当かどうか
・収集する情報の対象となる（本人の数、本人の範囲）
・収集する情報（具体的な項目など）
・用途
・法令上の根拠
・収集方法（庁内連携システム、専用線、電子記録媒体、紙など）
・時期・頻度
・備考

　つくば市で行った調査は、地プラ連携確認シートが作成される前に行ったことから、全てつくば市独自で検討した調査票を使用している。
　調査を実施する際には、説明会を開催するなど丁寧な説明を行うことが重要である。調査を行う上で特に注意した点は、回答者がなるべく説明を受けなくても調査票のみで回答することができるように工夫したことである。利用事務実施部署の担当者は、通常業務に追われており、負荷を減らすことが

重要である。一方、事務局側としても、問合せを軽減することにつながるため、調査票を作成する際には、十分に検討を重ねた。

　庁内連携確認調査は、番号法別表第一及び別表第二に掲げられている事務の明確化で一覧にした資料をもとに行い、その結果は、庁内連携条例の制定のためだけに活用するのではなく、番号制度の導入に伴う利用事務の洗い出し（再確認）、特定個人情報保護評価（移転該当かどうか）などに必要となる情報を洗い出すことにも活用した。

7　庁内連携確認調査のスケジュール

　調査のスケジュールは、図表2−6のとおりである。
　庁内連携条例について、具体的な検討を始めたのは、平成27年1月からである。
　条例検討WGにおいて、他自治体の庁内連携条例の状況や別表第一主務省令及び別表第二主務省令の動向を踏まえ、つくば市における庁内連携条例の内容、表の形式など及び ❻ の「庁内連携確認調査票」の内容を検討した。
　調査にあたっては、事前に、保健福祉WGの中から障害福祉課担当者及び税務WGの中から納税課担当者にヒアリングを行い、庁内連携確認調査票（案）で回答することができるか、調査票に関する説明資料は十分であるかなど確認を行い、平成27年2月上旬に庁内連携確認調査について、関係各課へ回答依頼を行った。
　さらに、庁内連携確認調査の趣旨や内容に関して、各専門WG内の担当者間の理解度や認識の差異を解消するため、専門WGごと（税務WG、保健福祉WG、その他）に説明会を実施した上で、利用事務実施部署の担当者の負担にならない程度の回答期限（約2週間）を設けた。調査後、各課から回答のあった調査票を全て1シートに取りまとめる作業を行い、条例検討WGで調査結果の確認及び条例別表の作成方法の協議を、平成27年3月から8月までの半年間かけて行った。
　調査結果の確認にあたり、条例検討WGメンバーのほか、システムがデー

図表2－6　庁内連携確認調査スケジュール

日時			活動内容
平成27年1月	1月19日	条例WG	他自治体の条例（案）パブコメなどを参考に、つくば市における条例の内容、表の形式などを検討
	1月28日	条例WG	「庁内連携調査票」に関する事前ヒアリング実施 ・障害福祉課（保健福祉WG） ・納税課（税務WG）
2月	2月2日	通知	「庁内連携確認調査」について 調査票を関係各課へ回答依頼
	2月9日	条例WG 説明会	「庁内連携確認調査」に関する説明会 ・税務WG ・保健福祉WG ・その他 ※専門WGごとに説明会を実施 （調査回答期限：2月19日）
3月～8月	3月23日	条例WG	各課から回答のあった調査票を1シートに取りまとめ、調査結果の確認及び条例別表の作成方法の協議を行う。
	4月14日	条例WG	・他自治体事例の確認 ・番号法別表の確認（利用事務の整理） ・独自利用事務の検討　など
	6月16日		
	6月30日		
	7月8日		
	8月17日		
	8月26日		
9月	9月3日	条例WG 各課 ヒアリング	・主務省令の整理及び 　データ標準レイアウトによる確認　など
	9月7日		
	9月14日		
	9月15日		
10月	10月5日	条例WG	各課ヒアリング結果のまとめ
11月	11月4日	通知	条例案の最終確認及び規則案準備のため、再調査を実施
12月	－	－	庁内連携条例案12月議会上程

タベースにアクセスしている業務、職員が使用権限を持っている業務を確認する必要がある場合は、システムベンダー担当者も参加した。

具体的な作業は、以下のとおりである。

> ・他自治体事例の確認
> ・番号法別表の確認（利用事務の整理）
> ・独自利用事務の検討
> ・茨城県からの委任事務の確認
> ・別表第一主務省令の確認
> ・別表第二主務省令の確認　など

それまでの結果から、関係各課への確認事項について、平成27年9月に4回に分けヒアリングを実施した。ヒアリング結果から、「番号法別表第二を活用し包括的に定めることができる事務」と「包括的に定めることができないことから、条例に書き出す必要がある事務」とに分類した。

具体的なヒアリングの内容は、以下のとおりである。

> ・主務省令の整理及びデータ標準レイアウトによる確認
> ・特定個人情報番号の確認　など

8　条例及び規則の制定

平成27年10月に各課ヒアリング結果の最終的な確認を行い、12月議会に向け、庁内連携条例（案）の検討作業を行った。庁内連携条例（案）別表に記載する事務及び特定個人情報については、詳細を規則へ委任していることから、「庁内連携事務と連携特定個人情報の整理」について、図表2－7のような調査票を作成し、庁内連携条例及び庁内連携条例施行規則の文言を整理する材料とした。

図表2-7 「庁内連携事務と連携特定個人情報の整理」に関する調査票

条例		規則	
事務	特定個人情報	事務	特定個人情報
身体障害者福祉法（昭和24年法律第283号）による費用の徴収に関する事務であって規則で定めるもの	地方税法（昭和25年法律第226号）その他の地方税に関する法律に基づく条例の規定により算定した税額又はその算定の基礎となる事項に関する情報であって規則で定めるもの	身体障害者福祉法第38条第1項の費用の徴収に関する事務	当該費用の徴収に係る身体障害者又は当該身体障害者の扶養義務者に係る市町村民税に関する情報
		右側の特定個人情報を必要とする「具体的な事務」を記入してください。 【記載例】 ○○法第□条第△項の××の認定の申請に係る事実についての審査に関する事務	左側の事務において連携が必要な「特定個人情報」を記入してください。 【記載例】 ○○（誰）に係る□□に関する情報
		※1　条例の事務の項目一つに対し，規則の事務の項目が複数になることが想定されます。 ※2　規則の事務の項目一つに対し，必要となる情報が複数になることが想定されます。 ※3　記入に当たっては「行政手続における特定の個人を識別するための番号の利用等に関する法律別表第二の主務省令で定める事務及び情報を定める命令」（平成二十六年十二月十二日内閣府・総務省令第七号）の規定ぶりを参考にしてください。	

9 地プラ活用のメリット及び課題

　APPLICでは、地プラ連携確認シートが無料で提供されている。地プラ連携確認シートは、その名のとおり、業務別に情報連携の確認をすることができるものである。地プラ連携確認シートは、地プラによる場合の連携情報や

別表第二主務省令の事務及び情報が既に記入されているため、比較的容易に情報連携の整理を行うことができる。庁内連携条例を制定又は改正する際に、利用事務や特定個人情報を確認・整理するツールとして、とても役に立つと考えられる。

一方、例えば、「戦没者等の遺族に対する特別弔慰金支給法（昭和40年法律第100号）による特別弔慰金の支給に関する事務」や「子ども・子育て支援法（平成24年法律第65号）による子どものための教育・保育給付の支給又は地域子ども・子育て支援事業の実施に関する事務」などについては、地プラ連携確認シートに具体的な情報がないため、一から全ての情報を記入する必要がある。

10 おわりに

番号法は、平成25年5月に公布され、公布から3年数か月を経過したところであるが、その一部改正は、既に20回を超えており、別表第一の改正及び別表第二の改正について個別にみても、それぞれ10回を超えている。これについては、利用範囲や特定個人情報の提供について、利用することができる者、利用することができる事務や利用することができる情報を個別列挙する番号法の宿命であり、改正の頻度が多くなるのは当然のことである。その意味では、庁内連携条例も同様であり、これから度々改正をする機会があると予想される。庁内連携条例を制定したからといって、ほっとしている暇はない。

今後は、庁内連携条例の効率的なメンテナンスについて、考えていく必要がある。今のところ、定期的に庁内照会をし、その照会結果を基に条例の改正案を作成するということを続けていくしかないと思料しているが、照会に対するレスポンスなど、不安材料も少なくない。照会の仕方を工夫するなどの試行錯誤を重ねながら、庁内連携条例の今後についても適切に対応していきたい。

資料編

地プラ連携確認シートのダウンロードについて

　本書で触れている地プラ連携確認シートほか資料のデータを、Webサイト上にて無料でダウンロードすることができます。

　地プラ連携確認シートは、庁内連携条例の精査を効率的に進めるために重要なシートですが、分量が多く書籍掲載に向かないこと、そして実際に活用するためには電子データである必要があることから、本書では全てを掲載することはせず、巻末に例として「児童手当・児童扶養手当の実例」のみ掲載しております。

　以下の方法で、地プラ連携確認シート全体のデータをダウンロードしてご利用ください。

◆ダウンロードできる資料の一覧
　・地プラ連携確認シート（児童手当・児童扶養手当の実例）
　・地プラ連携確認シート（ひな形）
　・著者によるパワーポイントの説明資料（3種類）
　①番号制度対応のための条例・規則
　②特定個人情報保護評価～目的・第三者点検ポイント・評価書作成ポイント
　③つくば市介護保険に関する事務　重点項目評価書　概要

◆ご利用方法
　①学陽書房ホームページ上の本書『自治体のマイナンバー条例対応の実務～地域情報プラットフォーム活用から特定個人情報保護評価まで～』個別ページにアクセスする。
　本書個別ページのURL：http://www.gakuyo.co.jp/book/b280780.html

　※学陽書房ホームページ内のキーワード検索に、本書タイトルを入力することでもアクセスできます。

　②「内容説明」にある、ご利用になりたいデータのタイトルをクリックする。

◆利用上の注意点
　○本資料は、書籍をご購入いただいた方に向けて公開するデータのため、本書購入者が自己のために利用する範囲内において、自由にご利用いただいて構いません。ただし、本資料のデータ及び内容を販売する目的で発行者の承諾なしに、無断で複製・公開することはできません。
　○本資料の提供につきましては、予告なしに終了や変更の可能性があります。予めご了承ください。

原課照会依頼書例
―情報政策部門から関連事業課への事務分析依頼文

1 照会の概要

(1) 目的

　本文例は、筆者（水町）にて作成した文例である。
・番号法の本格施行に伴い、個人番号を利用する事務で、他の事務と個人情報のやりとりを行っている場合、条例を策定せずに、現行通りの事務を行い続けていると、違法となる可能性があります。

　例えば、当市では、これまで福祉部局で税情報を取り扱うには、市民の同意を原則として取得してきましたが、番号法の下では、市民が同意したかどうかに関わらず、福祉部局で税情報を取り扱うには、そのことを利用目的として、条例で特定・公表しなければなりません。
・そこで条例策定要否を検討するために、照会を行います。そのためには、市内における個人情報の入手すべてを洗い出す必要があります。

(2) 照会事項

・事務担当においては、自分の事務で、他の事務から個人情報を入手している場合を回答するため、ダウンロード用資料の地プラ連携確認シートのピンク部分をすべて回答してください。

> 具体的には、自分の担当事務で何のためにどこからどのような情報を入手していて、それは番号法別表第二主務省令のどれに相当するのか、あるいは番号法別表第二主務省令に規定がないのか、記入してください。

※破線の部分が「ダウンロード用資料」の「地プラ連携確認シート」でいうピンクの部分です。

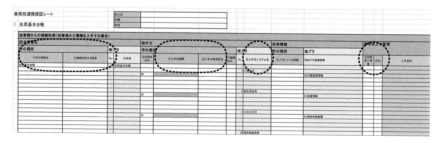

- なお、地域情報プラットフォーム（以下、「地プラ」という）の情報を元に、ダウンロード用資料の地プラ連携確認シートの通り、あらかじめ予想される他の事務とのやりとりを洗い出しています。もっとも地プラの情報は標準モデルであり、当市における実務運用がそのままであるとの保障はありません。不足があったり、過剰だったりする可能性があります。そのため、事務担当においては、ダウンロード用資料の地プラ連携確認シートを確認し、当市における実務運用を「ダウンロード用資料」の「地プラ連携確認シート」のピンク部分に記載してください。（必要に応じて緑部分も修正してください）
- 担当課では他から入手している情報について、紙や媒体（MO、CDなどすべて）を介したデータ入手、バッチ処理によるデータ入手、オンライン照会画面などによる情報入手、EUCツール等による情報入手など、あらゆる連携を記入してください。

　但し、システム内部でのデータベース連携など外から見えない連携は、別途ベンダーに照会していますので、その内容を確認し、番号法別表第二主務省令のどれに相当するかなどを書き足してください。

　（ベンダーには、共有データベースを介した情報共有や連携など、システム内部処理のデータ共有や連携も含め、あらゆるデータの流れを洗い出し、記入するように依頼しています。）

- 余力のある部署においては、市外（住民、他団体、行政機関など）から個人情報を入手している場合、それも記載してください。
- ダウンロード用資料の地プラ連携確認シートは、自分の担当業務のシート

のみ入力します。「主務省令整理」は、回答に当たって、番号を参照します。「主務省令整理」より右側にあるシートは、内部用のため、記載・変更・削除等しないでください。

(3) 地プラとは

・庁内の業務システム間連携を標準化した仕様です。どの業務システムと業務システムの間にデータ交換があるか、そのデータ項目はどのようなものかが標準化されています。ダウンロード用資料の地プラ連携確認シートには地プラ標準に対応した庁内のデータの流れがあらかじめ記入されています。
・地プラは、標準的な自治体業務に対応しているため、標準的な自治体における情報連携がわかります。
・つまり、地プラの情報連携を、通常であれば当市も行っているはずです。もっとも地プラにはない情報連携を、当市独自で行っていたり、地プラにある情報連携を当市独自に行っていなかったりする場合もあります。地プラをあくまで参考にした上で、当市内での情報のやりとりをすべて明らかにします。

2 作業の流れ

(1) 担当事務名（①②）

・自分が担当している業務名を①（C列）に記入します。
・地プラでの名称が③（F列）に記載されていますので、これを参考に、当市での業務名称を記載してください。地プラはあくまで標準モデルですので、地プラでの名称と当市の名称が異なる場合は当然あります。
・次に、情報を入手し利用する事務名を②（D列）に記入します。②は①より細かいレベルになります。ダウンロード用資料の地プラ連携確認シート上に吹き出しで書いてありますが、番号法別表第二主務省令に規定されている事務名から選択して記入してください。独自名称がある場合は併記し

地プラ連携確認シート			記入日	
			所属	
1　住民基本台帳			担当	

他事務からの情報取得（他事務から情報を入手する場合）				
担当事務名				
市の現状			地プラ	
①市の業務名	②情報利用する事務	No.	③名称	
住民基本台帳		1	住民基本台帳	

地プラの「名称」を参考に対応する業務名、事務名を記入してください

てください。番号法別表第二主務省令にないものは例えば「保護費返還請求」などと、適当に名前を付けて記入してください。一部、別表第二主務省令の事務名を仮に入力しているので、間違っていれば修正してください。

(2) 相手方（④⑤⑥⑦）

④自団体内外

・情報の入手元が自分と同じ市内であれば「内」、他団体など外部との連携は「外」、市内も市外も両方ある場合（転出入がない対象者については市内、転出入がある対象者については市外など）は「内／外」を選んでください。

⑤入手元機関

・自団体内外が「外」あるいは「内／外」の場合、情報を連携する外部の他機関名（他市町村、国税庁など）を記入します。

⑥入手元事務担当

・自団体内外が「内」あるいは「内／外」の場合、情報を提供する（入手元の）市内の業務担当課の名称を記入します。

・参考に、⑧（K列）に、地プラで情報を入手する相手方ユニットが記載してあります。地プラにないものは追加してください。地プラにあるけれど

も当市では異なる場合は、当市の実情を⑥に記載し、⑧は取消線を引いてください。

⑦機関内外

- ④自団体内外で「内」の場合にのみ選択します。
- 相手方は、機関が同一かどうか、⑦（I列）に記入します。あなたが首長部局だとして、相手方も首長部局であれば「内」を選択します。あなたが首長部局だとして、相手方が教育委員会等であれば「外」を選択します。

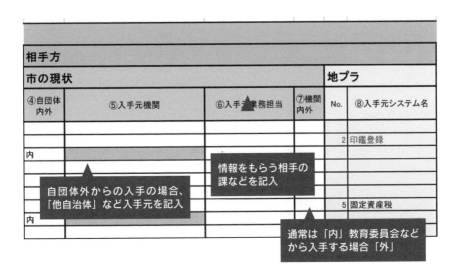

（3）入手している情報（⑨）

- 入手する個人情報を⑨（M列）に記入します。
- 地プラで入手する個人情報が⑩（N列）に記載されていますので、これを参考に、当市で入手する個人情報を記載してください。地プラはあくまで標準モデルですので、地プラでは入手していない個人情報を、当市では入手している場合もありますので、当市で行っている個人情報の入手に漏れがないよう、記載してください。また地プラでは入手している個人情報を当市では入手していない場合もありえなくはありませんので、チェックし、取消線を引いてください。

取得情報	
市の現状	地プラ
⑨入手している情報	⑩地プラ連携情報
	50.印鑑登録情報

地プラで標準化されている業務間の連携情報が⑩欄にあるので、それを参考に実際にやり取りされている情報を記入

(4) 番号法上の整理（⑪⑫）

・記載した個人情報の入手が、番号法別表第二主務省令のどれに該当するか、⑪⑫に記入します。
・⑪は、別表第二の項番を入力します。
・⑫は、ダウンロード用資料の地プラ連携確認シートの「主務省令整理（照会者視点）」シートから対応するものを選びだし、「主務省令整理（照会者視点）」シートJ列に記載されている数字を入力してください。

　　ダウンロード用資料の地プラ連携確認シートの「主務省令整理（照会者視点）」シートは、C列に「別表2項番」が記載されていますので、該当する項番の行に移ると、それに対応する主務省令が並んでいます。
・そうすると、⑫の右側の欄、「入手目的」「特定個人情報No」「入手している情報」が自動的に埋まるようになっています。
・対応する別表第二がない場合は、⑪⑫に「なし」と記入してください。
　対応する別表第二があるけれども主務省令がない場合は、⑪に別表第二の項番を入れ、⑫に「なし」と記入してください

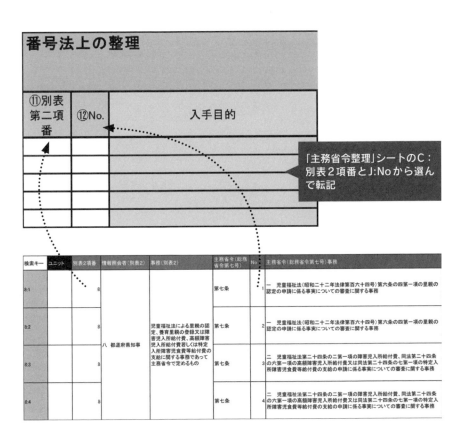

地プラ連携確認シートの実例

①児童手当の例　A市

地プラ連携確認シート
15　児童手当

記入日	XXXX/XX/XX
所属	保健福祉部こども課
担当	福祉太郎

他事務からの情報取得（他事務から情報を入手する場合）

担当事務名				相手方					
市の現状			地プラ		市の現状			地プラ	
①市の業務名	②情報利用する事務	No.	③名称	④自団体内外	⑤入手元機関	⑥入手元業務担当	⑦機関内外	No.	⑧入手元システム名
児童手当		15	児童手当						
	一　児童手当法第七条第一項（同法第十七条第一項（同法附則第二条第三項において準用する場合を含む。）及び同法附則第二条第三項において適用し、又は準用する場合を含む。）の児童手当又は特例給付（同法附則第二条第一項の給付をいう。）の受給資格及びその額についての認定の請求に係る事実についての審査に関する事務			内/外	他市町村	市民課		1	住民基本台帳
				内/外	他市町村	課税課		6	個人住民税
				内		国保年金課	内	10	国民健康保険
								21	戸籍
	二　児童手当法第二十六条（同条第二項を除き、同法附則第二条第三項において準用する場合を含む。）の届出に係る事実についての審査に関する事務			内/外	他市町村	市民課			
				内/外	他市町村	課税課			
				内		国保年金課	内	10	国民健康保険
								21	戸籍

取得情報		番号法上の整理					
市の現状	地プラ						
⑨入手している情報	⑩地プラ連携情報	⑪別表第二項番	⑫No.	入手目的	特定個人情報No	入手している情報	条例スタイル
住民票関係情報		なし	なし				
個人住民税情報	124. 個人住民税情報	74	1	一 児童手当法第七条第一項（同法第十七条第一項（同法附則第二条第三項において準用する場合を含む。）及び同法附則第二条第三項において適用し、又は準用する場合を含む。）の児童手当又は特例給付（同法附則第二条第一項の給付をいう。）の受給資格及びその額についての認定の請求に係る事実についての審査に関する事務	2	地方税関係情報	
国民健康保険情報	300. 国民健康保険情報	なし	なし				番号の連携なし
戸籍情報	458. 戸籍情報	なし	なし				本人からの書類添付
年金資格記録情報		なし	なし				本人からの書類添付
住民票関係情報		なし	なし				
個人住民税情報	124. 個人住民税情報	74	2	二 児童手当法第二十六条（同条第二項を除く、同法附則第二条第三項において準用する場合を含む。）の届出に係る事実についての審査に関する事務	2	地方税関係情報	
国民健康保険情報	300. 国民健康保険情報	なし	なし				番号の連携なし
戸籍情報	458. 戸籍情報	なし	なし				本人からの書類添付
年金資格記録情報		なし	なし				本人からの書類添付

①児童手当の例　B市

地プラ連携確認シート
15　児童手当

記入日	XXXX/XX/XX
所属	福祉事務所
担当	福祉太郎

他事務からの情報取得（他事務から情報を入手する場合）

担当事務名				相手方					
市の現状		地プラ		市の現状				地プラ	
①市の業務名	②情報利用する事務	No.	③名称	④自団体内外	⑤入手元機関	⑥入手元業務担当	⑦機関内外	No.	⑧入手元システム名
児童手当		15	児童手当						
				内		行政基本	内	1	住民基本台帳
	業務全般に利用 ・対象者の検索、表示 ・各種通知書への宛名印字 ・認定請求、額改定請求における世帯員の把握 など								
						個人住民税		6	個人住民税
	一　児童手当法第七条第一項（同法第十七条第一項（同法附則第二条第三項において準用する場合を含む。）及び同法附則第二条第三項において適用し、又は準用する場合を含む。）の児童手当又は特例給付（同法附則第二条第一項の給付をいう。）の受給資格及びその額についての認定の請求に係る事実についての審査に関する事務			内／外	市区町村	税務課	内		
				内／外	市区町村	戸籍担当／市民課	内		
								21	戸籍
	二　児童手当法第二十六条（同条第二項を除き、同法附則第二条第三項において準用する場合を含む。）の届出に係る事実についての審査に関する事務			内／外	市区町村	税務課	内		
								10	国民健康保険
				内		国民健康保険			
						国民年金		11	国民年金
	・認定請求、額改定請求における受給者台帳への記載 ・被用者・非被用者の把握			内／外	・日本年金機構・日本私立学校振興・共済事業団・国家公務員共済組合連合会・地方公務員共済組合・全国市町村職員共済組合連合会	市民課			
								23	児童扶養手当
						行政基本			中間サーバー

取得情報		番号法上の整理					条例スタイル
市の現状	地プラ						
⑨入手している情報	⑩地プラ連携情報	⑪別表第二項番	⑫No.	入手目的	特定個人情報No	入手している情報	
宛名情報（住登者）・行政基本基本情報	75.住基情報						
個人住民税情報・個人課税・扶養・専従者・世帯調査票・他市町村個人課税	124.個人住民税情報	74	1	一　児童手当法第七条第一項（同法第十七条第一項（同法附則第二条第三項において準用する場合を含む。）及び同法附則第二条第三項において適用し、又は準用する場合を含む。）の児童手当又は特例給付（同法附則第二条第一項の給付をいう。）の受給資格及びその額についての認定の請求に係る事実についての審査に関する事務	2	地方税関係情報	包括
							個別
出生、入籍、婚姻	730.戸籍情報						
個人住民税情報・個人課税・扶養・専従者・世帯調査票・他市町村個人課税	124.個人住民税情報	74	2	二　児童手当法第二十六条（同条第二項を除き、同法附則第二条第三項において準用する場合を含む。）の届出に係る事実についての審査に関する事務	2	地方税関係情報	包括
.国民健康保険加入情報	300.国民健康保険情報						個別
国民年金情報・被保険者名簿情報	282.国民年金情報						個別
	328.児童扶養手当情報						

地プラ連携確認シートの実例

	業務全般に利用 ・対象者の検索、表示 ・各種通知書への宛名印字 ・認定請求、額改定請求における世帯員の把握 　など			内					
				内		保育料 システム			
保育料の特別徴収事務									
				内		給食費 システム			
給食費の代理納付事務									
						行政基本			
	・支給情報の作成 ・口座振り込み用データ作成			内		行政基本	内		

宛名情報（住登外） ・行政基本基本情報	296. 年金資格記録情報						個別
保育料の滞納情報（紙）							
給食費の滞納情報（紙）							
宛名情報 ・行政基本口座情報							個別

地プラ連携確認シートの実例　229

①児童手当の例　C市

地プラ連携確認シート
15　児童手当

記入日	XXXX/XX/XX
所属	子育て支援課
担当	育児花子

他事務からの情報取得（他事務から情報を入手する場合）

担当事務名				相手方					
市の現状		地プラ		市の現状				地プラ	
①市の業務名	②情報利用する事務	No.	③名称	④自団体内外	⑤入手元機関	⑥入手元業務担当	⑦機関内外	No.	⑧入手元システム名
児童手当		15	児童手当						
	全般			内		市民課	内	1	住民基本台帳
								1	住民基本台帳
	一　児童手当法第七条第一項（同法第十七条第一項（同法附則第二条第三項において準用する場合を含む。）及び同法附則第二条第三項において適用し、又は準用する場合を含む。）の児童手当又は特例給付（同法附則第二条第一項の給付をいう。）の受給資格及びその額についての認定の請求に係る事実についての審査に関する事務			内		税務課	内	6	個人住民税
	二　児童手当法第二十六条（同条第二項を除き、同法附則第二条第三項において準用する場合を含む。）の届出に係る事実についての審査に関する事務			内		税務課	内	6	個人住民税
								10	
	一　児童手当法（昭和四十六年法律第七十三号）第七条第一項（同法第十七条第一項（同法附則第二条第三項において準用する場合を含む。）及び同法附則第二条第三項において適用し、又は準用する場合を含む。）若しくは第二項の児童手当若しくは特例給付（同法附則第二条第一項の給付をいう。次号及び第三号において同じ。）の受給資格及びその額についての認定の請求の受理、その請求に係る事実についての審査又はその請求に対する応答に関する事務			内		福祉課	内		国民健康保険

取得情報			番号法上の整理				条例スタイル
市の現状	地プラ						
⑨入手している情報	⑩地プラ連携情報	⑪別表第二項番	⑫No.	入手目的	特定個人情報No	入手している情報	
4情報							
	75.住基情報						
受給資格者及び配偶者の前年（前々年）所得の情報、受給資格者の前年（前々年）所得の情報	124.個人住民税情報	74	1	一　児童手当法第七条第一項（同法第十七条第一項（同法附則第二条第三項において準用する場合を含む。）及び同法附則第二条第三項において適用し、又は準用する場合を含む。）の児童手当又は特例給付（同法附則第二条第一項の給付をいう。）の受給資格及びその額についての認定の請求に係る事実についての審査に関する事務	2	地方税関係情報	包括
受給資格者及び配偶者の前年所得の情報、受給資格者の前年所得の情報	124.個人住民税情報	74	2	二　児童手当法第二十六条（同条第二項を除き、同法附則第二条第三項において準用する場合を含む。）の届出に係る事実についての審査に関する事務	2	地方税関係情報	包括
受給者の保険加入情報	300.国民健康保険情報	なし	なし				個別

地プラ連携確認シートの実例　231

事務				提供機関			特定個人情報	
一　児童手当法（昭和四十六年法律第七十三号）第七条第一項（同法附則第二条第三項において準用する場合を含む。）及び同法附則第二条第三項において適用し、又は準用する場合を含む。）若しくは第二項の児童手当若しくは特例給付（同法附則第二条第一項の給付をいう。次号及び第三号において同じ。）の受給資格及びその額についての認定の請求の受理、その請求に係る事実についての審査又はその請求に対する応答に関する事務			外	・日本年金機構・日本私立学校振興・共済事業団・国家公務員共済組合連合会・地方公務員共済組合・全国市町村職員共済組合連合会			11	国民年金
四　児童手当法第二十六条（同条第二項を除き、同法附則第二条第三項において準用する場合を含む。）の届出の受理、その届出に係る事実についての審査又はその届出に対する応答に関する事務			外	・日本年金機構・日本私立学校振興・共済事業団・国家公務員共済組合連合会・地方公務員共済組合・全国市町村職員共済組合連合会			11	国民年金
							23	児童扶養手当
								中間サーバー
五　児童手当法第二十八条（同法附則第二条第三項において準用する場合を含む。）の資料の提供等の求めに関する事務								
三　児童手当法第十二条第一項（同法附則第二条第三項において準用する場合を含む。）の未支払の児童手当若しくは特例給付の請求の受理、その請求に係る事実についての審査又はその請求に対する応答に関する事務								
二　児童手当法第九条第一項（同法附則第二条第三項において準用する場合を含む。）の児童手当若しくは特例給付の額の改定の請求の受理、その請求に係る事実についての審査又はその請求に対する応答に関する事務								
六　児童手当法施行規則（昭和四十六年厚生省令第三十三号）第一条の三の父母指定者の届出の受理、その届出に係る事実についての審査又はその届出に対する応答に関する事務								

受給資格者の年金の加入情報	282. 国民年金情報						
受給資格者の年金の加入情報	282. 国民年金情報						
	328. 児童扶養手当情報						
	296. 年金資格記録情報						

地プラ連携確認シートの実例

②児童扶養手当の例　A市

地プラ連携確認シート
23　児童扶養手当

記入日	XXXX/XX/XX
所属	保健福祉部こども課
担当	福祉花子

他事務からの情報取得（他事務から情報を入手する場合）

担当事務名				相手方					
市の現状		地プラ		市の現状				地プラ	
①市の業務名	②情報利用する事務	No.	③名称	④自団体内外	⑤入手元機関	⑥入手元業務担当	⑦機関内外	No.	⑧入手元システム名
児童扶養手当	一　児童扶養手当法第六条の児童扶養手当の受給資格及びその額の認定の請求に係る事実についての審査に関する事務	23	児童扶養手当	外	都道府県				
				外	都道府県				
				内		社会福祉課	内	12	障害者福祉
				内/外	他市町村	課税課		6	個人住民税
				内		市民課	内	1	住民基本台帳
				外	都道府県				
				外	都道府県				
	二　児童扶養手当法第八条第一項の手当の額の改定の請求に係る事実についての審査に関する事務			外	都道府県				
				外	都道府県				
				内		社会福祉課	内	12	障害者福祉
				内		市民課	内	1	住民基本台帳

取得情報		番号法上の整理					条例スタイル
市の現状	地プラ						
⑨入手している情報	⑩地プラ連携情報	⑪別表第二項番	⑫No.	入手目的	特定個人情報No	入手している情報	
児童福祉法関係情報（障害児入所支援・措置・児童自立生活援助事業）	661.児童福祉法関係情報（障害児入所支援・措置・児童自立生活援助事業）	57	1	一　児童扶養手当法第六条の児童扶養手当の受給資格及びその額の認定の請求に係る事実についての審査に関する事務	24	児童福祉法による障害児入所支援若しくは措置（同法第二十七条第一項第三号の措置をいう。）に関する情報	
児童福祉法関係情報（障害児入所支援・措置・児童自立生活援助事業）	661.児童福祉法関係情報（障害児入所支援・措置・児童自立生活援助事業）	57	2	一　児童扶養手当法第六条の児童扶養手当の受給資格及びその額の認定の請求に係る事実についての審査に関する事務	24	児童福祉法による障害児入所支援若しくは措置（同法第二十七条第一項第三号の措置をいう。）に関する情報	
障害者福祉情報	333.障害者福祉情報	57	3	一　児童扶養手当法第六条の児童扶養手当の受給資格及びその額の認定の請求に係る事実についての審査に関する事務	20	障害者関係情報	
個人住民税	161.個人住民税情報	57	4	一　児童扶養手当法第六条の児童扶養手当の受給資格及びその額の認定の請求に係る事実についての審査に関する事務	2	地方税関係情報	
住民票関係情報	83.住基情報	57	5	一　児童扶養手当法第六条の児童扶養手当の受給資格及びその額の認定の請求に係る事実についての審査に関する事務	1	住民票関係情報	
障害者関係情報（療養介護・施設入所）	658.障害者関係情報（療養介護・施設入所）	57	6	一　児童扶養手当法第六条の児童扶養手当の受給資格及びその額の認定の請求に係る事実についての審査に関する事務	9	障害者の日常生活及び社会生活を総合的に支援するための法律による療養介護若しくは施設入所支援に関する情報	
特別児童扶養手当の支給情報	668.特別児童扶養手当の支給情報	57	7	一　児童扶養手当法第六条の児童扶養手当の受給資格及びその額の認定の請求に係る事実についての審査に関する事務	26	特別児童扶養手当関係情報	
児童福祉法関係情報（障害児入所支援・措置・児童自立生活援助事業）	661.児童福祉法関係情報（障害児入所支援・措置・児童自立生活援助事業）	57	8	二　児童扶養手当法第八条第一項の手当の額の改定の請求に係る事実についての審査に関する事務	25	児童福祉法による障害児入所支援、措置（同法第二十七条第一項第三号若しくは第二項又は第二十七条の二第一項の措置をいう。）若しくは日常生活上の援助及び生活指導並びに就業の支援の実施に関する情報	
児童福祉法関係情報（障害児入所支援・措置・児童自立生活援助事業）	661.児童福祉法関係情報（障害児入所支援・措置・児童自立生活援助事業）	57	9	二　児童扶養手当法第八条第一項の手当の額の改定の請求に係る事実についての審査に関する事務	25	児童福祉法による障害児入所支援、措置（同法第二十七条第一項第三号若しくは第二項又は第二十七条の二第一項の措置をいう。）若しくは日常生活上の援助及び生活指導並びに就業の支援の実施に関する情報	
障害者福祉情報	333.障害者福祉情報	57	10	二　児童扶養手当法第八条第一項の手当の額の改定の請求に係る事実についての審査に関する事務	20	障害者関係情報	
住民票関係情報	83.住基情報	57	11	二　児童扶養手当法第八条第一項の手当の額の改定の請求に係る事実についての審査に関する事務	1	住民票関係情報	

				外	都道府県				
				外	都道府県				
	三　児童扶養手当法施行規則（昭和三十六年厚生省令第五十一号）第三条の二第一項又は第二項の支給停止に関する届出に係る事実についての審査に関する事務			内／外	他市町村	課税課		6	個人住民税
	四　児童扶養手当法施行規則第三条の四第一項から第三項までの一部支給停止の適用除外に関する届出に係る事実についての審査に関する事務			内／外	他市町村	社会福祉課		12	障害者福祉
				内／外	他市町村	社会福祉課		12	障害者福祉
	五　児童扶養手当法施行規則第四条の現況の届出に係る事実についての審査に関する事務			外	都道府県				
				外	都道府県				
				内／外	他市町村	社会福祉課		12	障害者福祉
				内／外	他市町村	課税課		6	個人住民税
				内		市民課	内	1	住民基本台帳
				外	都道府県				
				外	都道府県				
				内／外	他市町村	国保年金課		11	国民年金
	六　児童扶養手当法施行規則第四条の二の障害の状態の届出に係る事実についての審査に関する事務			内／外	他市町村	社会福祉課		12	障害者福祉
				外	都道府県				
	全事務								
				内／外	他市町村	市民課		21	戸籍

情報名	情報コード			事務内容		備考	
障害者関係情報（療養介護・施設入所）	658.障害者関係情報（療養介護・施設入所）	57	12	二　児童扶養手当法第八条第一項の手当の額の改定の請求に係る事実についての審査に関する事務	9	障害者の日常生活及び社会生活を総合的に支援するための法律による療養介護若しくは施設入所支援に関する情報	
特別児童扶養手当の支給情報	668.特別児童扶養手当の支給情報	57	13	二　児童扶養手当法第八条第一項の手当の額の改定の請求に係る事実についての審査に関する事務	26	特別児童扶養手当関係情報	
個人住民税	161.個人住民税情報	57	14	三　児童扶養手当法施行規則（昭和三十六年厚生省令第五十一号）第三条の二第一項又は第二項の支給停止に関する届出に係る事実についての審査に関する事務	2	地方税関係情報	
障害者福祉情報	333.障害者福祉情報	57	15	四　児童扶養手当法施行規則第三条の四第一項から第三項までの一部支給停止の適用除外に関する届出に係る事実についての審査に関する事務	20	障害者関係情報	
障害者福祉情報	333.障害者福祉情報	57	16	四　児童扶養手当法施行規則第三条の四第一項から第三項までの一部支給停止の適用除外に関する届出に係る事実についての審査に関する事務	20	障害者関係情報	
児童福祉法関係情報（障害児入所支援・措置・児童自立生活援助事業）	661.児童福祉法関係情報（障害児入所支援・措置・児童自立生活援助事業）	57	17	五　児童扶養手当法施行規則第四条の現況の届出に係る事実についての審査に関する事務	25	児童福祉法による障害児入所支援、措置（同法第二十七条第一項第三号若しくは第二項又は第二十七条の二第一項の措置をいう。）若しくは日常生活上の援助及び生活指導並びに就業の支援の実施に関する情報	
児童福祉法関係情報（障害児入所支援・措置・児童自立生活援助事業）	661.児童福祉法関係情報（障害児入所支援・措置・児童自立生活援助事業）	57	18	五　児童扶養手当法施行規則第四条の現況の届出に係る事実についての審査に関する事務	25	児童福祉法による障害児入所支援、措置（同法第二十七条第一項第三号若しくは第二項又は第二十七条の二第一項の措置をいう。）若しくは日常生活上の援助及び生活指導並びに就業の支援の実施に関する情報	
障害者福祉情報	333.障害者福祉情報	57	19	五　児童扶養手当法施行規則第四条の現況の届出に係る事実についての審査に関する事務	20	障害者関係情報	
個人住民税	161.個人住民税情報	57	20	五　児童扶養手当法施行規則第四条の現況の届出に係る事実についての審査に関する事務	2	地方税関係情報	
住民票関係情報	83.住基情報	57	21	五　児童扶養手当法施行規則第四条の現況の届出に係る事実についての審査に関する事務	1	住民票関係情報	
障害者関係情報（療養介護・施設入所）	658.障害者関係情報（療養介護・施設入所）	57	22	五　児童扶養手当法施行規則第四条の現況の届出に係る事実についての審査に関する事務	9	障害者の日常生活及び社会生活を総合的に支援するための法律による療養介護若しくは施設入所支援に関する情報	
特別児童扶養手当の支給情報	668.特別児童扶養手当の支給情報	57	23	五　児童扶養手当法施行規則第四条の現況の届出に係る事実についての審査に関する事務	26	特別児童扶養手当関係情報	
国民年金情報	319.国民年金情報	なし	なし				
障害者福祉情報	333.障害者福祉情報	57	24	六　児童扶養手当法施行規則第四条の二の障害の状態の届出に係る事実についての審査に関する事務	20	障害者関係情報	
特別児童扶養手当の支給情報	668.特別児童扶養手当の支給情報	57	25	六　児童扶養手当法施行規則第四条の二の障害の状態の届出に係る事実についての審査に関する事務	26	特別児童扶養手当関係情報	
公的年金給付の支給情報	676.公的年金給付の支給情報	なし	なし				本人からの書類提出
戸籍情報	458.戸籍情報	なし	なし				本人からの書類提出

②児童扶養手当の例　B市

地プラ連携確認シート
23　児童扶養手当

記入日	XXXX/XX/XX
所属	福祉事務所
担当	福祉次郎

他事務からの情報取得（他事務から情報を入手する場合）

担当事務名				相手方					
市の現状		地プラ		市の現状				地プラ	
①市の業務名	②情報利用する事務	No.	③名称	④自団体内外	⑤入手元機関	⑥入手元業務担当	⑦機関内外	No.	⑧入手元システム名
児童扶養手当		23	児童扶養手当						
	一　児童扶養手当法第六条の児童扶養手当の受給資格及びその額の認定の請求に係る事実についての審査に関する事務			内 / 外	都道府県	福祉事務所	内		
	一　児童扶養手当法第六条の児童扶養手当の受給資格及びその額の認定の請求に係る事実についての審査に関する事務			内 / 外	都道府県	福祉事務所	内		
	一　児童扶養手当法第六条の児童扶養手当の受給資格及びその額の認定の請求に係る事実についての審査に関する事務			内 / 外	都道府県	福祉事務所	内		
	一　児童扶養手当法第六条の児童扶養手当の受給資格及びその額の認定の請求に係る事実についての審査に関する事務			内 / 外	市区町村	税務課	内		
	二　児童扶養手当法第八条第一項の手当の額の改定の請求に係る事実についての審査に関する事務			内 / 外	市区町村	市民課	内	1	住民基本台帳
	一　児童扶養手当法第六条の児童扶養手当の受給資格及びその額の認定の請求に係る事実についての審査に関する事務			内		福祉事務所	内		
	一　児童扶養手当法第六条の児童扶養手当の受給資格及びその額の認定の請求に係る事実についての審査に関する事務			内 / 外	都道府県	福祉事務所	内		
	二　児童扶養手当法第八条第一項の手当の額の改定の請求に係る事実についての審査に関する事務			内 / 外	都道府県	福祉事務所	内		

取得情報		番号法上の整理					条例スタイル	比較	
市の現状	地プラ								
⑨入手している情報	⑩地プラ連携情報	⑪別表第二項番	⑫No.	入手目的	特定個人情報No	入手している情報		自治体	地プラ
児童福祉法関係情報（障害児入所支援・措置・児童自立生活援助事業）	661.児童福祉法関係情報（障害児入所支援・措置・児童自立生活援助事業）	57	1	一　児童扶養手当法第六条の児童扶養手当の受給資格及びその額の認定の請求に係る事実についての審査に関する事務	24	児童福祉法による障害児入所支援若しくは措置（同法第二十七条第一項第三号の措置をいう。）に関する情報	包括	N S	同
児童福祉法関係情報（障害児入所支援・措置・児童自立生活援助事業）	661.児童福祉法関係情報（障害児入所支援・措置・児童自立生活援助事業）	57	2	一　児童扶養手当法第六条の児童扶養手当の受給資格及びその額の認定の請求に係る事実についての審査に関する事務	24	児童福祉法による障害児入所支援若しくは措置（同法第二十七条第一項第三号の措置をいう。）に関する情報	包括	N S	同
障害者福祉情報・身体障害者手帳・療育手帳	333.障害者福祉情報	57	3	一　児童扶養手当法第六条の児童扶養手当の受給資格及びその額の認定の請求に係る事実についての審査に関する事務	20	障害者関係情報	包括	同	同
個人住民税情報・個人課税	161.個人住民税情報	57	4	一　児童扶養手当法第六条の児童扶養手当の受給資格及びその額の認定の請求に係る事実についての審査に関する事務	2	地方税関係情報	包括	同	同
住基情報	83.住基情報	57	5	一　児童扶養手当法第六条の児童扶養手当の受給資格及びその額の認定の請求に係る事実についての審査に関する事務	1	住民票関係情報	包括	同	同
障害者関係情報（療養介護・施設入所）	658.障害者関係情報（療養介護・施設入所）	57	6	一　児童扶養手当法第六条の児童扶養手当の受給資格及びその額の認定の請求に係る事実についての審査に関する事務	9	障害者の日常生活及び社会生活を総合的に支援するための法律による療養介護若しくは施設入所支援に関する情報	包括	同	同
特別児童扶養手当の支給情報	668.特別児童扶養手当の支給情報	57	7	一　児童扶養手当法第六条の児童扶養手当の受給資格及びその額の認定の請求に係る事実についての審査に関する事務	26	特別児童扶養手当関係情報	包括	同	同
児童福祉法関係情報（障害児入所支援・措置・児童自立生活援助事業）	668.特別児童扶養手当の支給情報	57	8	二　児童扶養手当法第八条第一項の手当の額の改定の請求に係る事実についての審査に関する事務	25	児童福祉法による障害児入所支援、措置（同法第二十七条第一項第三号若しくは第二項又は第二十七条の二第一項の措置をいう。）若しくは日常生活上の援助及び生活指導並びに就業の支援の実施に関する情報	包括	N S	同

	事務		内/外	主体	所属	区分		
	二　児童扶養手当法第八条第一項の手当の額の改定の請求に係る事実についての審査に関する事務		内/外	都道府県	福祉事務所	内		
	二　児童扶養手当法第八条第一項の手当の額の改定の請求に係る事実についての審査に関する事務		内/外	都道府県	福祉事務所	内		
	二　児童扶養手当法第八条第一項の手当の額の改定の請求に係る事実についての審査に関する事務		内/外	市区町村	市民課	内		
	二　児童扶養手当法第八条第一項の手当の額の改定の請求に係る事実についての審査に関する事務		内		福祉事務所	内		
	二　児童扶養手当法第八条第一項の手当の額の改定の請求に係る事実についての審査に関する事務		内/外	都道府県	福祉事務所	内		
	三　児童扶養手当法施行規則（昭和三十六年厚生省令第五十一号）第三条の二第一項又は第二項の支給停止に関する届出に係る事実についての審査に関する事務		内/外	市区町村	税務課	内		
	四　児童扶養手当法施行規則第三条の四第一項から第三項までの一部支給停止の適用除外に関する届出に係る事実についての審査に関する事務		内/外	都道府県	福祉事務所	内		
	四　児童扶養手当法施行規則第三条の四第一項から第三項までの一部支給停止の適用除外に関する届出に係る事実についての審査に関する事務		内/外	都道府県	福祉事務所	内		
	五　児童扶養手当法施行規則第四条の現況の届出に係る事実についての審査に関する事務		内/外	都道府県	福祉事務所	内		
	五　児童扶養手当法施行規則第四条の現況の届出に係る事実についての審査に関する事務		内/外	都道府県	福祉事務所	内		

児童福祉法関係情報（障害児入所支援・措置・児童自立生活援助事業）	661.児童福祉法関係情報（障害児入所支援・措置・児童自立生活援助事業）	57	9	二　児童扶養手当法第八条第一項の手当の額の改定の請求に係る事実についての審査に関する事務	25	児童福祉法による障害児入所支援、措置（同法第二十七条第一項第三号若しくは第二項又は第二十七条の二第一項の措置をいう。）若しくは日常生活上の援助及び生活指導並びに就業の支援の実施に関する情報	包括	ＮＳ	同
障害者福祉情報・身体障害者手帳・療育手帳	333.障害者福祉情報	57	10	二　児童扶養手当法第八条第一項の手当の額の改定の請求に係る事実についての審査に関する事務	20	障害者関係情報	包括	同	同
住基情報	83.住基情報	57	11	二　児童扶養手当法第八条第一項の手当の額の改定の請求に係る事実についての審査に関する事務	1	住民票関係情報	包括	同	同
障害者関係情報（療養介護・施設入所）	658.障害者関係情報（療養介護・施設入所）	57	12	二　児童扶養手当法第八条第一項の手当の額の改定の請求に係る事実についての審査に関する事務	9	障害者の日常生活及び社会生活を総合的に支援するための法律による療養介護若しくは施設入所支援に関する情報	包括	同	同
特別児童扶養手当の支給情報	668.特別児童扶養手当の支給情報	57	13	二　児童扶養手当法第八条第一項の手当の額の改定の請求に係る事実についての審査に関する事務	26	特別児童扶養手当関係情報	包括	同	同
個人住民税情報・個人課税	161.個人住民税情報	57	14	三　児童扶養手当法施行規則（昭和三十六年厚生省令第五十一号）第三条の二第一項又は第二項の支給停止に関する届出に係る事実についての審査に関する事務	2	地方税関係情報	包括	同	同
障害者福祉情報・身体障害者手帳・療育手帳	333.障害者福祉情報	57	15	四　児童扶養手当法施行規則第三条の四第一項から第三項までの一部支給停止の適用除外に関する届出に係る事実についての審査に関する事務	20	障害者関係情報	包括	同	同
障害者福祉情報・身体障害者手帳・療育手帳	333.障害者福祉情報	57	16	四　児童扶養手当法施行規則第三条の四第一項から第三項までの一部支給停止の適用除外に関する届出に係る事実についての審査に関する事務	20	障害者関係情報	包括	同	同
児童福祉法関係情報（障害児入所支援・措置・児童自立生活援助事業）	661.児童福祉法関係情報（障害児入所支援・措置・児童自立生活援助事業）	57	17	五　児童扶養手当法施行規則第四条の現況の届出に係る事実についての審査に関する事務	25	児童福祉法による障害児入所支援、措置（同法第二十七条第一項第三号若しくは第二項又は第二十七条の二第一項の措置をいう。）若しくは日常生活上の援助及び生活指導並びに就業の支援の実施に関する情報	包括	ＮＳ	同
児童福祉法関係情報（障害児入所支援・措置・児童自立生活援助事業）	661.児童福祉法関係情報（障害児入所支援・措置・児童自立生活援助事業）	57	18	五　児童扶養手当法施行規則第四条の現況の届出に係る事実についての審査に関する事務	25	児童福祉法による障害児入所支援、措置（同法第二十七条第一項第三号若しくは第二項又は第二十七条の二第一項の措置をいう。）若しくは日常生活上の援助及び生活指導並びに就業の支援の実施に関する情報	包括	ＮＳ	同

	五　児童扶養手当法施行規則第四条の現況の届出に係る事実についての審査に関する事務			内/外	都道府県	福祉事務所	内		
	五　児童扶養手当法施行規則第四条の現況の届出に係る事実についての審査に関する事務			内/外	市区町村	税務課	内		
	五　児童扶養手当法施行規則第四条の現況の届出に係る事実についての審査に関する事務			内/外	市区町村	市民課	内		
	五　児童扶養手当法施行規則第四条の現況の届出に係る事実についての審査に関する事務			内		福祉事務所	内		
	五　児童扶養手当法施行規則第四条の現況の届出に係る事実についての審査に関する事務			内/外	都道府県	福祉事務所			
	六　児童扶養手当法施行規則第四条の二の障害の状態の届出に係る事実についての審査に関する事務			内/外	都道府県	福祉事務所			
	六　児童扶養手当法施行規則第四条の二の障害の状態の届出に係る事実についての審査に関する事務			内/外	都道府県	福祉事務所	内		
				内		Acrocity 行政基本	内	1	住民基本台帳
	業務全般に利用 ・対象者の検索、表示 ・各種通知書への宛名印字 ・認定請求、額改定請求における世帯員の把握　など								
						Acrocity 個人住民税		6	個人住民税
								11	国民年金
						Acrocity 国民年金			
	業務全般に利用 ・児童扶養手当受給資格確認など ※平成 26 年 12 月より年金受給者も児童扶養手当が受給可能となったため、受給資格確認での用途は不要となりました。			内			内		
								12	障害者福祉
						Acrocity 心身障害者台帳			
									中間サーバー
						Acrocity 行政基本			

障害者福祉情報 ・身体障害者手帳 ・療育手帳	333.障害者福祉情報	57	19	五　児童扶養手当法施行規則第四条の現況の届出に係る事実についての審査に関する事務	20	障害者関係情報	包括	同	同
個人住民税情報 ・個人課税	161.個人住民税情報	57	20	五　児童扶養手当法施行規則第四条の現況の届出に係る事実についての審査に関する事務	2	地方税関係情報	包括	同	同
住基情報	83.住基情報	57	21	五　児童扶養手当法施行規則第四条の現況の届出に係る事実についての審査に関する事務	1	住民票関係情報	包括	同	同
障害者関係情報（療養介護・施設入所）	658.障害者関係情報（療養介護・施設入所）	57	22	五　児童扶養手当法施行規則第四条の現況の届出に係る事実についての審査に関する事務	9	障害者の日常生活及び社会生活を総合的に支援するための法律による療養介護若しくは施設入所支援に関する情報	包括	税情報も連携(K)	同
特別児童扶養手当の支給情報	668.特別児童扶養手当の支給情報	57	23	五　児童扶養手当法施行規則第四条の現況の届出に係る事実についての審査に関する事務	26	特別児童扶養手当関係情報	包括	同	同
障害者福祉情報 ・身体障害者手帳 ・療育手帳	333.障害者福祉情報	57	24	六　児童扶養手当法施行規則第四条の二の障害の状態の届出に係る事実についての審査に関する事務	20	障害者関係情報	包括	同	同
特別児童扶養手当の支給情報	668.特別児童扶養手当の支給情報	57	25	六　児童扶養手当法施行規則第四条の二の障害の状態の届出に係る事実についての審査に関する事務	26	特別児童扶養手当関係情報	包括	同	同
							個別		
宛名情報（住登者） ・行政基本基本情報	83.住基情報								
	319.国民年金情報								
国民年金情報 ・被保険者名簿情報							個別		
	333.障害者福祉情報								

	業務全般に利用 ・対象者の検索、表示 ・各種通知書への宛名印字 ・認定請求、額改定請求における世帯員の把握　など			内			内		
						Acrocity 行政基本			
	支給時に利用 ・口座振り込み用ＦＰＤ作成 　など			内			内		
								21	戸籍
				内／外			内		

宛名情報（住登外） ・行政基本基本情報							個別		
宛名情報 ・行政基本口座情報							個別		
	458.戸籍情報								同

②児童扶養手当の例　C市

地プラ連携確認シート
23　児童扶養手当

記入日	XXXX/XX/XX
所属	子育て支援課
担当	育児太郎

他事務からの情報取得（他事務から情報を入手する場合）

担当事務名			相手方						取得情報
市の現状		地プラ	市の現状				地プラ		市の現状
①市の業務名	②情報利用する事務	No.	③名称	④自団体内外	⑤入手元機関	⑥入手元業務担当	⑦機関内外	No.	⑧入手元システム名	⑨入手している情報
児童扶養手当	全般			内		市民課	内	1	住民基本台帳	4情報
	一　児童扶養手当法第六条の児童扶養手当の受給資格及びその額の認定の請求に係る事実についての審査に関する事務	23	児童扶養手当	内		市民課	内	1	住民基本台帳	申請者若しくは対象児童またはこれらの者と同一世帯に属する者の続柄に関する情報
	二　児童扶養手当法第八条第一項の手当の額の改定の請求に係る事実についての審査に関する事務			内		市民課	内	1	住民基本台帳	対象児童又は対象児童と同一世帯に属する者の続柄に関する情報
	五　児童扶養手当法施行規則第四条の現況の届出に係る事実についての審査に関する事務			内		市民課	内	1	住民基本台帳	申請者若しくは対象児童又はこれらの者と同一世帯に属する者の続柄に関する情報
	一　児童扶養手当法第六条の児童扶養手当の受給資格及びその額の認定の請求に係る事実についての審査に関する事務			内		税務課	内	6	個人住民税	申請者、申請者の配偶者及び申請者と生計を同じくする申請者（申請者が養育者の場合は生計を維持する扶養義務者）の扶養義務者の地方税法に掲げる都道府県民税についての非課税所得以外の所得等
	三　児童扶養手当法施行規則（昭和三十六年厚生省令第五十一号）第三条の二第一項又は第二項の支給停止に関する届出に係る事実についての審査に関する事務									
	五　児童扶養手当法施行規則第四条の現況の届出に係る事実についての審査に関する事務									
	五　児童扶養手当法施行規則第四条の現況の届出に係る事実についての審査に関する事務			内		税務課	内	6	個人住民税	申請者、申請者の配偶者及び申請者と生計を同じくする申請者の扶養義務者（申請者が養育者の場合は生計を維持する扶養義務者）の地方税法に掲げる都道府県民税についての非課税所得以外の所得等
	一　児童扶養手当法（昭和三十六年法律第二百三十八号）第六条の児童扶養手当の受給資格及びその額の認定の請求の受理、その請求に係る事実についての審査又はその請求に対する応答に関する事務			内		市民課	内	11	国民年金	申請者及び対象児童の国民年金法及び厚生年金保険法に基づく年金たる給付の支給状況
									12	障害者福祉

⑩地プラ連携情報	番号法上の整理			特定人情報No	入手している情報	条例スタイル
	⑪別表第二項番	⑫ No.	入手目的			
83.住基情報	57	5	一　児童扶養手当法第六条の児童扶養手当の受給資格及びその額の認定の請求に係る事実についての審査に関する事務	1	住民票関係情報	包括
83.住基情報	57	11	二　児童扶養手当法第八条第一項の手当の額の改定の請求に係る事実についての審査に関する事務	1	住民票関係情報	包括
83.住基情報	57	21	五　児童扶養手当法施行規則第四条の現況の届出に係る事実についての審査に関する事務	1	住民票関係情報	包括
161.個人住民税情報	57	4	一　児童扶養手当法第六条の児童扶養手当の受給資格及びその額の認定の請求に係る事実についての審査に関する事務	2	地方税関係情報	包括
161.個人住民税情報	57	14	三　児童扶養手当法施行規則（昭和三十六年厚生省令第五十一号）第三条の二第一項又は第二項の支給停止に関する届出に係る事実についての審査に関する事務	2	地方税関係情報	包括
161.個人住民税情報	57	20	五　児童扶養手当法施行規則第四条の現況の届出に係る事実についての審査に関する事務	2	地方税関係情報	包括
161.個人住民税情報	57	22	五　児童扶養手当法施行規則第四条の現況の届出に係る事実についての審査に関する事務	9	障害者の日常生活及び社会生活を総合的に支援するための法律による療養介護若しくは施設入所支援に関する情報	包括
319.国民年金情報	なし	なし				個別

一　児童扶養手当法第六条の児童扶養手当の受給資格及びその額の認定の請求に係る事実についての審査に関する事務		外		都道府県				対象児童の身体障害者手帳の所持の有無及びその等級
二　児童扶養手当法第八条第一項の手当の額の改定の請求に係る事実についての審査に関する事務		外		都道府県				対象児童の身体障害者手帳の所持の有無及びその等級
四　児童扶養手当法施行規則第三条の四第一項から第三項までの一部支給停止の適用除外に関する届出に係る事実についての審査に関する事務								
四　児童扶養手当法施行規則第三条の四第一項から第三項までの一部支給停止の適用除外に関する届出に係る事実についての審査に関する事務								
五　児童扶養手当法施行規則第四条の現況の届出に係る事実についての審査に関する事務		外		都道府県				対象児童の身体障害者手帳又は精神障害者保健福祉手帳の所持の有無及びその等級
六　児童扶養手当法施行規則第四条の二の障害の状態の届出に係る事実についての審査に関する事務		外		都道府県				対象児童の身体障害者手帳又は精神障害者保健福祉手帳の所持の有無及びその等級
一　児童扶養手当法（昭和三十六年法律第二百三十八号）第六条の児童扶養手当の受給資格及びその額の認定の請求の受理、その請求に係る事実についての審査又はその請求に対する応答に関する事務		内		福祉課	内			対象児童の身体障害者手帳の所持の有無及びその等級
						15	児童手当	
						21	戸籍	
							中間サーバー	
一　児童扶養手当法第六条の児童扶養手当の受給資格及びその額の認定の請求に係る事実についての審査に関する事務		内		福祉課	内			対象児童の障害者の日常生活及び社会生活を総合的に支援するための法律による療養介護の利用状況若しくは施設入所の有無
二　児童扶養手当法第八条第一項の手当の額の改定の請求に係る事実についての審査に関する事務		内		福祉課	内			対象児童の障害者の日常生活及び社会生活を総合的に支援するための法律による療養介護の利用状況若しくは施設入所の有無
五　児童扶養手当法施行規則第四条の現況の届出に係る事実についての審査に関する事務		内		福祉課	内			対象児童の障害者の日常生活及び社会生活を総合的に支援するための法律による療養介護の利用状況若しくは施設入所の有無
一　児童扶養手当法第六条の児童扶養手当の受給資格及びその額の認定の請求に係る事実についての審査に関する事務								

333. 障害者福祉情報	57	3	一　児童扶養手当法第六条の児童扶養手当の受給資格及びその額の認定の請求に係る事実についての審査に関する事務	20	障害者関係情報	包括
333. 障害者福祉情報	57	10	二　児童扶養手当法第八条第一項の手当の額の改定の請求に係る事実についての審査に関する事務	20	障害者関係情報	包括
333. 障害者福祉情報	57	15	四　児童扶養手当法施行規則第三条の四第一項から第三項までの一部支給停止の適用除外に関する届出に係る事実についての審査に関する事務	20	障害者関係情報	
333. 障害者福祉情報	57	16	四　児童扶養手当法施行規則第三条の四第一項から第三項までの一部支給停止の適用除外に関する届出に係る事実についての審査に関する事務	20	障害者関係情報	
333. 障害者福祉情報	57	19	五　児童扶養手当法施行規則第四条の現況の届出に係る事実についての審査に関する事務	20	障害者関係情報	包括
333. 障害者福祉情報	57	24	六　児童扶養手当法施行規則第四条の二の障害の状態の届出に係る事実についての審査に関する事務	20	障害者関係情報	包括
333. 障害者福祉情報	なし	なし				個別
421. 児童手当情報						
458. 戸籍情報						
658. 障害者関係情報（療養介護・施設入所）	57	6	一　児童扶養手当法第六条の児童扶養手当の受給資格及びその額の認定の請求に係る事実についての審査に関する事務	9	障害者の日常生活及び社会生活を総合的に支援するための法律による療養介護若しくは施設入所支援に関する情報	包括
658. 障害者関係情報（療養介護・施設入所）	57	12	二　児童扶養手当法第八条第一項の手当の額の改定の請求に係る事実についての審査に関する事務	9	障害者の日常生活及び社会生活を総合的に支援するための法律による療養介護若しくは施設入所支援に関する情報	包括
658. 障害者関係情報（療養介護・施設入所）	57	22	五　児童扶養手当法施行規則第四条の現況の届出に係る事実についての審査に関する事務	9	障害者の日常生活及び社会生活を総合的に支援するための法律による療養介護若しくは施設入所支援に関する情報	包括
661. 児童福祉法関係情報（障害児入所支援・措置・児童自立生活援助事業）	57	1	一　児童扶養手当法第六条の児童扶養手当の受給資格及びその額の認定の請求に係る事実についての審査に関する事務	24	児童福祉法による障害児入所支援若しくは措置（同法第二十七条第一項第三号の措置をいう。）に関する情報	

一　児童扶養手当法第六条の児童扶養手当の受給資格及びその額の認定の請求に係る事実についての審査に関する事務								
二　児童扶養手当法第八条第一項の手当の額の改定の請求に係る事実についての審査に関する事務								
二　児童扶養手当法第八条第一項の手当の額の改定の請求に係る事実についての審査に関する事務								
五　児童扶養手当法施行規則第四条の現況の届出に係る事実についての審査に関する事務								
五　児童扶養手当法施行規則第四条の現況の届出に係る事実についての審査に関する事務								
一　児童扶養手当法第六条の児童扶養手当の受給資格及びその額の認定の請求に係る事実についての審査に関する事務		外	厚生労働省、都道府県					対象児童の特別児童扶養手当受給の有無
二　児童扶養手当法第八条第一項の手当の額の改定の請求に係る事実についての審査に関する事務		外	厚生労働省、都道府県					対象児童の特別児童扶養手当受給の有無
五　児童扶養手当法施行規則第四条の現況の届出に係る事実についての審査に関する事務		外	厚生労働省、都道府県					対象児童の特別児童扶養手当受給の有無
六　児童扶養手当法施行規則第四条の二の障害の状態の届出に係る事実についての審査に関する事務		外	厚生労働省、都道府県					対象児童の特別児童扶養手当受給の有無
		内		福祉課	内			対象児童の特別児童扶養手当受給の有無
一　児童扶養手当法（昭和三十六年法律第二百三十八号）第六条の児童扶養手当の受給資格及びその額の認定の請求の受理、その請求に係る事実についての審査又はその請求に対する応答に関する事務		外	日本年金機構					申請者及び対象児童の国民年金法及び厚生年金保険法に基づく年金たる給付の支給状況

661.児童福祉法関係情報（障害児入所支援・措置・児童自立生活援助事業）	57	2	一　児童扶養手当法第六条の児童扶養手当の受給資格及びその額の認定の請求に係る事実についての審査に関する事務	24	児童福祉法による障害児入所支援若しくは措置（同法第二十七条第一項第三号の措置をいう。）に関する情報	
661.児童福祉法関係情報（障害児入所支援・措置・児童自立生活援助事業）	57	8	二　児童扶養手当法第八条第一項の手当の額の改定の請求に係る事実についての審査に関する事務	25	児童福祉法による障害児入所支援、措置（同法第二十七条第一項第三号若しくは第二項又は第二十七条の二第一項の措置をいう。）若しくは日常生活上の援助及び生活指導並びに就業の支援の実施に関する情報	
661.児童福祉法関係情報（障害児入所支援・措置・児童自立生活援助事業）	57	9	二　児童扶養手当法第八条第一項の手当の額の改定の請求に係る事実についての審査に関する事務	25	児童福祉法による障害児入所支援、措置（同法第二十七条第一項第三号若しくは第二項又は第二十七条の二第一項の措置をいう。）若しくは日常生活上の援助及び生活指導並びに就業の支援の実施に関する情報	
661.児童福祉法関係情報（障害児入所支援・措置・児童自立生活援助事業）	57	17	五　児童扶養手当法施行規則第四条の現況の届出に係る事実についての審査に関する事務	25	児童福祉法による障害児入所支援、措置（同法第二十七条第一項第三号若しくは第二項又は第二十七条の二第一項の措置をいう。）若しくは日常生活上の援助及び生活指導並びに就業の支援の実施に関する情報	
661.児童福祉法関係情報（障害児入所支援・措置・児童自立生活援助事業）	57	18	五　児童扶養手当法施行規則第四条の現況の届出に係る事実についての審査に関する事務	25	児童福祉法による障害児入所支援、措置（同法第二十七条第一項第三号若しくは第二項又は第二十七条の二第一項の措置をいう。）若しくは日常生活上の援助及び生活指導並びに就業の支援の実施に関する情報	
668.特別児童扶養手当の支給情報	57	7	一　児童扶養手当法第六条の児童扶養手当の受給資格及びその額の認定の請求に係る事実についての審査に関する事務	26	特別児童扶養手当関係情報	包括
668.特別児童扶養手当の支給情報	57	13	二　児童扶養手当法第八条第一項の手当の額の改定の請求に係る事実についての審査に関する事務	26	特別児童扶養手当関係情報	包括
668.特別児童扶養手当の支給情報	57	23	五　児童扶養手当法施行規則第四条の現況の届出に係る事実についての審査に関する事務	26	特別児童扶養手当関係情報	包括
668.特別児童扶養手当の支給情報	57	25	六　児童扶養手当法施行規則第四条の二の障害の状態の届出に係る事実についての審査に関する事務	26	特別児童扶養手当関係情報	包括
668.特別児童扶養手当の支給情報	なし	なし				個別
676.公的年金給付の支給情報						
	57	未特定				

地プラ連携確認シートの実例　251

事務		区分	情報照会者					情報提供者	特定個人情報
	一 児童扶養手当法（昭和三十六年法律第二百三十八号）第六条の児童扶養手当の受給資格及びその額の認定の請求の受理、その請求に係る事実についての審査又はその請求に対する応答に関する事務		外		国家公務員共済組合				申請者及び対象児童の国家公務員共済組合法及び国家公務員共済組合法の長期給付に関する施行法に基づく年金たる給付の支給状況
	一 児童扶養手当法（昭和三十六年法律第二百三十八号）第六条の児童扶養手当の受給資格及びその額の認定の請求の受理、その請求に係る事実についての審査又はその請求に対する応答に関する事務		外		地方公務員災害補償基金				申請者及び対象児童の地方公務員災害補償法及び同法に基づく条例の規定に基づく年金たる給付の支給状況
	一 児童扶養手当法（昭和三十六年法律第二百三十八号）第六条の児童扶養手当の受給資格及びその額の認定の請求の受理、その請求に係る事実についての審査又はその請求に対する応答に関する事務		外		地方公務員共済組合				申請者及び対象児童の地方公務員等共済組合法及び地方公務員等共済組合法の長期給付等に関する施行法に基づく年金たる給付の支給状況
	一 児童扶養手当法（昭和三十六年法律第二百三十八号）第六条の児童扶養手当の受給資格及びその額の認定の請求の受理、その請求に係る事実についての審査又はその請求に対する応答に関する事務		外		日本私立学校振興・共済事業団				申請者及び対象児童の私立学校教職員共済法に基づく年金たる給付の支給状況
	一 児童扶養手当法（昭和三十六年法律第二百三十八号）第六条の児童扶養手当の受給資格及びその額の認定の請求の受理、その請求に係る事実についての審査又はその請求に対する応答に関する事務		外		国家公務員共済組合連合会				申請者及び対象児童の旧令による共済組合等からの年金受給者のための特別措置法に基づいて国家公務員共済組合連合会が支給する年金たる給付の支給状況
	三 児童扶養手当法第八条第一項の手当の額の改定の請求の受理、その請求に係る事実についての審査又はその請求に対する応答に関する事務		外		日本年金機構				申請者及び対象児童の国民年金法及び厚生年金保険法に基づく年金たる給付の支給状況
	三 児童扶養手当法第八条第一項の手当の額の改定の請求の受理、その請求に係る事実についての審査又はその請求に対する応答に関する事務		外		国家公務員共済組合				申請者及び対象児童の国家公務員共済組合法及び国家公務員共済組合法の長期給付に関する施行法に基づく年金たる給付の支給状況
	三 児童扶養手当法第八条第一項の手当の額の改定の請求の受理、その請求に係る事実についての審査又はその請求に対する応答に関する事務		外		地方公務員災害補償基金				申請者及び対象児童の地方公務員災害補償法及び同法に基づく条例の規定に基づく年金たる給付の支給状況
	三 児童扶養手当法第八条第一項の手当の額の改定の請求の受理、その請求に係る事実についての審査又はその請求に対する応答に関する事務		外		地方公務員共済組合				申請者及び対象児童の地方公務員等共済組合法及び地方公務員等共済組合法の長期給付等に関する施行法に基づく年金たる給付の支給状況
	三 児童扶養手当法第八条第一項の手当の額の改定の請求の受理、その請求に係る事実についての審査又はその請求に対する応答に関する事務		外		日本私立学校振興・共済事業団				申請者及び対象児童の私立学校教職員共済法に基づく年金たる給付の支給状況

		57	未特定				
		57	未特定				
		57	未特定				
		57	未特定				
		57	未特定				
		57	未特定				
		57	未特定				
		57	未特定				
		57	未特定				
		57	未特定				

	三　児童扶養手当法第八条第一項の手当の額の改定の請求の受理、その請求に係る事実についての審査又はその請求に対する応答に関する事務		外	国家公務員共済組合連合会				申請者及び対象児童の旧令による共済組合等からの年金受給者のための特別措置法に基づいて国家公務員共済組合連合会が支給する年金たる給付の支給状況
	五　児童扶養手当法第二十八条の届出の受理、その届出に係る事実についての審査又はその届出に対する応答に関する事務		外	日本年金機構				申請者及び対象児童の国民年金法及び厚生年金保険法に基づく年金たる給付の支給状況
	五　児童扶養手当法第二十八条の届出の受理、その届出に係る事実についての審査又はその届出に対する応答に関する事務		外	国家公務員共済組合				申請者及び対象児童の国家公務員共済組合法及び国家公務員共済組合法の長期給付に関する施行法に基づく年金たる給付の支給状況
	五　児童扶養手当法第二十八条の届出の受理、その届出に係る事実についての審査又はその届出に対する応答に関する事務		外	地方公務員災害補償基金				申請者及び対象児童の地方公務員災害補償法及び同法に基づく条例の規定に基づく年金たる給付の支給状況
	五　児童扶養手当法第二十八条の届出の受理、その届出に係る事実についての審査又はその届出に対する応答に関する事務		外	地方公務員共済組合				申請者及び対象児童の地方公務員等共済組合法及び地方公務員等共済組合法の長期給付等に関する施行法に基づく年金たる給付の支給状況
	五　児童扶養手当法第二十八条の届出の受理、その届出に係る事実についての審査又はその届出に対する応答に関する事務		外	日本私立学校振興・共済事業団				申請者及び対象児童の私立学校教職員共済法に基づく年金たる給付の支給状況
	五　児童扶養手当法第二十八条の届出の受理、その届出に係る事実についての審査又はその届出に対する応答に関する事務		外	国家公務員共済組合連合会				申請者及び対象児童の旧令による共済組合等からの年金受給者のための特別措置法に基づいて国家公務員共済組合連合会が支給する年金たる給付の支給状況

	57	未特定					
	57	未特定					
	57	未特定					
	57	未特定					
	57	未特定					
	57	未特定					
	57	未特定					

小林市行政手続における特定の個人を識別するための番号の利用等に関する法律に基づく個人番号の利用及び特定個人情報の提供に関する条例

平成27年12月22日
条例第38号
改正　平成28年3月25日条例第17号
　　　平成28年6月30日条例第22号

(趣旨)
第1条　この条例は、行政手続における特定の個人を識別するための番号の利用等に関する法律(平成25年法律第27号。以下「法」という。)第9条第2項に基づく個人番号の利用及び法第19条第10号に基づく特定個人情報の提供に関し必要な事項を定めるものとする。

(定義)
第2条　この条例において、次の各号に掲げる用語の意義は、当該各号に定めるところによる。
(1)　個人情報　法第2条第3項に規定する個人情報をいう。
(2)　個人番号　法第2条第5項に規定する個人番号をいう。
(3)　特定個人情報　法第2条第8項に規定する特定個人情報をいう。
(4)　特定個人情報ファイル　法第2条第9項に規定する特定個人情報ファイルをいう。

(個人番号の利用)
第3条　法第9条第2項の条例で定める事務は、次の各号に掲げる事務とする。
(1)　次項の表の左欄に掲げる執行機関(法令の規定により同表の右欄に掲げる事務の全部又は一部を行うこととされている者がある場合にあっては、その者を含む。次項において同じ。)が行う同表の右欄に掲げる事務
(2)　市長又は教育委員会(法令の規定により法別表第2の第2欄に掲げる事務の全部又は一部を行うこととされている者がある場合にあっては、その者を含む。第3項において同じ。)が行う同表の第2欄に掲げる事務
(3)　第4項の表の第1欄に掲げる執行機関(法令の規定により同表の第2欄に掲げる事務の全部又は一部を行うこととされている者がある場合にあっては、その者を含む。第4項において同じ。)が行う同表の第2欄に掲げる事務
(4)　第5項の表の左欄に掲げる執行機関(法令の規定により同表の中欄に掲げる事務の全部又は一部を行うこととされている者がある場合にあっては、その者を含む。第5項において同じ。)が行う同表の中欄に掲げる事務

2　次の表の左欄に掲げる執行機関は、同表の右欄に掲げる事務の処理に関して保有する特定個人情報ファイルにおいて個人情報を効率的に検索し、及び管理するために必要な限度で個人番号を利用することができる。当該事務の全部又は一部の委託を受けた者も、同様とする。

	執行機関	事務
1	市長	小林市ひとり親家庭医療費助成に関する条例(平成18年小林市条例第125号)によるひとり親家庭医療費の助成に関する事務であって規則で定めるもの
2	市長	小林市子育て支援子ども医療費の助成に関する条例(平成18年小林市条例第126号)による子ども医療費の助成に関する事務であって規則で定めるもの
3	市長	小林市営一般住宅の設置及び管理に関する条例(平成18年小林市条例第200号)による市営一般住宅の管理に関する事務であって規則で定めるもの
4	市長	小林市山村定住住宅の設置及び管理に関する条例(平成18年小林市条例第201号)による山村定住住宅の管理に関する事務であって規則で定めるもの

3　市長又は教育委員会は、当該執行機関が法別表第1の下欄に掲げる事務又は住民基本台帳法(昭和42年法律第81号)による住民基本台帳事務の処理に関して保有する特定個人情報ファイルに記載又は記録された法別表第2の第4欄に掲げる特定個人情報を、同表の第2欄に掲げる事務を処理するために効率的に検索し、及び管理するために必要な限度で個人番号を利用することができる。

4　次の表の第1欄に掲げる執行機関は、同表の第3欄に掲げる事務(以下この項において「保有事務」という。)の処理に関して保有する特

定個人情報ファイルに記載又は記録された同表の第4欄に掲げる特定個人情報を、同表の第2欄に掲げる事務(以下この項において「利用事務」という。)を処理するために効率的に検索し、及び管理するために必要な限度で個人番号を利用することができる。

	執行機関	利用事務	保有事務	特定個人情報
1	市長	児童福祉法(昭和22年法律第164号)による障害児通所給付費、特例障害児通所給付費、高額障害児通所給付費、肢体不自由児通所医療費、障害児相談支援給付費若しくは特例障害児相談支援給付費の支給、障害福祉サービスの提供又は費用の徴収に関する事務であって規則で定めるもの	身体障害者福祉法(昭和24年法律第283号)による身体障害者手帳の交付に関する事務であって、行政手続における特定の個人を識別するための番号の利用等に関する法律別表第一の主務省令で定める事務を定める命令(平成26年内閣府・総務省令第5号。以下この表において「主務省令」という。)で定めるもの(以下この表において「身体障害者手帳関係主務省令規定事務」という。)	障害者関係情報(法別表第2に規定する障害者関係情報をいう。以下この表において同じ。)であって規則で定めるもの
			精神保健及び精神障害者福祉に関する法律(昭和25年法律第123号)による診察、入院措置、費用の徴収、退院等の請求又は精神障害者保健福祉手帳の交付に関する事務であって主務省令で定めるもの(以下この表において「精神保健及び精神障害者福祉関係主務省令規定事務」という。)	
			障害者の日常生活及び社会生活を総合的に支援するための法律(平成17年法律第123号)による自立支援給付の支給又は地域生活支援事業の実施に関する事務であって主務省令で定めるもの	障害者の日常生活及び社会生活を総合的に支援するための法律による自立支援給付の支給に関する情報であって規則で定めるもの
2	市長	生活保護法(昭和25年法律第144号)による保護の決定及び実施、保護に要する費用の返還又は徴収金の徴収に関する事務であって規則で定めるもの	身体障害者手帳関係主務省令規定事務	障害者関係情報であって規則で定めるもの
			精神保健及び精神障害者福祉関係主務省令規定事務	
			地方税法(昭和25年法律第226号)その他の地方税に関する法律及びこれらの法律に基づく条例による地方税の賦課徴収又は地方税に関する調査(犯則事件の調査を含む。)に関する事務であって主務省令で定めるもの(以下この表において「地方税関係主務省令規定事務」という。)	地方税関係情報(法別表第2に規定する地方税関係情報をいう。以下同じ。)であって規則で定めるもの
			公営住宅法(昭和26年法律第193号)による公営住宅(同法第2条第2号に規定する公営住宅をいう。以下この表において同じ。)の管理に関する事務であって主務省令で定めるもの	公営住宅法による公営住宅の家賃に関する情報であって規則で定めるもの

2	市長		住宅地区改良法（昭和35年法律第84号）による改良住宅（同法第2条第6項に規定する改良住宅をいう。以下この表において同じ。）の管理若しくは家賃若しくは敷金の決定若しくは変更又は収入超過者に対する措置に関する事務であって主務省令で定めるもの	住宅地区改良法による改良住宅の家賃に関する情報であって規則で定めるもの
			老人福祉法（昭和38年法律第133号）による福祉の措置又は費用の徴収に関する事務であって主務省令で定めるもの	老人福祉法による福祉の措置に関する情報であって規則で定めるもの
			特別児童扶養手当等の支給に関する法律（昭和39年法律第134号）による特別児童扶養手当の支給に関する事務であって主務省令で定めるもの（以下この表において「特別児童扶養手当関係主務省令規定事務」という。）	特別児童扶養手当関係情報（法別表第2に規定する特別児童扶養手当関係情報をいう。以下この表において同じ。）であって規則で定めるもの
			小林市ひとり親家庭医療費助成に関する条例によるひとり親家庭医療費の助成に関する事務	小林市ひとり親家庭医療費助成に関する条例によるひとり親家庭医療費の助成に関する情報であって規則で定めるもの
			小林市子育て支援子ども医療費の助成に関する条例による子ども医療費の助成に関する事務	小林市子育て支援子ども医療費の助成に関する条例による子ども医療費の助成に関する情報（以下この表において「小林市子ども医療費助成関係情報」という。）であって規則で定めるもの
			小林市営一般住宅の設置及び管理に関する条例による市営一般住宅の管理に関する事務	小林市営一般住宅の設置及び管理に関する条例による市営一般住宅の家賃に関する情報であって規則で定めるもの
			小林市山村定住住宅の設置及び管理に関する条例による山村定住住宅の管理に関する事務	小林市山村定住住宅の設置及び管理に関する条例による山村定住住宅の家賃に関する情報であって規則で定めるもの
3	市長	地方税法その他の地方税に関する法律及びこれらの法律に基づく条例による地方税の賦課徴収又は地方税に関する調査（犯則事件の調査を含む。）に関する事務であって規則で定めるもの	身体障害者手帳関係主務省令規定事務	障害者関係情報であって規則で定めるもの
			精神保健及び精神障害者福祉関係主務省令規定事務	
			生活保護法による保護の決定及び実施、就労自立給付金の支給、保護に要する費用の返還又は徴収金の徴収に関する事務であって主務省令で定めるもの（以下この表において「生活保護関係主務省令規定事務」という。）	生活保護関係情報（法別表第2に規定する生活保護関係情報をいう。以下この表において同じ。）であって規則で定めるもの

3	市長		国民年金法（昭和34年法律第141号）による年金である給付若しくは一時金の支給、保険料その他徴収金の徴収又は加入員の資格の取得及び喪失に関する事項の届出に関する事務であって主務省令で定めるもの（以下この表において「国民年金給付関係主務省令規定事務」という。）	年金給付関係情報（法別表第2に規定する年金給付関係情報をいう。以下この表において同じ。）であって規則で定めるもの
			介護保険法（平成9年法律第123号）による保険給付の支給、地域支援事業の実施又は保険料の徴収に関する事務であって主務省令で定めるもの（以下この表において「介護保険給付等関係主務省令規定事務」という。）	介護保険給付等関係情報（法別表第2に規定する介護保険給付等関係情報をいう。以下同じ。）であって規則で定めるもの
4	市長	公営住宅法による公営住宅の管理に関する事務であって規則で定めるもの	身体障害者手帳関係主務省令規定事務	障害者関係情報であって規則で定めるもの
			精神保健及び精神障害者福祉関係主務省令規定事務	
5	市長	国民健康保険法（昭和33年法律第192号）による保険給付の支給に関する事務であって規則で定めるもの	生活保護関係主務省令規定事務	生活保護関係情報であって規則で定めるもの
			地方税関係主務省令規定事務	地方税関係情報であって規則で定めるもの
6	市長	国民年金法による年金である給付若しくは一時金の支給、保険料その他徴収金の徴収又は加入員の資格の取得及び喪失に関する事項の届出に関する事務であって規則で定めるもの	生活保護関係主務省令規定事務	生活保護関係情報であって規則で定めるもの
			地方税関係主務省令規定事務	地方税関係情報であって規則で定めるもの
7	市長	住宅地区改良法による改良住宅の管理若しくは家賃若しくは敷金の決定若しくは変更又は収入超過者に対する措置に関する事務であって規則で定めるもの	身体障害者手帳関係主務省令規定事務	障害者関係情報であって規則で定めるもの
			精神保健及び精神障害者福祉関係主務省令規定事務	
8	市長	児童扶養手当法（昭和36年法律第238号）による児童扶養手当の支給に関する事務であって規則で定めるもの	身体障害者関係主務省令規定事務	障害者関係情報であって規則で定めるもの
			国民年金給付関係主務省令規定事務	年金給付関係情報であって規則で定めるもの
			特別児童扶養手当関係主務省令規定事務	特別児童扶養手当関係情報であって規則で定めるもの
9	市長	特別児童扶養手当等の支給に関する法律による特別児童扶養手当の支給に関する事務であって規則で定めるもの	身体障害者手帳関係主務省令規定事務	障害者関係情報であって規則で定めるもの
			生活保護関係主務省令規定事務	生活保護関係情報であって規則で定めるもの
10	市長	特別児童扶養手当等の支給に関する法律による障害児福祉手当若しくは特別障害者手当又は国民年金法等の一部を改正する法律（昭和60年法律第34号）附則第97条第1項の福祉手当の支給に関する事務であって規則で定めるもの	身体障害者手帳関係主務省令規定事務	障害者関係情報であって規則で定めるもの
			生活保護関係主務省令規定事務	生活保護関係情報であって規則で定めるもの

11	市長	児童手当法（昭和46年法律第73号）による児童手当又は特例給付（同法附則第2条第1項に規定する給付をいう。）の支給に関する事務であって規則で定めるもの	国民健康保険法による保険給付の支給又は保健事業の実施に関する事務であって主務省令で定めるもの（以下この表において「国民健康保険給付関係主務省令規定事務」という。）	医療保険給付関係情報（法別表第2に規定する医療保険給付関係情報をいう。以下同じ。）であって規則で定めるもの
12	市長	高齢者の医療の確保に関する法律（昭和57年法律第80号）による後期高齢者医療給付の支給又は保険料の徴収に関する事務であって規則で定めるもの	身体障害者手帳関係主務省令規定事務	障害者関係情報であって規則で定めるもの
			精神保健及び精神障害者福祉関係主務省令規定事務	
			生活保護関係主務省令規定事務	生活保護関係情報であって規則で定めるもの
			国民健康保険給付関係主務省令規定事務	医療保険給付関係情報であって規則で定めるもの
			介護保険給付等関係主務省令規定事務	介護保険給付等関係情報であって規則で定めるもの
13	市長	健康増進法（平成14年法律第103号）による健康増進事業の実施に関する事務であって規則で定めるもの	生活保護関係主務省令規定事務	生活保護関係情報であって規則で定めるもの
14	市長	障害者の日常生活及び社会生活を総合的に支援するための法律による自立支援給付の支給又は地域生活支援事業の実施に関する事務であって規則で定めるもの	児童福祉法による障害児通所給付費、特例障害児通所給付費、高額障害児通所給付費、肢体不自由児通所医療費、障害児相談支援給付費若しくは特例障害児相談支援給付費の支給、障害福祉サービスの提供又は費用の徴収に関する事務であって主務省令で定めるもの	児童福祉法による障害児通所支援に関する情報であって規則で定めるもの
			身体障害者手帳関係主務省令規定事務	障害者関係情報であって規則で定めるもの
			精神保健及び精神障害者福祉関係主務省令規定事務	
			生活保護関係主務省令規定事務	生活保護関係情報であって規則で定めるもの
			地方税関係主務省令規定事務	地方税関係情報であって規則で定めるもの
			国民健康保険給付関係主務省令規定事務	医療保険給付関係情報であって規則で定めるもの
			国民年金給付関係主務省令規定事務	年金給付関係情報であって規則で定めるもの
			介護保険給付等関係主務省令規定事務	介護保険給付等関係情報であって規則で定めるもの
15	市長	子ども・子育て支援法（平成24年法律第65号）による子どものための教育・保育給付の支給に関する事務であって規則で定めるもの	身体障害者手帳関係主務省令規定事務	障害者関係情報であって規則で定めるもの
			特別児童扶養手当関係主務省令規定事務	特別児童扶養手当関係情報であって規則で定めるもの
16	市長	小林市ひとり親家庭医療費助成に関する条例によるひとり親家庭医療費の助成に関する事務であって規則で定めるもの	地方税関係主務省令規定事務	地方税関係情報であって規則で定めるもの
			国民健康保険給付関係主務省令規定事務	医療保険給付関係情報であって規則で定めるもの

16	市長		児童扶養手当法による児童扶養手当の支給に関する事務であって主務省令で定めるもの	児童扶養手当関係情報(法別表第2に規定する児童扶養手当関係情報をいう。)であって規則で定めるもの
			小林市子育て支援子ども医療費の助成に関する条例による子ども医療費の助成に関する事務	小林市子ども医療費助成関係情報であって規則で定めるもの
17	市長	小林市子育て支援子ども医療費の助成に関する条例による子ども医療費の助成に関する事務であって規則で定めるもの	生活保護関係主務省令規定事務	生活保護関係情報であって規則で定めるもの
			地方税関係主務省令規定事務	地方税関係情報であって規則で定めるもの
			国民健康保険給付関係主務省令規定事務	医療保険給付関係情報であって規則で定めるもの
18	市長	小林市営一般住宅の設置及び管理に関する条例による市営一般住宅の管理に関する事務であって規則で定めるもの	地方税関係主務省令規定事務	地方税関係情報であって規則で定めるもの
19	市長	小林市山村定住住宅の設置及び管理に関する条例による山村定住住宅の管理に関する事務であって規則で定めるもの	生活保護関係主務省令規定事務	生活保護関係情報であって規則で定めるもの
			地方税関係主務省令規定事務	地方税関係情報であって規則で定めるもの

5 次の表の左欄に掲げる執行機関は、同表の中欄に掲げるいずれかの事務(以下この項において「事務」という。)の処理に関して保有する特定個人情報ファイルに記載又は記録された同表の右欄に掲げる特定個人情報を、事務を処理するために効率的に検索し、及び管理するために必要な限度で個人番号を利用することができる。

執行機関	事務	特定個人情報
市長	地方税法その他の地方税に関する法律及びこれらの法律に基づく条例による地方税の賦課徴収又は地方税に関する調査(犯則事件の調査を含む。)に関する事務であって規則で定めるもの	地方税関係情報、医療保険給付関係情報又は介護保険給付等関係情報であって規則で定めるもの
	高齢者の医療の確保に関する法律による後期高齢者医療給付の支給又は保険料の徴収に関する事務であって規則で定めるもの	
	介護保険法による保険給付の支給又は保険料の徴収に関する事務であって規則で定めるもの	

6 前3項の規定による特定個人情報の利用ができる場合において、他の条例、規則その他の規程の規定により当該特定個人情報と同一の内容の情報を含む書面の提出が義務付けられているときは、当該書面の提出があったものとみなす。

(特定個人情報の提供)

第4条 法第19条第10号の条例で定める特定個人情報を提供するときは、次の表の第1欄に掲げる機関(法令の規定により同表の第2欄に掲げる事務の全部又は一部を行うこととされている者がある場合にあっては、その者を含む。以下この項において「照会機関」という。)が、同表の第3欄に掲げる機関(法令の規定により同表の第4欄に掲げる特定個人情報の利用又は提供に関する事務の全部又は一部を行うこととされている者がある場合にあっては、その者を含む。以下この項において「提供機関」という。)に対し、同表の第2欄に掲げる事務を処理するために必要な同表の第4欄に掲げる特定個人情報の提供を求めた場合において、提供機関が照会機関に対し当該特定個人情報を提供するときとする。

照会機関	事務	提供機関	特定個人情報
市長	生活保護法による保護の決定及び実施、保護に要する費用の返還又は徴収金の徴収に関する事務であって規則で定めるもの	教育委員会	学校保健安全法（昭和33年法律第56号）による医療に要する費用についての援助に関する情報であって規則で定めるもの

2　前項の規定による特定個人情報の提供があった場合において、他の条例、規則その他の規程の規定により当該特定個人情報と同一の内容の情報を含む書面の提出が義務付けられているときは、当該書面の提出があったものとみなす。
　（委任）
第5条　この条例で定めるもののほか、この条例の施行に関し必要な事項は、規則で定める。
　　　附　則
　（施行期日）
1　この条例は、平成28年1月1日から施行する。
　（経過措置）
2　法附則第1条第5号に掲げる規定の施行の日の前日までの間における第1条及び第4条第1項の規定の適用については、これらの規定中「第19条第10号」とあるのは、「第19条第9号」とする。
　　　附　則（平成28年3月25日条例第17号）抄
　（施行期日）
1　この条例は、平成28年10月1日から施行する。
　　　附　則（平成28年6月30日条例第22号）
　（施行期日）
1　この条例は、公布の日から施行する。
　（小林市乳幼児医療費の助成に関する条例の一部を改正する条例の一部改正）
2　小林市乳幼児医療費の助成に関する条例の一部を改正する条例（平成28年小林市条例第17号）の一部を次のように改正する。
　　〔次のよう〕略

小林市行政手続における特定の個人を識別するための番号の利用等に関する法律に基づく個人番号の利用及び特定個人情報の提供に関する条例施行規則

　　　　　　　　　　　平成27年12月22日
　　　　　　　　　　　　　　規則第39号
　　　　改正　平成28年3月31日規則第29号
　　　　　　　平成28年6月30日規則第40号

　（趣旨）
第1条　この規則は、小林市行政手続における特定の個人を識別するための番号の利用等に関する法律に基づく個人番号の利用及び特定個人情報の提供に関する条例（平成27年小林市条例第38号。以下「条例」という。）の施行に関し必要な事項を定めるものとする。
　（個人番号を独自利用する事務）
第2条　条例第3条第2項の表1の項の規則で定める事務は、次のとおりとする。
(1)　小林市ひとり親家庭医療費助成に関する条例施行規則（平成18年小林市規則第98号）第2条第2項の規定による受給資格証の交付の申請の受理、その申請に係る事実についての審査、その申請に対する応答又は受給資格証交付台帳への記載に関する事務
(2)　小林市ひとり親家庭医療費助成に関する条例施行規則第3条の規定による給付の申請の受理に関する事務
(3)　小林市ひとり親家庭医療費助成に関する条例施行規則第4条の規定による給付の申請に係る事実についての審査又はその申請に対する応答に関する事務
(4)　小林市ひとり親家庭医療費助成に関する条例（平成18年小林市条例第125号）第4条の規定による助成金の額の算定に関する事務
(5)　小林市ひとり親家庭医療費助成に関する条例施行規則第5条の規定による受給資格の変更若しくは喪失に係る届出の受理、その届出に係る事実についての審査又はその届出に対する応答に関する事務
(6)　小林市ひとり親家庭医療費助成に関する条例施行規則第6条の規定による受給資格証の再交付の申請の受理、その申請に係る事実に

ついての審査又はその申請に対する応答に関する事務
2　条例第3条第2項の表2の項の規則で定める事務は、次のとおりとする。
(1) 小林市子育て支援子ども医療費の助成に関する条例施行規則（平成18年小林市規則第99号）第4条の規定による受給資格証の交付の申請の受理、その申請に係る事実についての審査又はその申請に対する応答に関する事務
(2) 小林市子育て支援子ども医療費の助成に関する条例施行規則第5条の規定による助成の申請の受理に関する事務
(3) 小林市子育て支援子ども医療費の助成に関する条例施行規則第6条の規定による助成の申請に係る事実についての審査又はその申請に対する応答に関する事務
(4) 小林市子育て支援子ども医療費の助成に関する条例施行規則第7条の規定による受給資格の変更又は受給資格証の返納の届出の受理、その届出に係る事実についての審査又はその届出に対する応答に関する事務
(5) 小林市子育て支援子ども医療費の助成に関する条例施行規則第8条の規定による乳幼児医療費助成台帳の作成に関する事務
(6) 小林市子育て支援子ども医療費の助成に関する条例（平成18年小林市条例第126号）第8条の規定による助成金の返還に関する事務
3　条例第3条第2項の表3の項の規則で定める事務は、次のとおりとする。
(1) 小林市営一般住宅の設置及び管理に関する条例（平成18年小林市条例第200号）第7条の規定による家賃の決定に関する事務
(2) 小林市営一般住宅の設置及び管理に関する条例第8条の規定による入居の申込みの受理、その申込みに係る事実についての審査又はその申込みに対する応答に関する事務
(3) 小林市営一般住宅の設置及び管理に関する条例施行規則（平成18年小林市規則第209号）第8条の規定による同居の承認の申請等（申請又は届出をいう。以下この号において同じ。）の受理、その申請等に係る事実についての審査又はその申請等に対する応答に関する事務
(4) 小林市営一般住宅の設置及び管理に関する条例施行規則第9条の規定による入居者の名義変更の申請の受理、その申請に係る事実についての審査又はその申請に対する応答に関する事務
(5) 小林市営一般住宅の設置及び管理に関する条例第26条の規定による明渡しの請求に関する事務
4　条例第3条第2項の表4の項の規則で定める事務は、次のとおりとする。
(1) 小林市山村定住住宅の設置及び管理に関する条例施行規則（平成22年小林市規則第146号）第2条の規定による入居の申込みの受理、その申込みに係る事実についての審査又はその申込みに対する応答に関する事務
(2) 小林市山村定住住宅の設置及び管理に関する条例（平成18年小林市条例第201号）第8条の規定による入居者の選定に関する事務
(3) 小林市山村定住住宅の設置及び管理に関する条例第10条の規定による家賃の決定又は変更に関する事務
(4) 小林市山村定住住宅の設置及び管理に関する条例施行規則第5条の規定による家賃の減免若しくは徴収猶予の申請の受理、その申請に係る事実についての審査又はその申請に対する応答に関する事務
(5) 小林市山村定住住宅の設置及び管理に関する条例第20条の規定による異動の報告に関する事務
(6) 小林市山村定住住宅の設置及び管理に関する条例第21条の規定による入居の承継の申請の受理、その申請に係る事実についての審査又はその申請に対する応答に関する事務
(7) 小林市山村定住住宅の設置及び管理に関する条例第24条の規定による明渡しの請求に関する事務

（特定個人情報の庁内連携）
第3条　条例第3条第4項の表1の項の規則で定める事務は、次の各号に掲げる事務とし、同項の規則で定める情報は、当該各号に掲げる事務の区分に応じ当該各号に定める情報とする。
(1) 児童福祉法（昭和22年法律第164号）第21条の5の3第1項の障害児通所給付費、同法第21条の5の4第1項の特例障害児通所給付費、同法第21条の5の12第1項の高額障害児通所給付費、同法第21条の5の28

第1項の肢体不自由児通所医療費、同法第24条の26第1項の障害児相談支援給付費又は同法第24条の27第1項の特例障害児相談支援給付費の支給に関する事務　次に掲げる情報
　　ア　当該申請に係る障害児に係る身体障害者福祉法（昭和24年法律第283号）第15条第1項の身体障害者手帳の交付及びその障害の程度に関する情報（以下この条において「身体障害者手帳交付情報」という。）
　　イ　当該申請に係る障害児に係る精神保健及び精神障害者福祉に関する法律（昭和25年法律第123号）第45条第1項の精神障害者保健福祉手帳の交付及びその障害の程度に関する情報（以下この条において「精神障害者保健福祉手帳交付情報」という。）
　　ウ　当該申請に係る障害児に係る障害者の日常生活及び社会生活を総合的に支援するための法律（平成17年法律第123号）第6条の自立支援給付の支給に関する情報
　(2)　児童福祉法第21条の5の6第1項の通所給付決定の申請に係る事実についての審査に関する事務　当該変更に係る障害児に係る前号に掲げる情報
2　条例第3条第4項の表2の項の規則で定める事務は、次の各号に掲げる事務とし、同項の規則で定める情報は、当該各号に掲げる事務の区分に応じ当該各号に定める情報とする。
　(1)　生活保護法（昭和25年法律第144号）第19条第1項の保護の実施に関する事務　次に掲げる情報
　　ア　生活保護法第6条第2項の要保護者又は同条第1項の被保護者であった者（以下「要保護者等」という。）に係る身体障害者手帳交付情報
　　イ　要保護者等に係る精神障害者保健福祉手帳交付情報
　　ウ　要保護者等に係る地方税法第5条第2項第2号の固定資産税の賦課徴収に関する情報（次号において「固定資産税賦課徴収情報」という。）
　　エ　要保護者等に係る地方税法第5条第2項第3号の軽自動車税の賦課徴収に関する情報（次号において「軽自動車税賦課徴収情報」という。）
　　オ　要保護者等に係る地方税法第5条第6項第1号の都市計画税の賦課徴収に関する情報（次号において「都市計画税賦課徴収情報」という。）
　　カ　要保護者等に係る公営住宅法（昭和26年法律第193号）第16条第1項又は第28条第2項の家賃に関する情報（次号において「公営住宅家賃情報」という。）
　　キ　要保護者等に係る住宅地区改良法（昭和35年法律第84号）第29条第3項の規定によりその例によることとされる公営住宅法の一部を改正する法律（平成8年法律第55号）の規定による改正前の公営住宅法（第7項において「旧公営住宅法」という。）第12条第1項の家賃に関する情報（次号において「改良住宅家賃情報」という。）
　　ク　要保護者等に係る老人福祉法（昭和38年法律第133号）第10条の4第1項又は第11条の福祉の措置に関する情報（次号において「老人福祉措置情報」という。）
　　ケ　要保護者等に係る特別児童扶養手当等の支給に関する法律（昭和39年法律第134号）第3条第1項の特別児童扶養手当の支給に関する情報（以下この条において「特別児童扶養手当支給情報」という。）
　　コ　要保護者等に係る小林市営一般住宅の設置及び管理に関する条例（平成18年小林市条例第200号）第7条の家賃に関する情報（次号において「小林市営一般住宅家賃情報」という。）
　　サ　要保護者等に係る小林市山村定住住宅の設置及び管理に関する条例（平成18年小林市条例第201号）第10条の家賃に関する情報（次号において「小林市山村定住住宅家賃情報」という。）
　(2)　生活保護法第24条第1項の保護の開始又は同条第9項の保護の変更の申請に係る事実についての審査関する事務　次に掲げる情報
　　ア　要保護者等に係る身体障害者手帳交付情報
　　イ　要保護者等に係る精神障害者保健福祉手帳交付情報
　　ウ　要保護者等に係る固定資産税賦課徴収情報
　　エ　要保護者等に係る軽自動車税賦課徴収情

報
　　オ　要保護者等に係る都市計画税賦課徴収情報
　　カ　要保護者等に係る公営住宅家賃情報
　　キ　要保護者等に係る改良住宅家賃情報
　　ク　要保護者等に係る老人福祉措置情報
　　ケ　要保護者等に係る特別児童扶養手当支給情報
　　コ　要保護者等に係る小林市ひとり親家庭医療費助成に関する条例によるひとり親家庭医療費の助成に関する情報（次号及び第6号において「小林市ひとり親家庭医療費助成情報」という。）
　　サ　要保護者等に係る小林市子育て支援子ども医療費の助成に関する条例による子ども医療費の助成に関する情報（以下この項及び第16項において「小林市子ども医療費助成情報」という。）
　　シ　要保護者等に係る小林市営一般住宅家賃情報
　　ス　要保護者等に係る小林市山村定住住宅家賃情報
　(3)　生活保護法第25条第1項の職権による保護の開始又は同条第2項の職権による保護の変更に関する事務　前号に掲げる情報
　(4)　生活保護法第26条の保護の停止又は廃止に関する事務　第2号に掲げる情報
　(5)　生活保護法第63条の保護に要する費用の返還に関する事務　次に掲げる情報
　　ア　要保護者等に係る小林市ひとり親家庭医療費助成情報
　　イ　要保護者等に係る小林市子ども医療費助成情報
　(6)　生活保護法第77条第1項又は第78条第1項から第3項までの徴収金の徴収（同法第78条の2第1項又は第2項の徴収金の徴収を含む。）に関する事務　次に掲げる情報
　　ア　要保護者等に係る特別児童扶養手当支給情報
　　イ　要保護者等に係る小林市ひとり親家庭医療費助成情報
　　ウ　要保護者等に係る小林市子ども医療費助成情報
3　条例第3条第4項の表3の項の規則で定める事務は、地方税法（昭和25年法律第226号）その他の地方税に関する法律及びこれらの法律に基づく条例による地方税の課税標準の更正若しくは決定、税額の更正若しくは決定、納税の告知その他の地方税の賦課に関する事務又は地方税に関する調査（犯則事件の調査を含む。）に関する事務とし、同項の規則で定める情報は、次の各号に掲げる情報とする。
　(1)　納税義務者に係る身体障害者手帳交付情報
　(2)　納税義務者に係る精神障害者保健福祉手帳交付情報
　(3)　納税義務者に係る生活保護法第19条第1項の保護の実施、同法第24条第1項の保護の開始若しくは同条第9項の保護の変更、同法第25条第1項の職権による保護の開始若しくは同条第2項の職権による保護の変更又は同法第26条の保護の停止若しくは廃止に関する情報（以下この条において「生活保護実施関係情報」という。）
　(4)　納税義務者に係る国民年金法（昭和34年法律第141号）第87条第1項の保険料の徴収に関する情報
　(5)　納税義務者に係る介護保険法（平成9年法律第123号）第129条第2項の保険料の賦課に関する情報（第12項において「介護保険料賦課情報」という。）
4　条例第3条第4項の表4の項の規則で定める事務は、次の各号に掲げる事務とし、同項の規則で定める情報は、当該各号に掲げる事務の区分に応じ当該各号に定める情報とする。
　(1)　公営住宅法第16条第1項又は第28条第2項の収入の申告に係る事実についての審査に関する事務　次に掲げる情報
　　ア　公営住宅法第2条第2号の公営住宅の入居者又は同居者（以下この号において「公営住宅入居者等」という。）に係る身体障害者手帳交付情報
　　イ　公営住宅入居者等に係る精神障害者保健福祉手帳交付情報
　(2)　公営住宅法第16条第4項（同法第28条第3項及び第29条第8項において準用する場合を含む。）の家賃若しくは金銭又は同法第18条第2項の敷金の減免の申請に係る事実についての審査に関する事務　前号に掲げる情報
　(3)　公営住宅法第19条（同法第28条第3項及

び第29条第8項において準用する場合を含む。）の家賃、敷金又は金銭の徴収猶予の申請に係る事実についての審査に関する事務　第1号に掲げる情報
　(4)　公営住宅法第25条第1項の入居の申込みに係る事実についての審査に関する事務　第1号に掲げる情報
　(5)　公営住宅法第27条第5項又は第6項の事業主体の承認の申請に係る事実についての審査に関する事務　第1号に掲げる情報
　(6)　公営住宅法第29条第1項又は第32条第1項の明渡しの請求に関する事務　第1号に掲げる情報
　(7)　公営住宅法第29条第7項の期限の延長の申出に係る事実についての審査に関する事務　第1号に掲げる情報
5　条例第3条第4項の表5の項の規則で定める事務は、次の各号に掲げる事務とし、同項の規則で定める情報は、当該各号に掲げる事務の区分に応じ当該各号に定める情報とする。
　(1)　国民健康保険法（昭和33年法律第192号）による被保険者に係る申請等（申請、届出又は申出をいう。以下この号において同じ。）に係る事実についての審査に関する事務　次に掲げる情報
　　ア　当該申請等を行う者又は当該者と同一の世帯に属する者に係る生活保護実施関係情報
　　イ　当該申請等を行う者又は当該者と同一の世帯に属する者に係る個人市民税（地方税法第5条第2項第1号の市町村民税であって、市が個人に課する税をいう。次条において同じ。）の賦課に関する情報（以下この条において「個人市民税賦課情報」という。）
　　ウ　当該申請等を行う者又は当該者と同一の世帯に属する者に係る地方税法第703条の4第1項の国民健康保険税の賦課徴収に関する情報（次号において「国民健康保険税賦課徴収情報」という。）
　(2)　国民健康保険法による被保険者証、被保険者資格証明書、高齢受給者証、食事療養標準負担額減額認定証、生活療養標準負担額減額認定証、特定疾病療養受療証、限度額適用認定証、限度額適用・標準負担額減額認定証又は特別療養証明書（以下この号において「被保険者証等」という。）に関する事務（前号に掲げるものを除く。）次に掲げる情報
　　ア　当該被保険者証等に係る世帯主又は当該者と同一の世帯に属する者に係る個人市民税賦課情報
　　イ　当該被保険者証等に係る世帯主又は当該者と同一の世帯に属する者に係る国民健康保険税賦課徴収情報
　(3)　国民健康保険法による保険給付の支給に関する事務　当該支給に係る者又は当該者と同一の世帯に属する者に係る前号に掲げる情報
　(4)　国民健康保険法第44条第1項の一部負担金に係る措置に関する事務　当該措置に係る者又は当該者と同一の世帯に属する者に係る第2号に掲げる情報
6　条例第3条第4項の表6の項の規則で定める事務は、次の各号に掲げる事務とし、同項の規則で定める情報は、当該各号に掲げる事務の区分に応じ当該各号に定める情報とする。
　(1)　国民年金法による被保険者の資格に関する事務　当該被保険者に係る生活保護実施関係情報
　(2)　国民年金法による給付及び当該給付の受給権者に係る請求等（請求、申請、届出又は申出をいう。以下この号において同じ。）に係る事実についての審査に関する事務　当該請求等を行う者又は当該者の配偶者若しくは扶養義務者若しくは当該者と同一の世帯に属する者に係る個人市民税賦課情報
　(3)　国民年金の保険料その他国民年金法の規定による徴収金に関する事務　当該徴収金に係る者又は当該者の扶養義務者若しくは当該者と同一の世帯に属する者に係る前号に掲げる情報
7　条例第3条第4項の表7の項の規則で定める事務は、次の各号に掲げる事務とし、同項の規則で定める情報は、当該各号に掲げる事務の区分に応じ当該各号に定める情報とする。
　(1)　住宅地区改良法第29条第1項において準用する公営住宅法第18条第2項の敷金の減免の申請に係る事実についての審査に関する事務　次に掲げる情報
　　ア　住宅地区改良法第2条第6項の改良住宅の入居者又は同居者（以下この号において

「改良住宅入居者等」という。）に係る身体障害者手帳交付情報
　イ　改良住宅入居者等に係る精神障害者保健福祉手帳交付情報
(2)　住宅地区改良法第29条第１項において準用する公営住宅法第19条の家賃若しくは敷金の徴収猶予の申請に係る事実についての審査に関する事務　前号に掲げる情報
(3)　住宅地区改良法第29条第１項において準用する公営住宅法第25条第１項の入居の申込みに係る事実についての審査に関する事務　第１号に掲げる情報
(4)　住宅地区改良法第29条第１項において準用する公営住宅法第32条第１項の明渡しの請求に関する事務　第１号に掲げる情報
(5)　住宅地区改良法第29条第３項の規定によりその例によることとされる旧公営住宅法第12条第１項の家賃の決定に関する事務　第１号に掲げる情報
(6)　住宅地区改良法第29条第３項の規定によりその例によることとされる旧公営住宅法第12条第２項（旧公営住宅法第21条の２第３項において準用する場合を含む。）の家賃又は割増賃料の減免の申請に係る事実についての審査に関する事務　第１号に掲げる情報
(7)　住宅地区改良法第29条第３項の規定によりその例によることとされる旧公営住宅法第21条の２第３項において準用する旧公営住宅法第13条の２の割増賃料の徴収猶予の申請に係る事実についての審査に関する事務　第１号に掲げる情報
8　条例第３条第４項の表８の項の規則で定める事務は、児童扶養手当法（昭和36年法律第238号）第６条の児童扶養手当の受給資格及びその額の認定の請求に係る事実についての審査に関する事務とし、同項の規則で定める情報は、次の各号に掲げる情報とする。
(1)　当該請求を行う者に係る身体障害者手帳交付情報
(2)　当該請求を行う者に係る国民年金法第15条第１号の老齢基礎年金、同条第２号の障害基礎年金、同条第３号の遺族基礎年金又は同条第４号の寡婦年金の支給に関する情報
(3)　当該請求を行う者に係る特別児童扶養手当支給情報

9　条例第３条第４項の表９の項の規則で定める事務は、次の各号に掲げる事務とし、同項の規則で定める情報は、当該各号に掲げる事務の区分に応じ当該各号に定める情報とする。
(1)　特別児童扶養手当等の支給に関する法律第５条の特別児童扶養手当の受給資格及びその額の認定の請求に係る事実についての審査に関する事務　次に掲げる情報
　ア　当該請求に係る障害児に係る身体障害者手帳交付情報
　イ　当該請求を行う者に係る生活保護実施関係情報
(2)　特別児童扶養手当等の支給に関する法律第16条において読み替えて準用する児童扶養手当法第８条第１項の手当の額の改定の請求に係る事実についての審査に関する事務　当該請求に係る障害児に係る身体障害者手帳交付情報
(3)　特別児童扶養手当等の支給に関する法律第35条の届出に係る事実についての審査に関する事務（特別児童扶養手当に係るものに限る。）次に掲げる情報
　ア　当該届出に係る障害児に係る身体障害者手帳交付情報
　イ　当該届出を行う者に係る生活保護実施関係情報
(4)　特別児童扶養手当等の支給に関する法律第37条の資料の提供等の求めに関する事務　次に掲げる情報
　ア　当該提供等の求めに係る障害児に係る身体障害者手帳交付情報
　イ　当該提供等の求めに係る者に係る生活保護実施関係情報
(5)　特別児童扶養手当等の支給に関する法律施行規則（昭和39年厚生省令第38号）第３条の届出に係る事実についての審査に関する事務　当該届出に係る障害児に係る第２号に掲げる情報
10　条例第３条第４項の表10の項の規則で定める事務は、次の各号に掲げる事務とし、同項の規則で定める情報は、当該各号に掲げる事務の区分に応じ当該各号に定める情報とする。
(1)　特別児童扶養手当等の支給に関する法律第19条（同法第26条の５において準用する場合を含む。）の障害児福祉手当又は特別障

者手当の受給資格の認定の請求に係る事実についての審査に関する事務　次に掲げる情報
　　ア　当該請求に係る障害児に係る身体障害者手帳交付情報
　　イ　当該請求を行う者に係る生活保護実施関係情報
　(2)　特別児童扶養手当等の支給に関する法律第37条の資料の提供等の求めに関する事務　次に掲げる情報
　　ア　当該提供等の求めに係る障害児に係る身体障害者手帳交付情報
　　イ　当該提供等の求めに係る者に係る生活保護実施関係情報
　(3)　国民年金法等の一部を改正する法律（昭和60年法律第34号）附則第97条第1項の規定によりなお従前の例によることとされた同法第7条の規定による改正前の特別児童扶養手当等の支給に関する法律第35条の届出に係る事実についての審査に関する事務　次に掲げる情報
　　ア　当該届出に係る障害児に係る身体障害者手帳交付情報
　　イ　当該届出を行う者に係る生活保護実施関係情報
11　条例第3条第4項の表11の項の規則で定める事務は、児童手当法（昭和46年法律第73号）第7条第1項（同法第17条第1項（同法附則第2条第3項において準用する場合を含む。）及び同法附則第2条第3項において適用し、又は準用する場合を含む。）又は第2項の児童手当又は特例給付（同法附則第2条第1項の給付をいう。）の受給資格及びその額についての認定の請求に係る事実についての審査に関する事務とし、同項の規則で定める情報は、当該請求を行う者に係る国民健康保険法による被保険者の資格に関する情報（以下この条において「国民健康保険被保険者資格情報」という。）とする。
12　条例第3条第4項の表12の項の規則で定める事務は、次の各号に掲げる事務とし、同項の規則で定める情報は、当該各号に掲げる事務の区分に応じ当該各号に定める情報とする。
　(1)　高齢者の医療の確保に関する法律（昭和57年法律第80号）による被保険者に係る申請等（申請、届出又は申出をいう。以下この号において同じ。）に係る事実についての審査に関する事務　次に掲げる情報
　　ア　当該申請等を行う者に係る身体障害者手帳交付情報
　　イ　当該申請等を行う者に係る精神障害者保健福祉手帳交付情報
　　ウ　当該申請等を行う者に係る生活保護実施関係情報
　　エ　当該申請等を行う者に係る国民健康保険法による保険給付の支給に関する情報（以下この条において「国民健康保険給付情報」という。）
　　オ　当該申請等を行う者に係る介護保険法による被保険者の資格に関する情報
　(2)　高齢者の医療の確保に関する法律による被保険者証、被保険者資格証明書、特定疾病療養受療証又は限度額適用・標準負担額減額認定証（以下この号において「被保険者証等」という。）に関する事務（前号に掲げるものを除く。）　当該被保険者証等に係る国民健康保険給付情報
　(3)　高齢者の医療の確保に関する法律第104条第2項の保険料の賦課に関する事務　次に掲げる情報
　　ア　当該保険料を課せられる者又は当該者と同一の世帯に属する者に係る生活保護実施関係情報
　　イ　当該保険料を課せられる者又は当該者と同一の世帯に属する者に係る介護保険料賦課情報
13　条例第3条第4項の表13の項の規則で定める事務は、健康増進法（平成14年法律第103号）第17条第1項又は第19条の2の健康増進事業の実施に関する事務とし、同項の規則で定める情報は、当該事業を実施する年度の末日における年齢が40歳以上の者に係る生活保護実施関係情報とする。
14　条例第3条第4項の表14の項の規則で定める事務は、次の各号に掲げる事務とし、同項の規則で定める情報は、当該各号に掲げる事務の区分に応じ当該各号に定める情報とする。
　(1)　障害者の日常生活及び社会生活を総合的に支援するための法律第12条の資料の提供等の求めに関する事務　次に掲げる情報
　　ア　当該提供等の求めに係る者に係る身体障害者手帳交付情報

イ　当該提供等の求めに係る者に係る精神障害者保健福祉手帳交付情報
ウ　当該提供等の求めに係る者又は当該者の支給認定基準世帯員（障害者の日常生活及び社会生活を総合的に支援するための法律施行令（平成18年政令第10号）第29条第1項の支給認定基準世帯員をいう。以下この項において同じ。）に係る国民健康保険被保険者資格情報
エ　当該提供等の求めに係る者又は当該者の支給認定基準世帯員に係る国民健康保険給付情報
(2)　障害者の日常生活及び社会生活を総合的に支援するための法律第20条第1項の支給決定、同法第51条の6第1項の地域相談支援給付決定又は同法第53条の支給認定の申請に係る事実についての審査に関する事務　次に掲げる情報
ア　当該申請を行う者に係る身体障害者手帳交付情報
イ　当該申請を行う者に係る精神障害者保健福祉手帳交付情報
ウ　当該申請を行う者又は当該者の支給認定基準世帯員に係る国民健康保険被保険者資格情報
エ　当該申請を行う者又は当該者の支給認定基準世帯員に係る国民健康保険給付情報
(3)　障害者の日常生活及び社会生活を総合的に支援するための法律第24条第2項の支給決定の変更、同法第51条の9第2項の地域相談支援給付決定の変更又は同法第56条第2項の支給認定の変更に関する事務　次に掲げる情報
ア　当該変更を行う者に係る身体障害者手帳交付情報
イ　当該変更を行う者又は当該者の支給認定基準世帯員に係る国民健康保険被保険者資格情報
ウ　当該変更を行う者又は当該者の支給認定基準世帯員に係る国民健康保険給付情報
(4)　障害者の日常生活及び社会生活を総合的に支援するための法律施行令第15条、第26条の7又は第32条の申請内容の変更の届出に係る事実についての審査に関する事務　次に掲げる情報

ア　当該届出を行う者又は当該者の支給認定基準世帯員に係る国民健康保険被保険者資格情報
イ　当該届出を行う者又は当該者の支給認定基準世帯員に係る国民健康保険給付情報
ウ　当該届出を行う者に係る国民年金法第15条第2号の障害基礎年金の支給に関する情報
(5)　前各号に掲げるもののほか、障害者の日常生活及び社会生活を総合的に支援するための法律第6条の自立支援給付の支給に関する事務　次に掲げる情報
ア　当該支給に係る者に係る身体障害者手帳交付情報
イ　当該支給に係る者に係る精神障害者保健福祉手帳交付情報
(6)　障害者の日常生活及び社会生活を総合的に支援するための法律第77条又は第78条の地域生活支援事業の実施に関する事務　次に掲げる情報
ア　当該実施に係る者に係る児童福祉法第21条の5の3第1項の障害児通所給付費、同法第21条の5の4第1項の特例障害児通所給付費又は同法第21条の5の12第1項の高額障害児通所給付費の支給に関する情報
イ　当該事業の実施に係る者に係る身体障害者手帳交付情報
ウ　当該事業の実施に係る者に係る精神障害者保健福祉手帳交付情報
エ　当該事業の実施に係る者に係る生活保護実施関係情報
オ　当該事業の実施に係る者又は当該者の配偶者、扶養義務者若しくは当該事業の実施に係る者と同一の世帯に属する者に係る個人市民税賦課情報
カ　当該事業の実施に係る者に係る介護保険法による保険給付の支給に関する情報
15　条例第3条第4項の表15の項の規則で定める事務は、子ども・子育て支援法（平成24年法律第65号）第20条第1項の支給認定又は同法第23条第1項の支給認定の変更の認定の申請に係る事実についての審査に関する事務とし、同項の規則で定める情報は、次の各号に掲げる情報とする。

(1) 申請を行う者又は当該者と同一の世帯に属する者に係る身体障害者手帳交付情報
　　(2) 申請を行う者に係る特別児童扶養手当支給情報
16　条例第3条第4項の表16の項の規則で定める事務は、次の各号に掲げる事務とし、同項の規則で定める情報は、当該各号に掲げる事務の区分に応じ当該各号に定める情報とする。
　　(1) 小林市ひとり親家庭医療費助成に関する条例施行規則第2条第2項の規定による受給資格証の交付の申請に係る事実についての審査に関する事務　次に掲げる情報
　　　ア　当該申請を行う者に係る個人市民税賦課情報
　　　イ　当該申請を行う者に係る児童扶養手当法第4条第1項の児童扶養手当の支給に関する情報
　　(2) 小林市ひとり親家庭医療費助成に関する条例施行規則第3条の規定による給付の申請の受理に関する事務　当該申請を行う者に係る国民健康保険被保険者資格情報
　　(3) 小林市ひとり親家庭医療費助成に関する条例第4条の規定による助成金の額の算定に関する事務　次に掲げる情報
　　　ア　当該申請を行う者に係る個人市民税賦課情報
　　　イ　当該申請を行う者に係る小林市子ども医療費助成情報
　　　ウ　当該申請を行う者に係る国民健康保険給付情報
17　条例第3条第4項の表17の項の規則で定める事務は、次の各号に掲げる事務とし、同項の規則で定める情報は、当該各号に掲げる事務の区分に応じ当該各号に定める情報とする。
　　(1) 小林市子育て支援子ども医療費の助成に関する条例施行規則第4条の規定による受給資格証の交付の申請に係る事実についての審査に関する事務　次に掲げる情報
　　　ア　当該申請を行う者に係る生活保護実施関係情報
　　　イ　当該申請を行う者に係る個人市民税賦課情報
　　(2) 小林市子育て支援子ども医療費の助成に関する条例施行規則第5条の規定による助成の申請の受理に関する事務　当該申請を行う者に係る国民健康保険被保険者資格情報
　　(3) 小林市子育て支援子ども医療費の助成に関する条例施行規則第6条の規定による助成の申請に係る事実についての審査に関する事務　当該申請を行う者に係る第1号に掲げる情報
　　(4) 小林市子育て支援子ども医療費の助成に関する条例施行規則第7条の規定による受給資格の変更又は受給資格証の返納の届出に係る事実についての審査に関する事務　当該届出を行う者に係る第1号に掲げる情報
　　(5) 小林市子育て支援子ども医療費の助成に関する条例第8条の規定による助成金の返還に関する事務　次に掲げる情報
　　　ア　当該返還に係る者に係る個人市民税賦課情報
　　　イ　当該申請を行う者に係る国民健康保険給付情報
18　条例第3条第4項の表18の項の規則で定める事務は、次の各号に掲げる事務とし、同項の規則で定める情報は、当該各号に掲げる事務の区分に応じ当該各号に定める情報とする。
　　(1) 小林市営一般住宅の設置及び管理に関する条例第8条の規定による入居の申込みに係る事実についての審査に関する事務　当該申込みを行う者又は同居者（予定者を含む。）に係る個人市民税賦課情報
　　(2) 小林市営一般住宅の設置及び管理に関する条例施行規則第8条の規定による同居の承認の申請等（申請又は届出をいう。）に係る事実についての審査に関する事務　当該申請等を行う者又は同居者（予定者を含む。）に係る前号に掲げる情報
　　(3) 小林市営一般住宅の設置及び管理に関する条例施行規則第9条の規定による入居者の名義変更の申請に係る事実についての審査に関する事務　当該申請を行う者又は同居者（予定者を含む。）に係る第1号に掲げる情報
19　条例第3条第3項の表19の項の規則で定める事務は、次の各号に掲げる事務とし、同項の規則で定める情報は、当該各号に掲げる事務の区分に応じ当該各号に定める情報とする。
　　(1) 小林市山村定住住宅の設置及び管理に関する条例施行規則第2条の規定による入居の申込みに係る事実についての審査に関する事務

次に掲げる情報
　ア　当該申込みを行う者又は同居者（予定者を含む。）（以下この号において「申込者等」という。）に係る生活保護実施関係情報
　イ　当該申込者等に係る個人市民税賦課情報
(2)　小林市山村定住住宅の設置及び管理に関する条例施行規則第5条の規定による家賃の減免又は徴収猶予の申請に係る事実についての審査に関する事務　当該申請を行う者又は同居者（予定者を含む。）に係る前号に掲げる情報

第4条　条例第3条第5項の表市長の項の規則で定める事務は、次の各号に掲げる事務とし、同項の規則で定める情報は、当該各号に掲げる事務の区分に応じ当該各号に定める情報とする。
(1)　地方税法その他の地方税に関する法律及びこれらの法律に基づく条例による地方税の課税標準の更正若しくは決定、税額の更正若しくは決定、納税の告知、督促、滞納処分その他の地方税の徴収に関する事務又は地方税に関する調査（犯則事件の調査を含む。）に関する事務　次に掲げる情報
　ア　当該納税義務者に係る高齢者の医療の確保に関する法律第104条第1項の保険料の徴収に関する情報（第3号において「後期高齢者医療保険料徴収情報」という。）
　イ　当該納税義務者に係る介護保険法第129条第1項の保険料の徴収に関する情報（次号において「介護保険料徴収情報」という。）
(2)　高齢者の医療の確保に関する法律第104条第1項の保険料の徴収に関する事務　次に掲げる情報
　ア　当該保険料を課せられる者又は当該者と同一の世帯に属する者に係る個人市民税の徴収に関する情報（次号において「個人市民税徴収情報」という。）
　イ　当該保険料を課せられる者又は当該者と同一の世帯に属する者に係る地方税法第5条第2項第2号の固定資産税の徴収に関する情報（次号において「固定資産税徴収情報」という。）
　ウ　当該保険料を課せられる者又は当該者と同一の世帯に属する者に係る地方税法第5条第2項第3号の軽自動車税の徴収に関する情報（次号において「軽自動車税徴収情報」という。）
　エ　当該保険料を課せられる者又は当該者と同一の世帯に属する者に係る地方税法第5条第6項第1号の都市計画税の徴収に関する情報（次号において「都市計画税徴収情報」という。）
　オ　当該保険料を課せられる者又は当該者と同一の世帯に属する者に係る国民健康保険税徴収情報
　カ　当該保険料を課せられる者又は当該者と同一の世帯に属する者に係る介護保険料徴収情報
(3)　介護保険法第129条第1項の保険料の徴収に関する事務　次に掲げる情報
　ア　当該保険料を課せられる者又は当該者と同一の世帯に属する者に係る個人市民税徴収情報
　イ　当該保険料を課せられる者又は当該者と同一の世帯に属する者に係る固定資産税徴収情報
　ウ　当該保険料を課せられる者又は当該者と同一の世帯に属する者に係る軽自動車税徴収情報
　エ　当該保険料を課せられる者又は当該者と同一の世帯に属する者に係る都市計画税徴収情報
　オ　当該保険料を課せられる者又は当該者と同一の世帯に属する者に係る国民健康保険税徴収情報
　カ　当該保険料を課せられる者又は当該者と同一の世帯に属する者に係る後期高齢者医療保険料徴収情報

（特定個人情報の提供）
第5条　条例第4条第1項の表市長の項の規則で定める事務は、次の各号に掲げる事務とし、同項の規則で定める情報は、当該各号に掲げる事務の区分に応じ当該各号に定める情報とする。
(1)　生活保護法第19条第1項の保護の実施に関する事務　次に掲げる情報　要保護者等に係る学校保健安全法第24条の援助の実施に関する情報
(2)　生活保護法第24条第1項の保護の開始又は同条第9項の保護の変更の申請に係る事実についての審査に関する事務　前号に掲げる情報

(3) 生活保護法第25条第1項の職権による保護の開始又は同条第2項の職権による保護の変更に関する事務　第1号に掲げる情報
(4) 生活保護法第26条の保護の停止又は廃止に関する事務　第1号に掲げる情報
(5) 生活保護法第63条の保護に要する費用の返還に関する事務　第1号に掲げる情報
(6) 生活保護法第77条第1項又は第78条第1項から第3項までの徴収金の徴収（同法第78条の2第1項又は第2項の徴収金の徴収を含む。）に関する事務　第1号に掲げる情報
　　　附　則
この規則は、平成28年1月1日から施行する。
　　　附　則（平成28年3月31日規則第29号）

抄
（施行期日）
1　この規則は、平成28年10月1日から施行する。
　　　附　則（平成28年6月30日規則第40号）
（施行期日）
1　この規則は、公布の日から施行する。
（小林市乳幼児医療費の助成に関する条例施行規則の一部を改正する規則の一部改正）
2　小林市乳幼児医療費の助成に関する条例施行規則の一部を改正する規則（平成28年小林市規則第29号）の一部を次のように改正する。
　　〔次のよう〕略

白河市個人番号の利用及び特定個人情報の提供に関する条例

　　　　　　平成27年12月24日条例第43号
　　改正　平成28年7月1日条例第27号

（趣旨）
第1条　この条例は、行政手続における特定の個人を識別するための番号の利用等に関する法律（平成25年法律第27号。以下「法」という。）第9条第2項に基づく個人番号の利用及び法第19条第9号に基づく特定個人情報の提供に関し必要な事項を定めるものとする。
（定義）
第2条　この条例において、次の各号に掲げる用語の意義は、当該各号に定めるところによる。
(1) 個人番号　法第2条第5項に規定する個人番号をいう。
(2) 特定個人情報　法第2条第8項に規定する特定個人情報をいう。
(3) 個人番号利用事務実施者　法第2条第12項に規定する個人番号利用事務実施者をいう。
(4) 情報提供ネットワークシステム　法第2条第14項に規定する情報提供ネットワークシステムをいう。
（市の責務）
第3条　市は、個人番号の利用及び特定個人情報の提供に関し、その適正な取扱いを確保するために必要な措置を講ずるとともに、国との連携を図りながら、自主的かつ主体的に、地域の特性に応じた施策を実施するものとする。
（個人番号の利用範囲）
第4条　法第9条第2項の条例で定める事務は、別表第1の左欄に掲げる機関が行う同表の右欄に掲げる事務、別表第2の左欄に掲げる機関が行う同表の中欄に掲げる事務及び市長又は教育委員会が行う法別表第2の第2欄に掲げる事務とする。
2　別表第2の左欄に掲げる機関は、同表の中欄に掲げる事務を処理するために必要な限度で、同表の右欄に掲げる特定個人情報であって当該機関が保有するものを利用することができる。ただし、法の規定により、情報提供ネットワークシステムを使用して他の個人番号利用事務実施者から当該特定個人情報の提供を受けることができる場合は、この限りでない。
3　市長又は教育委員会は、法別表第2の第2欄に掲げる事務を処理するために必要な限度で、同表の第4欄に掲げる特定個人情報であって当該機関が保有するものを利用することができる。ただし、法の規定により、情報提供ネットワークシステムを使用して他の個人番号利用事務実施者から当該特定個人情報の提供を受けることができる場合は、この限りでない。
4　前2項の規定による特定個人情報の利用ができる場合において、他の条例、規則その他の規程の規定により当該特定個人情報と同一の内容

の情報を含む書面の提出が義務付けられているときは、当該書面の提出があったものとみなす。

(特定個人情報の提供)
第5条 法第19条第9号の条例で定める特定個人情報を提供することができる場合は、別表第3の第1欄に掲げる機関が、同表の第3欄に掲げる機関に対し、同表の第2欄に掲げる事務を処理するために必要な同表の第4欄に掲げる特定個人情報の提供を求めた場合において、同表の第3欄に掲げる機関が当該特定個人情報を提供するときとする。

2 前項の規定による特定個人情報の提供があった場合において、他の条例、規則その他の規程の規定により当該特定個人情報と同一の内容の情報を含む書面の提出が義務付けられているときは、当該書面の提出があったものとみなす。

(委任)
第6条 この条例の施行に関し必要な事項は、規則で定める。

　　　附　則
この条例は、平成28年1月1日から施行する。
　　　附　則（平成28年7月1日条例第27号）
この条例は、公布の日から施行する。

別表第1　（第4条関係）

	機関	事務
1	市長	白河市ひとり親家庭医療費の助成に関する条例（平成17年白河市条例第88号）によるひとり親家庭の医療費の助成に関する事務であって規則で定めるもの
2	市長	白河市重度心身障害者医療費の給付に関する条例（平成17年白河市条例第91号）による重度心身障害者の医療費の給付に関する事務であって規則で定めるもの
3	市長	白河市こども医療費の助成に関する条例（平成22年白河市条例第7号）によるこどもの医療費の助成に関する事務であって規則で定めるもの
4	市長	生活保護法（昭和25年法律第144号）に準じて実施する生活に困窮する外国人に対する生活保護の措置に関する事務であって規則で定めるもの

別表第2　（第4条関係）

	機関	事務	特定個人情報
1	市長	児童福祉法（昭和22年法律第164号）による障害児通所給付費、特例障害児通所給付費、高額障害児通所給付費、肢体不自由児通所医療費、障害児相談支援給付費若しくは特例障害児相談支援給付費の支給、障害福祉サービスの提供又は費用の徴収に関する事務であって規則で定めるもの	地方税法（昭和25年法律第226号）その他の地方税に関する法律に基づく条例の規定により算定した税額又はその算定の基礎となる事項に関する情報（以下「地方税関係情報」という。）であって規則で定めるもの
			生活保護法による保護の実施若しくは就労自立給付金の支給に関する情報（以下「生活保護関係情報」という。）又は中国残留邦人等支援給付等の支給に関する情報（以下「中国残留邦人等支援給付等関係情報」という。）であって規則で定めるもの
			生活に困窮する外国人に対する生活保護の措置に関する情報であって規則で定めるもの
2	市長	予防接種法（昭和23年法律第68号）による給付の支給又は実費の徴収に関する事務であって規則で定めるもの	医療保険各法（健康保険法（大正11年法律第70号）、船員保険法（昭和14年法律第73号）、私立学校教職員共済法（昭和28年法律第245号）、国家公務員共済組合法（昭和33年法律第128号）、国民健康保険法（昭和33年法律第192号）又は地方公務員等共済組合法（昭和37年法律第152号）をいう。）又は高齢者の医療の確保に関する法律（昭和57年法律第80号）による医療に関する給付の支給又は保険料の徴収に関する情報（以下「医療保険給付関係情報」という。）であって規則で定めるもの
			生活保護関係情報であって規則で定めるもの

			身体障害者福祉法（昭和24年法律第283号）による身体障害者手帳、精神保健及び精神障害者福祉に関する法律（昭和25年法律第123号）による精神障害者保健福祉手帳又は知的障害者福祉法（昭和35年法律第37号）にいう知的障害者に関する情報（以下「障害者関係情報」という。）であって規則で定めるもの
			生活に困窮する外国人に対する生活保護の措置に関する情報であって規則で定めるもの
3	市長	地方税法その他の地方税に関する法律及びこれらの法律に基づく条例による地方税の賦課徴収に関する事務であって規則で定めるもの	介護保険法（平成9年法律第123号）による保険給付の支給、地域支援事業の実施又は保険料の徴収（以下「介護保険給付等関係情報」という。）であって規則で定めるもの
			障害者関係情報であって規則で定めるもの
4	市長	老人福祉法（昭和38年法律第133号）による福祉の措置又は費用の徴収に関する事務であって規則で定めるもの	地方税関係情報であって規則で定めるもの
			生活に困窮する外国人に対する生活保護の措置に関する情報であって規則で定めるもの
5	市長	母子保健法（昭和40年法律第141号）による費用の徴収に関する事務であって規則で定めるもの	地方税関係情報であって規則で定めるもの
			生活に困窮する外国人に対する生活保護の措置に関する情報であって規則で定めるもの
6	市長	高齢者の医療の確保に関する法律による後期高齢者医療給付の支給又は保険料の徴収に関する事務であって規則で定めるもの	地方税関係情報であって規則で定めるもの
			介護保険給付等関係情報であって規則で定めるもの
			生活保護関係情報又は中国残留邦人等支援給付等関係情報であって規則で定めるもの
			障害者関係情報であって規則で定めるもの
			生活に困窮する外国人に対する生活保護の措置に関する情報であって規則で定めるもの
7	市長	介護保険法による保険給付の支給、地域支援事業の実施又は保険料の徴収に関する事務であって規則で定めるもの	地方税関係情報であって規則で定めるもの
			障害者の日常生活及び社会生活を総合的に支援するための法律（平成17年法律第123号）による自立支援給付の支給に関する情報（以下「障害者自立支援給付関係情報」という。）であって規則で定めるもの
			生活保護関係情報又は中国残留邦人等支援給付等関係情報であって規則で定めるもの
			生活に困窮する外国人に対する生活保護の措置に関する情報であって規則で定めるもの
			身体障害者福祉法による入所の措置に関する情報であって規則で定めるもの
8	市長	健康増進法（平成14年法律第103号）による健康増進事業の実施に関する事務であって規則で定めるもの	地方税関係情報であって規則で定めるもの
			生活保護関係情報又は中国残留邦人等支援給付等関係情報であって規則で定めるもの
			生活に困窮する外国人に対する生活保護の措置に関する情報であって規則で定めるもの
9	市長	障害者の日常生活及び社会生活を総合的に支援するための法律による自立支援給付の支給又は地域生活支援事業の実施に関する事務であって規則で定めるもの	医療保険給付関係情報であって規則で定めるもの
			地方税関係情報であって規則で定めるもの
			介護保険給付等関係情報であって規則で定めるもの
			障害者自立支援給付関係情報であって規則で定めるもの
			生活保護関係情報又は中国残留邦人等支援給付等関係情報であって規則で定めるもの
			障害者関係情報であって規則で定めるもの

			生活に困窮する外国人に対する生活保護の措置に関する情報であって規則で定めるもの
10	市長	白河市ひとり親家庭医療費の助成に関する条例によるひとり親家庭の医療費の助成に関する事務であって規則で定めるもの	医療保険給付関係情報であって規則で定めるもの
			地方税関係情報であって規則で定めるもの
			生活保護関係情報又は中国残留邦人等支援給付等関係情報であって規則で定めるもの
			障害者関係情報であって規則で定めるもの
			児童扶養手当法（昭和36年法律第238号）による児童扶養手当の支給に関する情報であって規則で定めるもの
			国民年金法（昭和34年法律第141号）による障害基礎年金の支給に関する情報であって規則で定めるもの
			特別児童扶養手当等の支給に関する法律（昭和39年法律第134号）による特別児童扶養手当の支給に関する情報であって規則で定めるもの
			母子保健法による妊娠の届出に関する情報であって規則で定めるもの
			生活に困窮する外国人に対する生活保護の措置に関する情報であって規則で定めるもの
11	市長	白河市重度心身障害者医療費の給付に関する条例による重度心身障害者の医療費の給付に関する事務であって規則で定めるもの	地方税関係情報であって規則で定めるもの
			生活保護関係情報又は中国残留邦人等支援給付等関係情報であって規則で定めるもの
			生活に困窮する外国人に対する生活保護の措置に関する情報であって規則で定めるもの
12	市長	白河市こども医療費の助成に関する条例によるこどもの医療費の助成に関する事務であって規則で定めるもの	医療保険給付関係情報であって規則で定めるもの
			地方税関係情報であって規則で定めるもの
			生活保護関係情報又は中国残留邦人等支援給付等関係情報であって規則で定めるもの
			障害者関係情報であって規則で定めるもの
			児童扶養手当法による児童扶養手当の支給に関する情報であって規則で定めるもの
			国民年金法による障害基礎年金の支給に関する情報であって規則で定めるもの
			特別児童扶養手当等の支給に関する法律による特別児童扶養手当の支給に関する情報であって規則で定めるもの
			母子保健法による妊娠の届出に関する情報であって規則で定めるもの
			生活に困窮する外国人に対する生活保護の措置に関する情報であって規則で定めるもの
13	市長	生活保護法に準じて実施する生活に困窮する外国人に対する生活保護の措置に関する事務であって規則で定めるもの	地方税関係情報であって規則で定めるもの
			介護保険給付等関係情報であって規則で定めるもの
			障害者自立支援給付関係情報であって規則で定めるもの
			児童手当法（昭和46年法律第73号）による児童手当又は特例給付の支給に関する情報であって規則で定めるもの
			母子保健法による妊娠の届出に関する情報であって規則で定めるもの

別表第3（第5条関係）

機関	事務	情報提供機関	特定個人情報
1　市長	生活保護法による保護の決定及び実施、就労自立給付金の支給、保護に要する費用の返還又は徴収金の徴収に関する事務であって規則で定めるもの	教育委員会	学校保健安全法（昭和33年法律第56号）による医療に要する費用についての援助に関する情報であって規則で定めるもの
	生活保護法に準じて実施する生活に困窮する外国人に対する生活保護の措置に関する事務であって規則で定めるもの		
2　教育委員会	学校保健安全法による医療に要する費用についての援助に関する事務であって規則で定めるもの	市長	生活保護関係情報 生活に困窮する外国人に対する生活保護の措置に関する情報であって規則で定めるもの

白河市個人番号の利用及び特定個人情報の提供に関する条例施行規則

平成28年7月1日規則第33号

（趣旨）

第1条　この規則は、白河市個人番号の利用及び特定個人情報の提供に関する条例（平成27年白河市条例第43号。以下「条例」という。）の施行に関し必要な事項を定めるものとする。

（個人番号を独自利用する事務）

第2条　条例別表第1の1の項の規則で定める事務は、白河市ひとり親家庭医療費の助成に関する条例（平成17年白河市条例第88号）第4条第1項の規定によるひとり親家庭の医療費の助成に係る申請の受理、その申請に係る事実についての審査又はその申請に対する応答に関する事務

第3条　条例別表第1の2の項の規則で定める事務は、白河市重度心身障害者医療費の給付に関する条例（平成17年白河市条例第91号）第3条の規定による重度心身障害者の医療費の給付に係る申請の受理、その申請に係る事実についての審査又はその申請に対する応答に関する事務

第4条　条例別表第1の3の項の規則で定める事務は、白河市こども医療費の助成に関する条例（平成22年白河市条例第7号）第4条第1項の規定によるこどもの医療費の助成に係る申請の受理、その申請に係る事実についての審査又はその申請に対する応答に関する事務

第5条　条例別表第1の4の項の規則で定める事務は、次のとおりとする。

(1) 生活保護法（昭和25年法律第144号）第19条第1項の保護の実施に準じて行う生活に困窮する外国人に対する保護の実施に関する事務

(2) 生活保護法第24条第1項の保護の開始若しくは同条第9項の保護の変更に準じて行う生活に困窮する外国人に対する保護の開始若しくは保護の変更の申請の受理、その申請に係る事実についての審査又はその申請に対する応答に関する事務

(3) 生活保護法第25条第1項の職権による保護の開始又は同条第2項の職権による保護の変更に準じて行う生活に困窮する外国人に対する職権による保護の開始又は職権による保護の変更に関する事務

(4) 生活保護法第26条の保護の停止又は廃止に準じて行う生活に困窮する外国人に対する保護の停止又は廃止に関する事務

(5) 生活保護法第55条の4第1項の就労自立給付金の支給に準じて行う生活に困窮する外国人に対する就労自立給付金の支給の申請の受理、その申請に係る事実についての審査又はその申請に対する応答に関する事務

(6) 生活保護法第63条の保護に要する費用の返還に準じて行う生活に困窮する外国人に対する保護に要する費用の返還に関する事務

(7) 生活保護法第77条第1項又は第78条第1項若しくは第3項の徴収金の徴収（同法第78条の2第1項又は第2項の徴収金の徴収

を含む。）に準じて行う生活に困窮する外国人に対する徴収金の徴収に関する事務

（庁内連携の事務及び情報）

第6条　条例別表第2の1の項の規則で定める事務は、次の各号に掲げる事務とし、同項の規則で定める情報は、当該各号に掲げる事務の区分に応じ当該各号に定める情報とする。
(1) 児童福祉法（昭和22年法律第164号）第21条の5の3第1項の障害児通所給付費、同法第21条の5の4第1項の特例障害児通所給付費又は同法第21条の5の12第1項の高額障害児通所給付費の支給の申請に係る事実についての審査に関する事務　当該申請に係る障害児の保護者又は当該保護者と同一の世帯に属する者に係る生活保護法第19条第1項の保護の実施に準じて行う生活に困窮する外国人に対する保護の実施、同法第24条第1項の保護の開始若しくは同条第9項の保護の変更に準じて行う生活に困窮する外国人に対する保護の開始若しくは保護の変更、同法第25条第1項の職権による保護の開始若しくは同条第2項の職権による保護の変更に準じて行う生活に困窮する外国人に対する職権による保護の開始若しくは職権による保護の変更又は同法第26条の保護の停止若しくは廃止に準じて行う生活に困窮する外国人に対する保護の停止若しくは廃止に関する情報（以下「生活困窮外国人生活保護実施関係情報」という。）
(2) 児童福祉法第21条の5の8第2項の通所給付決定の変更に関する事務　当該変更に係る障害児の保護者又は当該保護者と同一の世帯に属する者に係る生活困窮外国人生活保護実施関係情報
(3) 児童福祉法第21条の5の28第1項の肢体不自由児通所医療費の支給の申請に係る事実についての審査に関する事務　次に掲げる情報
　ア　当該申請に係る障害児の扶養義務者に係る道府県民税（地方税法（昭和25年法律第226号）第4条第2項第1号に規定する道府県民税（個人に係るものに限る。）をいう。）又は市町村民税（同法第5条第2項第1号に掲げる市町村民税（個人に係るものに限る。）をいう。）に関する情報（以下「地方税関係情報」という。）
　イ　当該申請に係る障害児の扶養義務者に係る生活保護法第19条第1項の保護の実施、同法第24条第1項の保護の開始若しくは同条第9項の保護の変更、同法第25条第1項の職権による保護の開始若しくは同条第2項の職権による保護の変更又は同法第26条の保護の停止若しくは廃止に関する情報（以下「生活保護関係情報」という。）
　ウ　当該申請に係る障害児の扶養義務者に係る中国残留邦人等の円滑な帰国の促進並びに永住帰国した中国残留邦人等及び特定配偶者の自立の支援に関する法律（平成6年法律第30号）第14条第1項若しくは第3項の支援給付の支給の実施又は中国残留邦人等の円滑な帰国の促進及び永住帰国後の自立の支援に関する法律の一部を改正する法律（平成19年法律第127号）附則第4条第1項の支援給付の支給の実施に関する情報（以下「中国残留邦人等支援給付関係情報」という。）
(4) 児童福祉法第21条の6の障害福祉サービスの提供に関する事務　当該サービスが提供される障害児又は当該障害児の扶養義務者に係る生活困窮外国人生活保護実施関係情報

第7条　条例別表第2の2の項の規則で定める事務は、次の各号に掲げる事務とし、同項の規則で定める情報は、当該各号に掲げる事務の区分に応じ当該各号に定める情報とする。
(1) 予防接種法（昭和23年法律第68号）第16条第1項第4号又は第2項第4号の給付の支給に係る事実についての審査に関する事務　次に掲げる情報
　ア　当該給付の支給に係る当該対象者の扶養義務者に係る国民健康保険法（昭和33年法律第192号）第56条第1項の規定による他の法令による給付の支給に関する情報又は高齢者の医療の確保に関する法律（昭和57年法律第80号）第57条第1項の規定による他の法令による給付の支給に関する情報（以下「医療保険給付関係情報」という。）
　イ　当該給付の支給に係る当該対象者の扶養義務者に係る生活保護関係情報
　ウ　当該給付の支給に係る当該対象者の扶養義務者に係る生活困窮外国人生活保護実施

関係情報
(2) 予防接種法第28条の実費の徴収の決定に関する事務　当該決定に係る者に係る身体障害者福祉法（昭和24年法律第283号）第15条第1項の身体障害者手帳の交付、精神保健及び精神障害者福祉に関する法律（昭和25年法律第123号）第45条第1項の精神障害者保健福祉手帳の交付、知的障害者福祉法（昭和35年法律第37号）第9条第1項の知的障害者に関する情報（以下「障害者関係情報」という。）

第8条　条例別表第2の3の項の規則で定める事務は、次の各号に掲げる事務とし、同項の規則で定める情報は、当該各号に掲げる事務の区分に応じ当該各号に定める情報とする。
(1) 地方税法第34条第1項第6号及び第4項並びに第314条の2第1項第6号及び第4項の障害者控除の適用に関する事務　納税義務者又は当該納税義務者の配偶者若しくは扶養親族に係る介護保険法（平成9年法律第123号）第19条第1項の介護認定に関する情報
(2) 地方税法第454条の軽自動車税の減免に関する事務　納税義務者に係る障害者関係情報

第9条　条例別表第2の4の項の規則で定める事務は、次の各号に掲げる事務とし、同項の規則で定める情報は、当該各号に掲げる事務の区分に応じ当該各号に定める情報とする。
(1) 老人福祉法（昭和38年法律第133号）第10条の4の福祉の措置の実施に関する事務　次に掲げる情報
　ア　当該措置に係る者又は当該者の扶養義務者（以下この号及び第3号において「第1号被措置者等」という。）に係る地方税関係情報
　イ　第1号被措置者等に係る生活困窮外国人生活保護実施関係情報
(2) 老人福祉法第11条の福祉の措置の実施に関する事務　次に掲げる情報
　ア　当該措置に係る者又は当該者の扶養義務者（以下この号及び次号において「第2号被措置者等」という。）に係る地方税関係情報
　イ　第2号被措置者等に係る生活困窮外国人生活保護実施関係情報
(3) 老人福祉法第21条の費用の支弁に関する事務　次に掲げる情報
　ア　第1号被措置者等又は第2号被措置者等に係る地方税関係情報
　イ　第1号被措置者等又は第2号被措置者等に係る生活困窮外国人生活保護実施関係情報
(4) 老人福祉法第28条第1項の費用の徴収に関する事務　次に掲げる情報
　ア　老人福祉法第10条の4第1項又は第11条の福祉の措置に係る者若しくは当該者の扶養義務者に係る地方税関係情報
　イ　老人福祉法第10条の4第1項又は第11条の福祉の措置に係る者若しくは当該者の扶養義務者に係る生活困窮外国人生活保護実施関係情報

第10条　条例別表第2の5の項の規則で定める事務は、母子保健法（昭和40年法律第141号）第21条の4第1項の費用の徴収に関する事務とし、同表第2の5の項の規則で定める情報は、次に掲げる情報とする。
(1) 母子保健法第20条の措置に係る未熟児（以下この条において「被措置未熟児」という。）又は当該被措置未熟児の扶養義務者に係る地方税関係情報
(2) 被措置未熟児又は当該被措置未熟児の扶養義務者に係る生活困窮外国人生活保護実施関係情報

第11条　条例別表第2の6の項の規則で定める事務は、次の各号に掲げる事務とし、同項の規則で定める情報は、当該各号に掲げる事務の区分に応じ当該各号に定める情報とする。
(1) 高齢者の医療の確保に関する法律による被保険者に係る申請等（申請、届出又は申出をいう。以下この号において同じ。）の受理、その申請等に係る事実についての審査又はその申請等に対する応答に関する事務　次に掲げる情報
　ア　当該申請等に係る者又は当該者と同一の世帯に属する者に係る地方税関係情報
　イ　当該申請等に係る者又は当該者と同一の世帯に属する者に係る生活保護関係情報
　ウ　当該申請等に係る者又は当該者と同一の世帯に属する者に係る中国残留邦人等支援給付関係情報
　エ　当該申請等に係る者又は当該者と同一の

世帯に属する者に係る障害者関係情　報
　オ　当該申請等に係る者又は当該者と同一の世帯に属する者に係る生活困窮外国人生活保護実施関係情報
(2)　高齢者の医療の確保に関する法律による特別徴収の方法による保険料の徴収又は納入に関する事務　当該特別徴収に係る者に係る介護保険法第142条の保険料に関する情報
第12条　条例別表第２の７の項の規則で定める事務は、次の各号に掲げる事務とし、同項の規則で定める情報は、当該各号に掲げる事務の区分に応じ当該各号に定める情報とする。
(1)　介護保険法による被保険者証、負担割合証又は認定証に関する事務　次に掲げる情報
　ア　当該申請に係る者に係る中国残留邦人等支援給付関係情報
　イ　当該申請に係る者に係る生活困窮外国人生活保護実施関係情報
　ウ　身体障害者福祉法第18条第２項の規定による障害者の日常生活及び社会生活を総合的に支援するための法律（平成17年法律第123号）第５条第11項に規定する障害者支援施設（同法第５条第７項に規定する生活介護（以下この号において「生活介護」という。）を行うものに限る。）への入所に関する情報
　エ　障害者の日常生活及び社会生活を総合的に支援するための法律第29条第１項に規定する指定障害者支援施設への入所（同法第19条第１項の規定による支給決定（生活介護及び同法第５条第10項に規定する施設入所支援に係るものに限る。）を受けたものに限る。）に関する情報
(2)　低所得で特に生計が困難である者及び生活保護受給者に対して社会福祉法人が行う介護保険サービス利用者負担額の軽減制度に対する助成金の交付に関する事務　地方税関係情報
(3)　介護保険法第129条第２項の保険料の賦課に関する事務　地方税関係情報
第13条　条例別表第２の８の項の規則で定める事務は、健康増進法（平成14年法律第103号）第17条第１項又は第19条の２の健康増進事業の実施に関する事務とし、同表第２の８の項の規則で定める情報は、次に掲げる情報とする

(1)　当該事業の対象者に係る地方税関係情報
(2)　当該事業の対象者に係る生活保護関係情報
(3)　当該事業の対象者に係る中国残留邦人等支援給付関係情報
(4)　当該事業の対象者に係る生活困窮外国人生活保護実施関係情報
第14条　条例別表第２の９の項の規則で定める事務は、次の各号に掲げる事務とし、同項の規則で定める情報は、当該各号に掲げる事務の区分に応じ当該各号に定める情報とする。
(1)　障害者の日常生活及び社会生活を総合的に支援するための法律第６条の自立支援給付（自立支援医療費を除く。）の支給の申請に係る事実についての審査に関する事務　当該申請を行う障害者若しくは当該障害者と同一の世帯に属する者又は当該申請に係る障害児の保護者若しくは当該保護者と同一の世帯に属する者に係る生活困窮外国人生活保護実施関係情報
(2)　障害者の日常生活及び社会生活を総合的に支援するための法律第24条第２項の支給決定の変更に関する事務　当該変更に係る障害者若しくは当該障害者と同一の世帯に属する者又は障害児の保護者若しくは当該保護者と同一の世帯に属する者に係る生活困窮外国人生活保護実施関係情報
(3)　障害者の日常生活及び社会生活を総合的に支援するための法律第53条第１項の支給認定の申請に係る事実についての審査に関する事務　当該申請を行う障害者若しくは当該障害者と同一の世帯に属する者又は当該申請に係る障害児の保護者若しくは当該保護者と同一の世帯に属する者に係る生活困窮外国人生活保護実施関係情報
(4)　障害者の日常生活及び社会生活を総合的に支援するための法律第56条第２項の支給認定の変更に関する事務　当該変更に係る障害者若しくは当該障害者と同一の世帯に属する者又は障害児の保護者若しくは当該保護者と同一の世帯に属する者に係る生活困窮外国人生活保護実施関係情報
(5)　障害者の日常生活及び社会生活を総合的に支援するための法律第77条又は第78条の地域生活支援事業の実施に関する事務　次に掲げる情報

ア 当該地域生活支援事業の当該対象者に係る医療保険給付関係情報
イ 当該地域生活支援事業の当該対象者又は当該対象者と同一の世帯に属する者に係る地方税関係情報
ウ 当該地域生活支援事業の当該対象者に係る介護保険法第18条第1号の介護給付、同条第2号の予防給付又は同条第3号の市町村特別給付の支給に関する情報
エ 当該地域生活支援事業の当該対象者に係る障害者の日常生活及び社会生活を総合的に支援するための法律第6条の自立支援給付の支給に関する情報
オ 当該地域生活支援事業の当該対象者に係る生活保護関係情報
カ 当該地域生活支援事業の当該対象者に係る中国残留邦人等支援給付関係情報
キ 当該地域生活支援事業の当該対象者に係る身体障害者福祉法第15条第1項の身体障害者手帳の交付及びその障害の程度に関する情報
ク 当該地域生活支援事業の当該対象者に係る厚生労働大臣の定める療育手帳の交付及びその障害の程度に関する情報
ケ 当該地域生活支援事業の当該対象者に係る精神保健及び精神障害者福祉に関する法律第45条第1項の精神障害者保健福祉手帳の交付及びその障害の程度に関する情報
コ 当該地域生活支援事業の当該対象者に係る生活困窮外国人生活保護実施関係情報

第15条 条例別表第2の10の項の規則で定める事務は、白河市ひとり親家庭医療費の助成に関する条例第4条第1項の規定によるひとり親家庭の医療費の助成に係る申請の受理、その申請に係る事実についての審査又はその申請に対する応答に関する事務とし、同表第2の10の項の規則で定める情報は、次に掲げる情報とする。
(1) 当該申請を行う者に係る健康保険若しくは船員保険の被保険者若しくは被扶養者、私立学校教職員共済制度の加入者若しくは被扶養者、共済組合の組合員若しくは被扶養者、国民健康保険の被保険者又は後期高齢者医療の被保険者の資格に関する情報
(2) 当該申請を行う者に係る地方税関係情報
(3) 当該申請を行う者に係る生活保護関係情報
(4) 当該申請を行う者に係る中国残留邦人等支援給付関係情報
(5) 当該申請を行う者に係る障害者関係情報
(6) 当該申請を行う者に係る児童扶養手当法（昭和36年法律第238号）第4条第1項の児童扶養手当の支給に関する情報
(7) 当該申請を行う者に係る国民年金法（昭和34年法律第141号）第15条第2号の障害基礎年金の支給に関する情報
(8) 当該申請を行う者に係る特別児童扶養手当等の支給に関する法律（昭和39年法律第134号）第3条第1項の特別児童扶養手当の支給に関する情報
(9) 当該申請を行う者に係る母子保健法第15条の妊娠の届出に関する情報
(10) 当該申請を行う者に係る生活困窮外国人生活保護実施関係情報

第16条 条例別表第2の11の項の規則で定める事務は、白河市重度心身障害者医療費の給付に関する条例第3条の規定による重度心身障害者の医療費の給付に係る申請の受理、その申請に係る事実についての審査又はその申請に対する応答に関する事務とし、同表第2の11の項の規則で定める情報は、次に掲げる情報とする。
(1) 当該申請を行う者又は当該者の扶養義務者に係る地方税関係情報
(2) 当該申請を行う者又は当該者の扶養義務者に係る生活保護関係情報
(3) 当該申請を行う者又は当該者の扶養義務者に係る中国残留邦人等支援給付関係情報
(4) 当該申請を行う者又は当該者の扶養義務者に係る生活困窮外国人生活保護実施関係情報

第17条 条例別表第2の12の項の規則で定める事務は、白河市こども医療費の助成に関する条例第4条第1項の規定によるこどもの医療費の助成に係る申請の受理、その申請に係る事実についての審査又はその申請に対する応答に関する事務とし、同表第2の12の項の規則で定める情報は、次に掲げる情報とする。
(1) 当該申請を行う者に係る健康保険若しくは船員保険の被保険者若しくは被扶養者、私立学校教職員共済制度の加入者若しくは被扶養者、共済組合の組合員若しくは被扶養者、国民健康保険の被保険者又は後期高齢者医療の被保険者の資格に関する情報

(2) 当該申請を行う者に係る地方税関係情報
(3) 当該申請を行う者に係る生活保護関係情報
(4) 当該申請を行う者に係る中国残留邦人等支援給付関係情報
(5) 当該申請を行う者に係る障害者関係情報
(6) 当該申請を行う者に係る児童扶養手当法第4条第1項の児童扶養手当の支給に関する情報
(7) 当該申請を行う者に係る国民年金法第15条第2号の障害基礎年金の支給に関する情報
(8) 当該申請を行う者に係る特別児童扶養手当等の支給に関する法律第3条第1項の特別児童扶養手当の支給に関する情報
(9) 当該申請を行う者に係る母子保健法第15条の妊娠の届出に関する情報
(10) 当該申請を行う者に係る生活困窮外国人生活保護実施関係情報

第18条 条例別表第2の13の項の規則で定める事務は、次の各号に掲げる事務とし、同項の規則で定める情報は、当該各号に掲げる事務の区分に応じ当該各号に定める情報とする。
(1) 生活保護法第19条第1項の保護の実施に準じて行う生活に困窮する外国人に対する保護の実施に関する事務 次に掲げる情報
ア 生活保護法第6条第2項の要保護者又は同条第1項の被保護者であった者に準じた生活に困窮する外国人(以下この号において「要保護者等」という。)に係る地方税関係情報
イ 要保護者等に係る介護保険法第18条第1号の介護給付、同条第2号の予防給付又は同条第3号の市町村特別給付の支給に関する情報
ウ 要保護者等に係る障害者の日常生活及び社会生活を総合的に支援するための法律第6条の自立支援給付の支給に関する情報
エ 要保護者等に係る児童手当法(昭和46年法律第73号)第8条第1項(同法附則第2条第3項において準用する場合を含む。)の児童手当又は特例給付(同法附則第2条第1項の給付をいう。)の支給に関する情報
オ 要保護者等に係る母子保健法第20条第1項の養育医療の給付又は養育医療に要する費用の支給に関する情報

(2) 生活保護法第24条第1項の保護の開始若しくは同条第9項の保護の変更に準じて行う生活に困窮する外国人に対する保護の開始若しくは保護の変更の申請の受理、その申請に係る事実についての審査又はその申請に対する応答に関する事務 前号に掲げる情報
(3) 生活保護法第25条第1項の職権による保護の開始又は同条第2項の職権による保護の変更に準じて行う生活に困窮する外国人に対する職権による保護の開始又は職権による保護の変更に関する事務 第1号に掲げる情報
(4) 生活保護法第26条の保護の停止又は廃止に準じて行う生活に困窮する外国人に対する保護の停止又は廃止に関する事務 第1号に掲げる情報
(5) 生活保護法第55条の4第1項の就労自立給付金の支給に準じて行う生活に困窮する外国人に対する就労自立給付金の支給の申請の受理、その申請に係る事実についての審査又はその申請に対する応答に関する事務 第1号に掲げる情報
(6) 生活保護法第63条の保護に要する費用の返還に準じて行う生活に困窮する外国人に対する保護に要する費用の返還に関する事務 第1号に掲げる情報
(7) 生活保護法第77条第1項又は第78条第1項若しくは第3項の徴収金の徴収(同法第78条の2第1項又は第2項の徴収金の徴収を含む。)に準じて行う生活に困窮する外国人に対する徴収金の徴収に関する事務 第1号に掲げる情報

(特定個人情報の照会及び提供)
第19条 条例別表第3の1の項の規則で定める事務は、次の各号に掲げる事務とし、同項の規則で定める情報は、当該各号に掲げる事務の区分に応じ当該各号に定める情報とする。
(1) 生活保護法第19条第1項の保護の実施に関する事務又は当該事務に準じて行う生活に困窮する外国人に対する保護の実施に関する事務 当該保護の実施に係る者に係る学校保健安全法(昭和33年法律第56号)第24条の援助の実施に関する情報
(2) 生活保護法第24条第1項の保護の開始若しくは同条第9項の保護の変更の申請の受

理、その申請に係る事実についての審査又はその申請に対する応答に関する事務又は当該事務に準じて行う生活に困窮する外国人に対する保護の開始若しくは保護の変更の申請の受理、その申請に係る事実についての審査又はその申請に対する応答に関する事務　当該申請に係る者に係る学校保健安全法第24条の援助の実施に関する情報

(3) 生活保護法第25条第1項の職権による保護の開始若しくは同条第2項の職権による保護の変更に関する事務又は当該事務に準じて行う生活に困窮する外国人に対する職権による保護の開始又は職権による保護の変更に関する事務　当該職権による保護の開始又は職権による保護の変更に係る者に係る学校保健安全法第24条の援助の実施に関する情報

(4) 生活保護法第26条の保護の停止若しくは廃止に関する事務又は当該事務に準じて行う生活に困窮する外国人に対する保護の停止若しくは廃止に関する事務　当該保護の停止又は廃止に係る者に係る学校保健安全法第24条の援助の実施に関する情報

(5) 生活保護法第77条第1項又は第78条第1項若しくは第78条第3項の徴収金の徴収（同法第78条の2第1項又は第2項の徴収金の徴収を含む。）に関する事務又は当該事務に準じて行う生活に困窮する外国人に対する徴収金の徴収に関する事務　当該徴収金の徴収に係る者に係る学校保健安全法第24条の援助の実施に関する情報

第20条　条例別表第3の2の項の規則で定める事務は、学校保健安全法第24条の援助の実施に関する事務とし、同表第3の2の項の規則で定める情報は、次に掲げる情報とする。

(1) 当該援助の実施世帯に係る生活保護関係情報
(2) 当該援助の実施世帯に係る生活困窮外国人生活保護実施関係情報

　　附　則
この規則は、公布の日から施行する。

(南国市)
行政手続における特定の個人を識別するための番号の利用等に関する法律に基づく個人番号の利用及び特定個人情報の提供に関する条例

平成27年12月25日
条例第45号
改正　平成28年3月28日条例第4号
　　　平成28年6月27日条例第27号

(趣旨)
第1条　この条例は、行政手続における特定の個人を識別するための番号の利用等に関する法律（平成25年法律第27号。以下「法」という。）第9条第2項に基づく個人番号の利用及び法第19条第9号に基づく特定個人情報の提供に関し必要な事項を定めるものとする。

(定義)
第2条　この条例において、次の各号に掲げる用語の意義は、当該各号に定めるところによる。
(1) 個人情報　法第2条第3項に規定する個人情報をいう。
(2) 個人情報ファイル　法第2条第4項に規定する個人情報ファイルをいう。
(3) 個人番号　法第2条第5項に規定する個人番号をいう。
(4) 特定個人情報　法第2条第8項に規定する特定個人情報をいう。
(5) 特定個人情報ファイル　法第2条第9項に規定する特定個人情報ファイルをいう。
(6) 個人番号利用事務　法第2条第10項に規定する個人番号利用事務をいう。

(南国市の責務)
第3条　南国市は、個人番号の利用及び特定個人情報の提供に関し、その適正な取扱いを確保するために必要な措置を講ずるとともに、個人番号の提供に関し、国との連携を図りながら、自主的かつ主体的に、地域の特性に応じた施策を実施するものとする。

(個人番号の利用に係る事務)
第4条　法第9条第2項の条例で定める事務は、別表第1のとおりとし、同表の左欄に掲げる機関は、同表の右欄に掲げる事務の処理に関して保有する特定個人情報ファイルにおいて個人情報を効率的に検索し、及び管理するために必要

な限度で個人番号を利用することができる。
2 別表第2の左欄に掲げる機関は，同表の中欄に掲げる事務を処理するために必要な限度で，同表の右欄に掲げる特定個人情報であって当該機関が保有するものを利用することができる。
3 市長又は教育委員会は，法別表第2の第2欄に掲げる事務を処理するために必要な限度で同表の第4欄に掲げる特定個人情報であって自らが保有するものを利用することができる。
4 市長又は教育委員会は，南国市が実施するいずれかの個人番号利用事務の処理に関して保有する特定個人情報ファイルに記載し，又は記録された同市の送付物の送付先に関する特定個人情報を，当該いずれかの個人番号利用事務を処理するために必要な限度で利用することができる。
5 前2項の規定による特定個人情報の利用ができる場合において，他の条例，規則その他の規程の規定により当該特定個人情報と同一の内容の情報を含む書面の提供が義務付けられているときは，当該書面の提出があったものとみなす。
(特定個人情報の提供)

第5条 法第19条第9号の条例で定める特定個人情報を提供することができる場合は，別表第3の第1欄に掲げる機関が，同表の第3欄に掲げる機関に対し，同表の第2欄に掲げる事務を処理するために必要な同表の第4欄に掲げる特定個人情報の提供を求めた場合において，同表の第3欄に掲げる機関が当該特定個人情報を提供するときとする。
2 前項の規定による特定個人情報の提供があった場合において，他の条例，規則その他の規程の規定により当該特定個人情報と同一の内容の情報を含む書面の提供が義務付けられているときは，当該書面の提出があったものとみなす。
(規則への委任)
第6条 この条例の施行に関し必要な事項は，規則で定める。
　　　附　則
この条例は，平成28年1月1日から施行する。
　　　附　則（平成28年条例第4号）
この条例は，平成28年4月1日から施行する。
　　　附　則（平成28年条例第27号）
この条例は，公布の日から施行する。

別表第1（第4条関係）

実施機関		事務
1	市長	法別表第1の10の項に定める予防接種法（昭和23年法律第68号）による予防接種の実施，給付の支給又は実費の徴収に関する事務に準じて実施する予防接種に関する事務
2	市長	健康増進法（平成14年法律第103号）による健康増進事業に係る費用の徴収に関する事務であって規則で定めるもの
3	削除	
4	市長	南国市福祉医療費助成に関する条例（昭和49年南国市条例第36号）による医療費の助成に関する事務であって規則で定めるもの
5	市長	南国市母子及び父子家庭医療費の助成に関する条例（昭和51年南国市条例第24号）による医療費の助成に関する事務であって規則で定めるもの
6	市長	法別表第1の15の項に定める生活保護法（昭和25年法律第144号）による保護の決定及び実施，就労自立給付金の支給，保護に要する費用の返還又は徴収金の徴収に関する事務に準じて実施する外国人に対する生活保護措置に関する事務
6の2	市長	南国市家族介護用品支給事業実施要綱（平成12年南国市告示第39号）による南国市介護用品支給事業の実施に関する事務であって規則で定めるもの
6の3	市長	南国市通院支援サービス事業実施要綱（平成18年南国市告示第5号）による南国市通院支援サービス事業の実施に関する事務であって規則で定めるもの
6の4	市長	南国市緊急通報システム事業実施要綱（平成18年南国市告示第6号）による南国市緊急通報システム事業の実施に関する事務であって規則で定めるもの
6の5	市長	南国市高齢者福祉電話助成金交付要綱（平成19年南国市告示第19号）による高齢者福祉電話助成金の交付に関する事務であって規則で定めるもの
6の6	市長	南国市障害者施設入所者支援費支給要綱（平成24年南国市告示第71号）による南国市障害者施設入所者支援費の支給に関する事務であって規則で定めるもの
7	教育委員会	南国市就学援助規則（平成19年南国市教育委員会規則第9号）による就学の援助に関する事務であって規則で定めるもの

別表第2（第4条関係）

実施機関		事務	特定個人情報
1	市長	法別表第1の10の項に定める予防接種法による予防接種の実施，給付の支給又は実費の徴収に関する事務に準じて実施する予防接種に関する事務	住民基本台帳法（昭和42年法律第81号）第7条第4号に規定する事項（以下「住民票関係情報」という。）であって規則で定めるもの
2	市長	健康増進法による健康増進事業の実施に関する事務であって規則で定めるもの	生活保護法による保護の実施に関する情報（以下「生活保護実施情報」という。）若しくは外国人に対する生活保護措置の実施に関する情報（以下「外国人生活保護実施情報」という。）又は中国残留邦人等の円滑な帰国の促進並びに永住帰国した中国残留邦人等及び特定配偶者の自立の支援に関する法律（平成6年法律第30号）による支援給付又は配偶者支援金の支給に関する情報（以下「中国残留邦人等支援給付等関係情報」という。）であって規則で定めるもの
3	市長	健康増進法による健康増進事業に係る費用の徴収に関する事務であって規則で定めるもの	住民票関係情報，生活保護実施情報若しくは外国人生活保護実施情報又は中国残留邦人等支援給付等関係情報であって規則で定めるもの
4	市長	南国市福祉医療費助成に関する条例による医療費の助成に関する事務であって規則で定めるもの	地方税法（昭和25年法律第226号）その他の地方税に関する法律に基づく条例の規定により算定した税額若しくはその算定の基礎となる事項に関する情報（以下「地方税関係情報」という。），住民票関係情報，生活保護実施情報若しくは外国人生活保護実施情報，児童手当法（昭和46年法律第73号）による児童手当又は特例給付（同法附則第2条第1項に規定する給付をいう。）の支給に関する情報（以下「児童手当関係情報」という。）又は中国残留邦人等支援給付等関係情報であって規則で定めるもの
5	市長	南国市母子及び父子家庭医療費の助成に関する条例による医療費の助成に関する事務であって規則で定めるもの	地方税関係情報，住民票関係情報，児童手当関係情報，生活保護実施情報若しくは外国人生活保護実施情報，児童扶養手当法（昭和36年法律第238号）による児童扶養手当の支給に関する情報（以下「児童扶養手当関係情報」という。）又は中国残留邦人等支援給付等関係情報であって規則で定めるもの
5の2	市長	生活保護法による保護の決定及び実施，就労自立給付金の支給，保護に要する費用の返還又は徴収金の徴収に関する事務であって規則で定めるもの	地方税関係情報及び介護保険法（平成9年法律第123号）による保険給付の支給，地域支援事業の実施若しくは保険料の徴収に関する情報（以下「介護保険給付等関係情報」という。）であって規則で定めるもの

6	市長	法別表第1の15の項に定める生活保護法による保護の決定及び実施，就労自立給付金の支給，保護に要する費用の返還又は徴収金の徴収に関する事務に準じて実施する外国人に対する生活保護措置に関する事務		地方税関係情報，住民票関係情報，母子保健法（昭和40年法律第141号）による養育医療の給付若しくは養育医療に要する費用の支給に関する情報，児童手当関係情報，介護保険給付等関係情報，障害者の日常生活及び社会生活を総合的に支援するための法律（平成17年法律第123号）による自立支援給付の支給に関する情報，児童扶養手当関係情報，母子及び父子並びに寡婦福祉法（昭和39年法律第129号）による給付金，特別児童扶養手当等の支給に関する法律（昭和39年法律第134号）による障害児福祉手当若しくは特別障害者手当若しくは国民年金法の一部を改正する法律（昭和60年法律第34号）附則第97条第1項の福祉手当の支給に関する情報又は中国残留邦人等支援給付等関係情報であって規則で定めるもの
7	市長	国民年金法（昭和34年法律第141号）による年金である給付若しくは一時金の支給，保険料の納付に関する処分又は保険料その他徴収金の徴収に関する事務であって規則で定めるもの		地方税関係情報であって規則で定めるもの
8	市長	児童手当法による児童手当又は特例給付の支給に関する事務であって規則で定めるもの		国民健康保険法（昭和33年法律第192号）による医療に関する給付の支給又は保険料の徴収に関する情報（以下「国民健康保険関係情報」という。）であって規則で定めるもの
9	市長	障害者の日常生活及び社会生活を総合的に支援するための法律による自立支援給付の支給に関する事務であって規則で定めるもの		地方税関係情報，住民票関係情報，生活保護実施情報若しくは外国人生活保護実施情報，中国残留邦人等支援給付等関係情報又は国民健康保険関係情報であって規則で定めるもの
10	市長	南国市障害者施設入所者支援費支給要綱による南国市障害者施設入所者支援費の支給に関する事務であって規則で定めるもの		地方税関係情報であって規則で定めるもの

別表第3（第5条関係）

情報照会機関		事務	情報提供機関	特定個人情報
1	市長	生活保護法による保護の決定及び実施，就労自立給付金の支給，保護に要する費用の返還又は徴収金の徴収に関する事務であって規則で定めるもの	教育委員会	学校保健安全法（昭和33年法律第56号）による医療に要する費用についての援助に関する情報
2	市長	法別表第1の15の項に定める生活保護法による保護の決定及び実施，就労自立給付金の支給，保護に要する費用の返還又は徴収金の徴収に関する事務に準じて実施する外国人に対する生活保護措置に関する事務	教育委員会	学校保健安全法による医療に要する費用についての援助に関する情報
3	教育委員会	学校保健安全法による医療に要する費用についての援助に関する事務であって規則で定めるもの	市長	住民票関係情報であって規則で定めるもの
4	教育委員会	南国市就学援助規則による就学の援助に関する事務であって規則で定めるもの	市長	住民票関係情報又は生活保護関係情報

（南国市）
行政手続における特定の個人を識別するための番号の利用等に関する法律に基づく個人番号の利用及び特定個人情報の提供に関する条例施行規則

平成27年12月25日
規則第38号
改正　平成28年3月31日規則第23号
　　　平成28年6月27日規則第29号

（趣旨）
第1条　この規則は，行政手続における特定の個人を識別するための番号の利用等に関する法律に基づく個人番号の利用及び特定個人情報の提供に関する条例（平成27年南国市条例第45号。以下「条例」という。）の施行に関し必要な事項を定めるものとする。

（条例別表第1の規則で定める事務）
第2条　条例別表第1の2の項の規則で定める事務は，健康増進法（平成14年法律第103号）第19条の2の規定により実施するがん検診に係る費用の徴収に関する事務とする。

第3条　削除

第4条　条例別表第1の4の項の規則で定める事務は，南国市福祉医療費助成に関する条例（昭和49年南国市条例第36号）による医療費の助成の申請の受理，その申請に係る事実についての審査又はその申請に対する応答に関する事務とする。

第5条　条例別表第1の5の項の規則で定める事務は，南国市母子及び父子家庭医療費の助成に関する条例（昭和51年南国市条例第24号）による医療費の助成の申請の受理，その申請に係る事実についての審査又はその申請に対する応答に関する事務とする。

第5条の2　条例別表第1の6の2の項の規則で定める事務は，南国市家族介護用品支給事業実施要綱（平成12年南国市告示第39号）による介護用品の支給の申請の受理，その申請に係る事実についての審査又はその申請に対する応答に関する事務とする。

第5条の3　条例別表第1の6の3の項の規則で定める事務は，南国市通院支援サービス事業実施要綱（平成18年南国市告示第5号）による通院支援サービスの利用の申請の受理，その申請に係る事実についての審査又はその申請に対する応答に関する事務とする。

第5条の4　条例別表第1の6の4の項の規則で定める事務は，南国市緊急通報システム事業実施要綱（平成18年南国市告示第6号）による緊急通報装置の利用の申請の受理，その申請に係る事実についての審査又はその申請に対する応答に関する事務とする。

第5条の5　条例別表第1の6の5の項の規則で定める事務は，南国市高齢者福祉電話助成金交付要綱（平成19年南国市告示第19号）による高齢者福祉電話助成金の交付の申請の受理，その申請に係る事実についての審査又はその申請に対する応答に関する事務とする。

第5条の6　条例別表第1の6の6の項の規則で定める事務は，南国市障害者施設入所者支援費支給要綱（平成24年南国市告示第71号）による南国市障害者施設入所者支援費の支給の申請の受理，その申請に係る事実についての審査又はその申請に対する応答に関する事務とする。

第6条　条例別表第1の7の項の規則で定める事務は，南国市就学援助規則（平成19年南国市教育委員会規則第9号）による就学の援助の申請の受理，その申請に係る事実についての審査又はその申請に対する応答に関する事務とする。

（条例別表第2の規則で定める事務及び情報）
第7条　条例別表第2の1の項の規則で定める情報は，次のとおりとする。
(1)　当該予防接種の給付の支給の請求を行う者に係る住民票に記載された住民基本台帳法（昭和42年法律第81号）第7条第4号に規定する事項（以下「住民票関係情報」という。）
(2)　当該予防接種の実費の徴収の決定に係る者又は当該者と同一の世帯に属する者に係る住民票に記載された住民票関係情報

第8条　条例別表第2の2の項の規則で定める事務は，次の各号に掲げる事務とし，同項の規則で定める情報は，当該各号に掲げる事務の区分に応じ当該各号に定める情報とする。
(1)　健康増進法施行規則（平成15年厚生労働省令第86号）第4条の2第4号に規定する特定健康診査非対象者の認定に関する事務　当該認定に係る者に係る次に掲げる情報

ア 生活保護法（昭和25年法律第144号）第19条第1項の保護の実施，同法第24条第1項の保護の開始若しくは同条第9項の保護の変更，同法第25条第1項の職権による保護の開始若しくは同条第2項の職権による保護の変更若しくは同法第26条の保護の停止若しくは廃止に関する情報（以下「生活保護実施関係情報」という。）又は外国人に対する生活保護措置に係る保護の実施，保護の開始若しくは保護の変更，職権による保護の開始若しくは職権による保護の変更若しくは保護の停止若しくは廃止に関する情報（以下「外国人生活保護実施関係情報」という。）

イ 中国残留邦人等の円滑な帰国の促進並びに永住帰国した中国残留邦人等及び特定配偶者の自立の支援に関する法律（平成6年法律第30号）第14条第1項若しくは第3項の支援給付の支給の実施又は中国残留邦人等の円滑な帰国の促進及び永住帰国後の自立の支援に関する法律の一部を改正する法律（平成19年法律第127号）附則第4条第1項の支援給付の支給の実施に関する情報（以下「中国残留邦人等支援給付実施関係情報」という。）

(2) 健康増進法第19条の2の規定により実施する健康増進法施行規則第4条の2第6号のがん検診（以下「がん検診」という。）の対象となる者の認定に関する事務当該認定に係る者に係る前号に掲げる情報

第9条 条例別表第2の3の項の規則で定める事務は，がん検診に係る費用の徴収の決定に関する事務とし，同項の規則で定める情報は，次に掲げる情報とする。
(1) 当該決定に係る者に係る住民票に記載された住民票関係情報
(2) 当該決定に係る者に係る生活保護実施関係情報又は外国人生活保護実施関係情報
(3) 当該決定に係る者に係る中国残留邦人等支援給付実施関係情報

第10条 条例別表第2の4の項の規則で定める事務は，南国市福祉医療費助成に関する条例施行規則（昭和49年南国市規則第20号）第3条第1項に規定する助成の申請に係る事実についての審査に関する事務とし，同項の規則で定める情報は，次に掲げる情報とする。
(1) 当該申請を行う者又は当該者と同一の世帯に属する者に係る道府県民税（地方税法（昭和25年法律第226号）第4条第2項第1号に掲げる道府県民税（個人に係るものに限る。）をいい，都が同法第1条第2項の規定によって課する同号に掲げる税を含む。以下同じ。）又は市町村民税（同法第5条第2項第1号に掲げる市町村民税（個人に係るものに限る。）をいい，特別区が同法第1条第2項の規定によって課する同号に掲げる税を含む。以下同じ。）に関する情報
(2) 当該申請を行う者又は当該者と同一の世帯に属する者に係る住民票に記載された住民票関係情報
(3) 当該申請を行う者又は当該者と同一の世帯に属する者に係る生活保護実施関係情報又は外国人生活保護実施関係情報
(4) 当該申請を行う者に係る児童手当法（昭和46年法律第73号）第8条第1項（同法附則第2条第3項において準用する場合を含む。）の児童手当又は特例給付（同法附則第2条第1項の給付をいう。）の支給に関する情報（以下「児童手当関係情報」という。）
(5) 当該申請を行う者又は当該者と同一の世帯に属する者に係る中国残留邦人等支援給付実施関係情報

第11条 条例別表第2の5の項の規則で定める事務は，南国市母子及び父子家庭医療費の助成に関する条例施行規則（昭和51年南国市規則第9号）第4条第2項に規定する助成の申請に係る事実についての審査に関する事務とし，同項の規則で定める情報は，次に掲げる情報とする。
(1) 当該申請を行う者又は当該者と同一の世帯に属する者に係る道府県民税又は市町村民税に関する情報
(2) 当該申請を行う者又は当該者と同一の世帯に属する者に係る住民票に記載された住民票関係情報
(3) 当該申請を行う者に係る児童手当関係情報
(4) 当該申請を行う者又は当該者と同一の世帯に属する者に係る生活保護実施関係情報又は外国人生活保護実施関係情報
(5) 当該申請を行う者に係る児童扶養手当法（昭

和36年法律第238号）第4条第1項の児童扶養手当の支給に関する情報（以下「児童扶養手当関係情報」という。）
　(6) 当該申請を行う者又は当該者と同一の世帯に属する者に係る中国残留邦人等支援給付実施関係情報
第11条の2　条例別表第2の5の2の項の規則で定める事務は，次の各号に掲げる事務とし，同項の規則で定める情報は，当該各号に掲げる事務の区分に応じ当該各号に定める情報とする。
　(1) 生活保護法第19条第1項の保護の実施に関する事務　次に掲げる情報
　　ア　生活保護法第6条第2項の要保護者若しくは同条第1項の被保護者であった者（以下この号において「要保護者等」という。）に係る固定資産税（地方税法第5条第2項第2号に掲げる固定資産税をいう。以下同じ。）に関する情報
　　イ　要保護者等に係る軽自動車税（地方税法第5条第2項第3号に掲げる軽自動車税をいう。以下同じ。）に関する情報
　　ウ　要保護者等に係る介護保険料（介護保険法（平成9年法律第123号）第129条第1項に規定する保険料をいう。以下同じ。）に関する情報
　(2) 生活保護法第24条第1項の保護の開始又は同条第9項の保護の変更の申請に係る事実についての審査に関する事務　前号に掲げる情報
　(3) 生活保護法第25条第1項の職権による保護の開始又は同条第2項の職権による保護の変更に関する事務　第1号に掲げる情報
　(4) 生活保護法第26条の保護の停止又は廃止に関する事務　第1号に掲げる情報
　(5) 生活保護法第77条第1項又は第78条第1項から第3項までの徴収金の徴収（同法第78条の2第1項又は第2項の徴収金の徴収を含む。）に関する事務　第1号に掲げる情報
第12条　条例別表第2の6の項の規則で定める情報は，次の各号に掲げる事務の区分に応じ当該各号に定める情報とする。
　(1) 生活保護法第19条第1項の保護の実施に関する事務に準じて行うもの　次に掲げる情報
　　ア　生活保護法第6条第2項の要保護者に準じる者又は同条第1項の被保護者に準じる者であった者（以下この号において「要保護者等」という。）に係る道府県民税又は市町村民税に関する情報
　　イ　要保護者等に係る固定資産税に関する情報
　　ウ　要保護者等に係る軽自動車税に関する情報
　　エ　要保護者等に係る住民票に記載された住民票関係情報
　　オ　要保護者等に係る母子保健法（昭和40年法律第141号）第20条第1項の養育医療の給付又は養育医療に要する費用の支給に関する情報
　　カ　要保護者等に係る児童手当関係情報
　　キ　要保護者等に係る介護保険法第18条第1号の介護給付，同条第2号の予防給付又は同条第3号の市町村特別給付の支給に関する情報
　　ク　要保護者等に係る介護保険料に関する情報
　　ケ　要保護者等に係る障害者の日常生活及び社会生活を総合的に支援するための法律（平成17年法律第123号）第6条の自立支援給付の支給に関する情報
　　コ　要保護者等に係る児童扶養手当関係情報
　　サ　要保護者等に係る母子及び父子並びに寡婦福祉法（昭和39年法律第129号）第31条第1号（同法第31条の10において読み替えて準用する場合を含む。）の給付金の支給に関する情報
　　シ　要保護者等に係る特別児童扶養手当等の支給に関する法律（昭和39年法律第134号）第17条の障害児福祉手当，同法第26条の2の特別障害者手当又は国民年金法等の一部を改正する法律（昭和60年法律第34号）附則第97条第1項の福祉手当の支給に関する情報
　　ス　要保護者等に係る中国残留邦人等支援給付実施関係情報
　(2) 生活保護法第24条第1項の保護の開始又は同条第9項の保護の変更の申請に係る事実についての審査に関する事務に準じて行うもの　前号に掲げる情報

(3) 生活保護法第25条第1項の職権による保護の開始又は同条第2項の職権による保護の変更に関する事務に準じて行うもの　第1号に掲げる情報

(4) 生活保護法第26条の保護の停止又は廃止に関する事務に準じて行うもの　第1号に掲げる情報

(5) 生活保護法第77条第1項又は第78条第1項から第3項までの徴収金の徴収（同法第78条の2第1項又は第2項の徴収金の徴収を含む。）に関する事務に準じて行う事務　第1号に掲げる情報

第12条の2　条例別表第2の7の項の規則で定める事務は、国民年金法（昭和34年法律第141号）第90条第1項及び第3項（同法第90条の2第4項及び国民年金法等の一部を改正する法律（平成16年法律第104号。以下この条において「平成16年改正法」という。）附則第19条第3項において準用する場合を含む。）、第90条の2第1項から第3項まで、第90条の3第1項並びに平成16年改正法附則第19条第1項及び第2項に規定する申請の受理及びその申請に係る事実についての審査に関する事務とし、同項の規則で定める情報は、当該申請を行う者に係る道府県民税又は市町村民税に関する情報とする。

第12条の3　条例別表第2の8の項の規則で定める事務は、次の各号に掲げる事務とし、同項の規則で定める情報は、当該各号に掲げる事務の区分に応じ当該各号に定める情報とする。

(1) 児童手当法第7条第1項（同法第17条第1項（同法附則第2条第3項において準用する場合を含む。）及び同法附則第2条第3項において適用し、又は準用する場合を含む。）の児童手当又は特例給付（同法附則第2条第1項の給付をいう。）の受給資格及びその額についての認定の請求に係る事実についての審査に関する事務　当該請求に係る一般受給資格者（児童手当法第7条第1項の一般受給資格者をいう。次号において同じ。）に係る国民健康保険の被保険者の資格に関する情報

(2) 児童手当法第26条（同条第2項を除き、同法附則第2条第3項において準用する場合を含む。）の届出に係る事実についての審査に関する事務　当該届出に係る一般受給資格者に係る国民健康保険の被保険者の資格に関する情報

第12条の4　条例別表第2の9の項の規則で定める事務は、次の各号に掲げる事務とし、同項の規則で定める情報は、当該各号に掲げる事務の区分に応じ当該各号に定める情報とする。

(1) 障害者の日常生活及び社会生活を総合的に支援するための法律第6条の自立支援給付（自立支援医療費を除く。）の支給の申請に係る事実についての審査に関する事務　当該申請を行う障害者若しくは当該障害者と同一の世帯に属する者又は当該申請に係る障害児の保護者若しくは当該保護者と同一の世帯に属する者に係る外国人生活保護実施関係情報

(2) 障害者の日常生活及び社会生活を総合的に支援するための法律第24条第2項の支給決定の変更に関する事務　当該変更に係る障害者若しくは当該障害者と同一の世帯に属する者又は障害児の保護者若しくは当該保護者と同一の世帯に属する者に係る外国人生活保護実施関係情報

(3) 障害者の日常生活及び社会生活を総合的に支援するための法律第53条第1項の支給認定の申請に係る事実についての審査に関する事務　当該申請を行う障害者若しくは当該障害者と同一の世帯に属する者又は当該申請に係る障害児の保護者若しくは当該保護者と同一の世帯に属する者に係る次に掲げる情報
　ア　外国人生活保護実施関係情報
　イ　国民健康保険の被保険者の資格に関する情報

(4) 障害者の日常生活及び社会生活を総合的に支援するための法律第56条第2項の支給認定の変更に関する事務　当該変更に係る障害者若しくは当該障害者と同一の世帯に属する者又は障害児の保護者若しくは当該保護者と同一の世帯に属する者に係る前号に掲げる情報

(5) 障害者の日常生活及び社会生活を総合的に支援するための法律第77条の地域生活支援事業の申請に係る事実についての審査に関する事務　次に掲げる情報
　ア　当該申請を行う障害者若しくは当該障害者と同一の世帯に属する者又は当該申請に係る障害児の保護者若しくは当該保護者と

同一の世帯に属する者に係る生活保護実施関係情報又は外国人生活保護実施関係情報
　　イ　当該申請を行う障害者若しくは当該障害者と同一の世帯に属する者又は当該申請に係る障害児の保護者若しくは当該保護者と同一の世帯に属する者に係る中国残留邦人等支援給付実施関係情報
　　ウ　当該申請を行う障害者若しくは当該障害者の配偶者又は当該申請に係る障害児の保護者若しくは当該保護者と同一の世帯に属する者に係る市町村民税に関する情報
　　エ　当該申請を行う障害者若しくは当該障害者と同一の世帯に属する者又は当該申請に係る障害児の保護者若しくは当該保護者と同一の世帯に属する者に係る住民票に記載された住民票関係情報
第12条の5　条例別表第2の10の項の規則で定める事務は，南国市障害者施設入所者支援費の支給の申請に係る事実についての審査に関する事務とし，同項の規則で定める情報は，当該申請に係る障害者若しくは当該障害者と同一の世帯に属する者又は当該申請に係る障害者若しくは障害児の保護者若しくは当該保護者と同一の世帯に属する者に係る市町村民税に関する情報

（条例別表第3の規則で定める事務及び情報）

第13条　条例別表第3の1の項の規則で定める事務は，次の各号に掲げる事務とし，同項の規則で定める情報は，当該各号に掲げる事務の区分に応じ当該各号に定める情報とする。
　(1)　生活保護法第19条第1項の保護の実施に関する事務　生活保護法第6条第2項の要保護者又は同条第1項の被保護者であった者に係る学校保健安全法（昭和33年法律第56号）第24条の援助の実施に関する情報
　(2)　生活保護法第24条第1項の保護の開始又は同条第9項の保護の変更の申請に係る事実についての審査に関する事務　前号に掲げる情報
　(3)　生活保護法第25条第1項の職権による保護の開始又は同条第2項の職権による保護の変更に関する事務　第1号に掲げる情報
　(4)　生活保護法第26条の保護の停止又は廃止に関する事務　第1号に掲げる情報
　(5)　生活保護法第77条第1項又は第78条第1項から第3項までの徴収金の徴収（同法第78条の2第1項又は第2項の徴収金の徴収を含む。）に関する事務　第1号に掲げる情報

第14条　条例別表第3の2の項の規則で定める情報は，次の各号に掲げる事務の区分に応じ当該各号に定める情報とする。
　(1)　生活保護法第19条第1項の保護の実施に関する事務に準じて行うもの　生活保護法第6条第2項の要保護者に準じる者又は同条第1項の被保護者に準じる者であった者に係る学校保健安全法第24条の援助の実施に関する情報
　(2)　生活保護法第24条第1項の保護の開始又は同条第9項の保護の変更の申請に係る事実についての審査に関する事務に準じて行うもの　前号に掲げる情報
　(3)　生活保護法第25条第1項の職権による保護の開始又は同条第2項の職権による保護の変更に関する事務に準じて行うもの　第1号に掲げる情報
　(4)　生活保護法第26条の保護の停止又は廃止に関する事務に準じて行うもの　第1号に掲げる情報
　(5)　生活保護法第77条第1項又は第78条第1項から第3項までの徴収金の徴収（同法第78条の2第1項又は第2項の徴収金の徴収を含む。）に関する事務に準じて行うもの　第1号に掲げる情報

第15条　条例別表第3の3の項の規則で定める事務は，学校保健安全法第24条の援助の対象となる者の認定に関する事務とし，同項の規則で定める情報は，学校保健安全法第24条の保護者又は当該保護者と同一の世帯に属する者に係る住民票に記載された住民票関係情報とする。

第16条　条例別表第3の4の項の規則で定める事務は，南国市就学援助規則第3条第1項に規定する就学の援助の申請に係る事実についての審査に関する事務とし，同項の規則で定める情報は，次に掲げる情報とする。
　(1)　当該申請に係る児童の保護者又は当該保護者と同一の世帯に属する者に係る住民票に記載された住民票関係情報
　(2)　当該申請に係る児童の保護者又は当該保護者と同一の世帯に属する者に係る生活保護実

施関係情報
　　　附　則
この規則は，平成28年1月1日から施行する。
　　　附　則（平成28年規則第23号）

この規則は，平成28年4月1日から施行する。
　　　附　則（平成28年規則第29号）
この規則は，公布の日から施行する。

つくば市個人番号の利用及び特定個人情報の提供に関する条例

　　　　　　　　　　　　平成27年12月21日
　　　　　　　　　　　　　　　条例第48号
改正　平成28年3月24日条例第2号
　　　平成28年9月27日条例第45号

（趣旨）
第1条　この条例は，行政手続における特定の個人を識別するための番号の利用等に関する法律（平成25年法律第27号。以下「法」という。）第9条第2項の規定に基づく個人番号の利用及び第19条第10号の規定に基づく特定個人情報の提供に関し必要な事項を定めるものとする。
（定義）
第2条　この条例において，次の各号に掲げる用語の意義は，当該各号に定めるところによる。
　(1)　個人情報　法第2条第3項に規定する個人情報をいう。
　(2)　個人番号　法第2条第5項に規定する個人番号をいう。
　(3)　特定個人情報　法第2条第8項に規定する特定個人情報をいう。
　(4)　特定個人情報ファイル　法第2条第9項に規定する特定個人情報ファイルをいう。
　(5)　個人番号利用事務実施者　法第2条第12項に規定する個人番号利用事務実施者をいう。
（個人番号の独自利用）
第3条　別表第1の左欄に掲げる機関（法令の規定により同表の右欄に掲げる事務の全部又は一部を行うこととされている者がある場合にあっては，その者を含む。）は，同表の右欄に掲げる事務の処理に関して保有する特定個人情報ファイルにおいて個人情報を効率的に検索し，及び管理するために必要な限度で個人番号を利用することができる。当該事務の全部又は一部の委託を受けた者も，同様とする。

（法別表第2の事務処理のための庁内連携）
第4条　市長又は教育委員会（法令の規定により法別表第2の第2欄に掲げる事務の全部又は一部を行うこととされている者がある場合にあっては，その者を含む。）は，同表の第2欄に掲げる事務を処理するために必要な限度で，同表の第4欄に掲げる特定個人情報であって当該機関が保有するものを利用することができる。
（独自利用事務等の処理のための庁内連携）
第5条　別表第2の左欄に掲げる機関（法令の規定により同表の中欄に掲げる事務の全部又は一部を行うこととされている者がある場合にあっては，その者を含む。）は，同表の中欄に掲げる事務を処理するために必要な限度で，同表の右欄に掲げる特定個人情報であって当該機関が保有するものを利用することができる。
（特定個人情報の提供）
第6条　法第19条第10号の規定により特定個人情報を提供することができる場合は，別表第3の第1欄に掲げる機関（法令の規定により同表の第2欄に掲げる事務の全部又は一部を行うこととされている者がいる場合にあっては，その者を含む。）が，同表の第3欄に掲げる機関（法令の規定により同表の第4欄に掲げる特定個人情報の利用又は提供に関する事務の全部又は一部を行うこととされている者がある場合にあっては，その者を含む。以下「情報提供者」という。）に対し，同表の第2欄に掲げる事務を処理するために必要な同表の第4欄に掲げる特定個人情報の提供を求めた場合において，情報提供者が当該特定個人情報を提供するときとする。
（書面の提出に関する特例）
第7条　第4条若しくは第5条の規定により特定個人情報を利用する場合又は前条の規定による特定個人情報の提供があった場合において，他の条例，規則その他の規程の規定により当該特定個人情報と同一の内容の情報を含む書面の提出が義務付けられているときは，当該書面の提

出があったものとみなす。

(委任)
第8条 この条例の施行に関し必要な事項は、規則で定める。

　　附　則
(施行期日)
1　この条例は、平成28年1月1日から施行する。
(経過措置)
2　法附則第1条第5号に掲げる規定の施行の日の前日までの間における第1条及び第6条の規定の適用については、これらの規定中「第19条第10号」とあるのは、「第19条第9号」とする。

　　附　則（平成28年条例第2号）
この条例は、公布の日から施行する。

　　附　則（平成28年条例第45号）
この条例は、公布の日から施行する。

別表第1（第3条関係）

	機関	事務
1	市長	つくば市医療福祉費支給条例（昭和62年つくば市条例第31号）による医療福祉費の支給に関する事務であって規則で定めるもの
2	市長	つくば市立児童館条例（平成13年つくば市条例第9号）による使用料の減免に関する事務であって規則で定めるもの
3	市長	生活に困窮する外国人に対する生活保護の措置に関する事務であって規則で定めるもの
4	市長	つくば市放課後児童健全育成事業を利用する児童の保護者で所得の少ないものに対する助成金の支給に関する事務であって規則で定めるもの
5	市長	社会福祉法人による介護保険サービス利用者負担額軽減制度に係る助成金の交付に関する事務であって規則で定めるもの

別表第2（第5条関係）

	機関	事務	特定個人情報
1	市長	児童福祉法（昭和22年法律第164号）による障害児通所給付費、特例障害児通所給付費、高額障害児通所給付費、肢体不自由児通所医療費、障害児相談支援給付費若しくは特例障害児相談支援給付費の支給、障害福祉サービスの提供又は費用の徴収に関する事務であって規則で定めるもの	生活に困窮する外国人に対する生活保護の措置に関する情報であって規則で定めるもの
2	市長	身体障害者福祉法（昭和24年法律第283号）による費用の徴収に関する事務であって規則で定めるもの	地方税法（昭和25年法律第226号）その他の地方税に関する法律に基づく条例の規定により算定した税額又はその算定の基礎となる事項に関する情報（以下「地方税関係情報」という。）であって規則で定めるもの
			生活に困窮する外国人に対する生活保護の措置に関する情報であって規則で定めるもの
3	市長	生活保護法（昭和25年法律第144号）による保護の決定及び実施、就労自立給付金の支給、保護に要する費用の返還又は徴収金の徴収に関する事務であって規則で定めるもの	地方税関係情報であって規則で定めるもの
			介護保険法（平成9年法律第123号）による保険給付の支給、地域支援事業の実施又は保険料の徴収に関する情報（以下「介護保険給付等関係情報」という。）であって規則で定めるもの
4	市長	地方税その他の地方税に関する法律及びこれらの法律に基づく条例による地方税の賦課徴収に関する事務であって規則で定めるもの	生活保護法による保護の実施若しくは就労自立給付金の支給に関する情報（以下「生活保護関係情報」という。）又は中国残留邦人等支援給付等の支給に関する情報（以下「中国残留邦人等支援給付等関係情報」という。）であって規則で定めるもの

4	市長		医療保険各法（健康保険法（大正11年法律第70号），船員保険法（昭和14年法律第73号），私立学校教職員共済法（昭和28年法律第245号），国家公務員共済組合法（昭和33年法律第128号），国民健康保険法（昭和33年法律第192号）又は地方公務員等共済組合法（昭和37年法律第152号）をいう。）又は高齢者の医療の確保に関する法律（昭和57年法律第80号）による医療に関する給付の支給又は保険料の徴収に関する情報（以下「医療保険給付関係情報」という。）であって規則で定めるもの
			介護保険給付等関係情報であって規則で定めるもの
			生活に困窮する外国人に対する生活保護の措置に関する情報であって規則で定めるもの
5	市長	国民健康保険法による保険給付の支給，保険料の徴収又は保健事業の実施に関する事務であって規則で定めるもの	介護保険給付等関係情報であって規則で定めるもの
6	市長	国民年金法（昭和34年法律第141号）による年金である給付若しくは一時金の支給，保険料その他徴収金の徴収，基金の設立の認可又は加入員の資格の取得及び喪失に関する事項の届出に関する事務であって規則で定めるもの	生活保護関係情報又は中国残留邦人等支援給付等関係情報であって規則で定めるもの
			地方税関係情報であって規則で定めるもの
			生活に困窮する外国人に対する生活保護の措置に関する情報であって規則で定めるもの
7	市長	知的障害者福祉法（昭和35年法律第37号）による費用の徴収に関する事務であって規則で定めるもの	地方税関係情報であって規則で定めるもの
			生活に困窮する外国人に対する生活保護の措置に関する情報であって規則で定めるもの
8	市長	老人福祉法（昭和38年法律第133号）による福祉の措置又は費用の徴収に関する事務であって規則で定めるもの	地方税関係情報であって規則で定めるもの
			中国残留邦人等支援給付等関係情報であって規則で定めるもの
			生活に困窮する外国人に対する生活保護の措置に関する情報であって規則で定めるもの
9	市長	特別児童扶養手当等の支給に関する法律（昭和39年法律第134号）による障害児福祉手当若しくは特別障害者手当又は国民年金法等の一部を改正する法律（昭和60年法律第34号）附則第97条第1項の福祉手当の支給に関する事務であって規則で定めるもの	身体障害者福祉法による身体障害者手帳，精神保健及び精神障害者福祉に関する法律（昭和25年法律第123号）による精神障害者保健福祉手帳又は知的障害者福祉法にいう知的障害者に関する情報（以下「障害者関係情報」という。）であって規則で定めるもの
10	市長	母子保健法（昭和40年法律第141号）による費用の徴収に関する事務であって規則で定めるもの	地方税関係情報であって規則で定めるもの
			生活に困窮する外国人に対する生活保護の措置に関する情報であって規則で定めるもの
11	市長	高齢者の医療の確保に関する法律による後期高齢者医療給付の支給又は保険料の徴収に関する事務であって規則で定めるもの	生活保護関係情報又は中国残留邦人等支援給付等関係情報であって規則で定めるもの
			生活に困窮する外国人に対する生活保護の措置に関する情報であって規則で定めるもの
			介護保険給付等関係情報であって規則で定めるもの
12	市長	中国残留邦人等の円滑な帰国の促進並びに永住帰国した中国残留邦人等及び特定配偶者の自立の支援に関する法律（平成6年法律第30号）による支援給付又は配偶者支援金の支給に関する事務であって規則で定めるもの	地方税関係情報であって規則で定めるもの
			介護保険給付等関係情報であって規則で定めるもの

13	市長	介護保険法による保険給付の支給，地域支援事業の実施又は保険料の徴収に関する事務であって規則で定めるもの	身体障害者福祉法による入所の措置に関する情報であって規則で定めるもの
			地方税関係情報であって規則で定めるもの
			障害者の日常生活及び社会生活を総合的に支援するための法律（平成17年法律第123号）による自立支援給付の支給に関する情報（以下「障害者自立支援給付関係情報」という。）であって規則で定めるもの
14	市長	健康増進法（平成14年法律第103号）による健康増進事業の実施に関する事務であって規則で定めるもの	地方税関係情報であって規則で定めるもの
15	市長	障害者の日常生活及び社会生活を総合的に支援するための法律による自立支援給付の支給又は地域生活支援事業の実施に関する事務であって規則で定めるもの	地方税関係情報であって規則で定めるもの
			生活保護関係情報又は中国残留邦人等支援給付等関係情報であって規則で定めるもの
			医療保険給付関係情報であって規則で定めるもの
			介護保険給付等関係情報であって規則で定めるもの
			障害者自立支援給付関係情報であって規則で定めるもの
			障害者関係情報であって規則で定めるもの
			生活に困窮する外国人に対する生活保護の措置に関する情報であって規則で定めるもの
16	市長又は教育委員会	子ども・子育て支援法（平成24年法律第65号）による子どものための教育・保育給付の支給又は地域子ども・子育て支援事業の実施に関する事務であって規則で定めるもの	児童福祉法による障害児通所支援に関する情報であって規則で定めるもの
			障害者関係情報であって規則で定めるもの
			生活保護関係情報又は中国残留邦人等支援給付等関係情報であって規則で定めるもの
			地方税関係情報であって規則で定めるもの
			児童扶養手当法（昭和36年法律第238号）による児童扶養手当の支給に関する情報（以下「児童扶養手当関係情報」という。）であって規則で定めるもの
			特別児童扶養手当等の支給に関する法律による特別児童扶養手当の支給に関する情報（以下「特別児童扶養手当関係情報」という。）であって規則で定めるもの
			障害者自立支援給付関係情報であって規則で定めるもの
			生活に困窮する外国人に対する生活保護の措置に関する情報であって規則で定めるもの
17	市長	つくば市医療福祉費支給条例による医療福祉費の支給に関する事務であって規則で定めるもの	地方税関係情報であって規則で定めるもの
			医療保険給付関係情報であって規則で定めるもの
			母子保健法による妊娠の届出に関する情報であって規則で定めるもの
			児童扶養手当関係情報であって規則で定めるもの
			障害者関係情報であって規則で定めるもの
			国民年金法による障害基礎年金の支給に関する情報であって規則で定めるもの
			特別児童扶養手当関係情報であって規則で定めるもの
			生活保護関係情報又は中国残留邦人等支援給付等関係情報であって規則で定めるもの

			生活に困窮する外国人に対する生活保護の措置に関する情報であって規則で定めるもの
18	市長	つくば市立児童館条例による使用料の減免に関する事務であって規則で定めるもの	生活保護関係情報又は中国残留邦人等支援給付等関係情報であって規則で定めるもの
			地方税関係情報であって規則で定めるもの
			生活に困窮する外国人に対する生活保護の措置に関する情報であって規則で定めるもの
19	市長	生活に困窮する外国人に対する生活保護の措置に関する事務であって規則で定めるもの	地方税関係情報であって規則で定めるもの
			母子保健法による養育医療の給付又は養育医療に要する費用の支給に関する情報であって規則で定めるもの
			児童手当法（昭和46年法律第73号）による児童手当又は特例給付の支給に関する情報であって規則で定めるもの
			介護保険給付等関係情報であって規則で定めるもの
			障害者自立支援給付関係情報であって規則で定めるもの
20	市長	つくば市放課後児童健全育成事業を利用する児童の保護者で所得の少ないものに対する助成金の支給に関する事務であって規則で定めるもの	生活保護関係情報又は中国残留邦人等支援給付等関係情報であって規則で定めるもの
			地方税関係情報であって規則で定めるもの
			生活に困窮する外国人に対する生活保護の措置に関する情報であって規則で定めるもの
21	市長	社会福祉法人による介護保険サービス利用者負担額軽減制度に係る助成金の交付に関する事務であって規則で定めるもの	生活保護関係情報又は中国残留邦人等支援給付等関係情報であって規則で定めるもの
			地方税関係情報であって規則で定めるもの
			生活に困窮する外国人に対する生活保護の措置に関する情報であって規則で定めるもの

別表第3（第6条関係）

情報照会機関	事務	情報提供機関	特定個人情報
市長	生活に困窮する外国人に対する生活保護の措置に関する事務であって規則で定めるもの	教育委員会	学校保健安全法（昭和33年法律第56号）による医療に要する費用についての援助に関する情報であって規則で定めるもの
教育委員会	子ども・子育て支援法による子どものための教育・保育給付の支給又は地域子ども・子育て支援事業の実施に関する事務であって規則で定めるもの	市長	児童福祉法による障害児通所支援に関する情報であって規則で定めるもの
			障害者関係情報であって規則で定めるもの
			生活保護関係情報又は中国残留邦人等支援給付等関係情報であって規則で定めるもの
			地方税関係情報であって規則で定めるもの
			児童扶養手当関係情報であって規則で定めるもの
			国民年金法による障害基礎年金の支給に関する情報であって規則で定めるもの
			特別児童扶養手当関係情報であって規則で定めるもの
			障害者自立支援給付関係情報であって規則で定めるもの
			生活に困窮する外国人に対する生活保護の措置に関する情報であって規則で定めるもの

つくば市個人番号の利用及び特定個人情報の提供に関する条例施行規則

平成27年12月28日
規則第70号

(趣旨)
第1条 この規則は，つくば市個人番号の利用及び特定個人情報の提供に関する条例（平成27年つくば市条例第48号。以下「条例」という。）の施行に関し必要な事項を定めるものとする。

(独自利用の事務)
第2条 条例別表第1の1の項の規則で定める事務は，次のとおりとする。
(1) つくば市医療福祉費支給条例（昭和62年つくば市条例第31号）第4条の医療福祉費の支給に係る申請の受理，その申請に係る事実についての審査又はその申請に対する応答に関する事務
(2) つくば市医療福祉費支給条例第6条の届出の受理，その届出に係る事実についての審査又はその届出に対する応答に関する事務

第2条の2 条例別表第1の2の項の規則で定める事務は，つくば市立児童館条例（平成13年つくば市条例第9号）第16条の使用料の減免に係る申請の受理，その申請に係る事実についての審査又はその申請に対する応答に関する事務とする。

第3条 条例別表第1の3の項の規則で定める事務は，次のとおりとする。
(1) 生活保護法（昭和25年法律第144号）第19条第1項の保護の実施に準じて行う生活に困窮する外国人に対する保護の実施に関する事務
(2) 生活保護法第24条第1項の保護の開始若しくは同条第9項の保護の変更に準じて行う生活に困窮する外国人に対する保護の開始若しくは保護の変更の申請の受理，その申請に係る事実についての審査又はその申請に対する応答に関する事務
(3) 生活保護法第25条第1項の職権による保護の開始又は同条第2項の職権による保護の変更に準じて行う生活に困窮する外国人に対する保護の開始又は職権による保護の変更に関する事務
(4) 生活保護法第26条の保護の停止又は廃止に準じて行う生活に困窮する外国人に対する保護の停止又は廃止に関する事務
(5) 生活保護法第55条の4第1項の就労自立給付金の支給に準じて行う生活に困窮する外国人に対する就労自立給付金の支給の申請の受理，その申請に係る事実についての審査又はその申請に対する応答に関する事務
(6) 生活保護法第63条の保護に要する費用の返還に準じて行う生活に困窮する外国人に対する保護に要する費用の返還に関する事務
(7) 生活保護法第77条第1項又は第78条第1項から第3項までの徴収金の徴収（同法第78条の2第1項又は第2項の徴収金の徴収を含む。）に準じて行う生活に困窮する外国人に対する徴収金の徴収に関する事務

第3条の2 条例別表第1の4の項の規則で定める事務は，つくば市放課後児童健全育成事業利用費助成金支給規則（平成27年つくば市規則第42号）第3条のつくば市放課後児童健全育成事業利用費助成金の支給に係る申請の受理，その申請に係る事実についての審査又はその申請に対する応答に関する事務とする。

第3条の3 条例別表第1の5の項の規則で定める事務は，社会福祉法人による介護保険サービス利用者負担額軽減制度の軽減対象者の確認に係る申請の受理，その申請に係る事実についての審査又はその申請に対する応答に関する事務とする。

(庁内連携の事務及び情報)
第4条 条例別表第2の1の項の規則で定める事務は，次の各号に掲げる事務とし，同項の規則で定める情報は，当該各号に掲げる事務の区分に応じ当該各号に定める情報とする。
(1) 児童福祉法（昭和22年法律第164号）第21条の5の3第1項の障害児通所給付費，同法第21条の5の4第1項の特例障害児通所給付費又は同法第21条の5の12第1項の高額障害児通所給付費の支給の申請に係る事実についての審査に関する事務 当該申請に係る障害児の保護者又は当該保護者と同一の世帯に属する者に係る生活保護法第19条第1項の保護の実施に準じて行う生活に困窮する外国人に対する保護の実施，同法第24条第1項の保護の開始若しくは同条第9項の保

護の変更に準じて行う生活に困窮する外国人に対する保護の開始若しくは保護の変更，同法第25条第1項の職権による保護の開始若しくは同条第2項の職権による保護の変更に準じて行う生活に困窮する外国人に対する職権による保護の開始若しくは職権による保護の変更又は同法第26条の保護の停止若しくは廃止に準じて行う生活に困窮する外国人に対する保護の停止若しくは廃止に関する情報（以下「生活困窮外国人生活保護実施関係情報」という。）

(2) 児童福祉法第21条の5の8第2項の通所給付決定の変更に関する事務　当該変更に係る障害児の保護者又は当該保護者と同一の世帯に属する者に係る生活困窮外国人生活保護実施関係情報

(3) 児童福祉法第21条の6の障害福祉サービスの提供に関する事務　当該サービスが提供される障害児又は当該障害児の扶養義務者に係る生活困窮外国人生活保護実施関係情報

第5条　条例別表第2の2の項の規則で定める事務は，身体障害者福祉法（昭和24年法律第283号）第38条第1項の費用の徴収に関する事務とし，同表の2の項の規則で定める情報は，次に掲げる情報とする。

(1) 当該費用の徴収に係る身体障害者又は当該身体障害者の扶養義務者に係る道府県民税（地方税法（昭和25年法律第226号）第4条第2項第1号に掲げる道府県民税（個人に係るものに限る。）をいう。以下同じ。）又は市町村民税（同法第5条第2項第1号に掲げる市町村民税(個人に係るものに限る。)をいう。以下同じ。）に関する情報

(2) 当該費用の徴収に係る身体障害者又は当該身体障害者の扶養義務者に係る生活困窮外国人生活保護実施関係情報

第6条　条例別表第2の3の項の規則で定める事務は，次の各号に掲げる事務とし，同項の規則で定める情報は，当該各号に掲げる事務の区分に応じ当該各号に定める情報とする。

(1) 生活保護法第19条第1項の保護の実施に関する事務　次に掲げる情報

　ア　生活保護法第6条第2項の要保護者又は同条第1項の被保護者であった者（以下この号において「要保護者等」という。）に係る地方税法第5条第2項第2号の固定資産税に関する情報（以下「固定資産税情報」という。）

　イ　要保護者等に係る介護保険法（平成9年法律第123号）第129条第1項の保険料に関する情報

(2) 生活保護法第24条第1項の保護の開始又は同条第9項の保護の変更の申請に係る事実についての審査に関する事務　前号に掲げる情報

(3) 生活保護法第25条第1項の職権による保護の開始又は同条第2項の職権による保護の変更に関する事務　第1号に掲げる情報

(4) 生活保護法第26条の保護の停止又は廃止に関する事務　第1号に掲げる情報

(5) 生活保護法第77条第1項又は第78条第1項から第3項までの徴収金の徴収（同法第78条の2第1項又は第2項の徴収金の徴収を含む。）に関する事務　第1号に掲げる情報

第7条　条例別表第2の4の項の規則で定める事務は，次の各号に掲げる事務とし，同項の規則で定める情報は，当該各号に掲げる事務の区分に応じ当該各号に定める情報とする。

(1) 地方税法第15条の7第1項第2号の滞納処分の停止に関する事務　次に掲げる情報

　ア　当該滞納に係る納税義務者に係る生活保護法第19条第1項の保護の実施，同法第24条第1項の保護の開始若しくは同条第9項の保護の変更，同法第25条第1項の職権による保護の開始若しくは同条第2項の職権による保護の変更又は同法第26条の保護の停止若しくは廃止に関する情報（以下「生活保護実施関係情報」という。）

　イ　当該滞納に係る納税義務者に係る中国残留邦人等の円滑な帰国の促進並びに永住帰国した中国残留邦人等及び特定配偶者の自立の支援に関する法律（平成6年法律第30号）第14条第1項若しくは第3項の支援給付の支給の実施又は中国残留邦人等の円滑な帰国の促進及び永住帰国後の自立の支援に関する法律の一部を改正する法律（平成19年法律第127号）附則第4条第1項の支援給付の支給の実施に関する情報（以下「中国残留邦人等支援給付実施関係

ウ　当該滞納に係る納税義務者に係る生活困窮外国人生活保護実施関係情報
(2)　地方税法第317条の2の市町村民税の申告に関する事務　次に掲げる情報
　　ア　当該申告に係る者に係る国民健康保険法（昭和33年法律第192号）第57条の2第1項の高額療養費に関する情報
　　イ　当該申告に係る者に係る高齢者の医療の確保に関する法律（昭和57年法律第80号）第84条第1項の高額療養費に関する情報
(3)　地方税法第706条の2の国民健康保険税の徴収の特例に関する事務　国民健康保険被保険者の属する世帯の世帯主であって65歳以上のものに係る介護保険の特別徴収に関する情報

第8条　条例別表第2の5の項の規則で定める事務は，国民健康保険法施行規則（昭和33年厚生省令第53号）第5条の4の障害者支援施設等に入所又は入院中の者に関する届出に係る事実についての審査に関する事務とし，同項の規則で定める情報は，40歳以上65歳未満の被保険者に係る介護保険法施行法（平成9年法律第124号）第11条第1項の規定の適用に関する情報とする。

第9条　条例別表第2の6の項の規則で定める事務は，次の各号に掲げる事務とし，同項の規則で定める情報は，当該各号に掲げる事務の区分に応じ当該各号に定める情報とする。
(1)　国民年金法（昭和34年法律第141号）第89条第2項の保険料を納付する旨の申出に係る事実についての審査に関する事務　被保険者に係る生活保護実施関係情報
(2)　国民年金法第90条第1項及び第3項（同法第90条の2第4項及び国民年金法等の一部を改正する法律（平成16年法律第104号。以下この号において「平成16年改正法」という。）附則第19条第3項において準用する場合を含む。），第90条の2第1項から第3項まで，第90条の3第1項並びに平成16年改正法附則第19条第1項及び第2項に規定する申請に係る事実についての審査に関する事務　当該申請者に係る道府県民税又は市町村民税に関する情報

第10条　条例別表第2の7の項の規則で定める事務は，知的障害者福祉法（昭和35年法律第37号）第27条の費用の徴収に関する事務とし，同項の規則で定める情報は，次に掲げる情報とする。
(1)　当該費用の徴収に係る知的障害者又は当該知的障害者の扶養義務者に係る道府県民税又は市町村民税に関する情報
(2)　当該費用の徴収に係る知的障害者又は当該知的障害者の扶養義務者に係る生活保護実施関係情報

第11条　条例別表第2の8の項の規則で定める事務は，次の各号に掲げる事務とし，同項の規則で定める情報は，当該各号に掲げる事務の区分に応じ当該各号に定める情報とする。
(1)　老人福祉法（昭和38年法律第133号）第10条の4の福祉の措置の実施に関する事務　当該措置に係る者又は当該者の扶養義務者（第3号において「第1号被措置者等」という。）に係る道府県民税又は市町村民税に関する情報
(2)　老人福祉法第11条の福祉の措置の実施に関する事務　当該措置に係る者又は当該者の扶養義務者（次号において「第2号被措置者等」という。）に係る道府県民税又は市町村民税に関する情報
(3)　老人福祉法第21条の費用の支弁に関する事務　第1号被措置者等又は第2号被措置者等に係る道府県民税又は市町村民税に関する情報
(4)　老人福祉法第28条第1項の費用の徴収に関する事務　老人福祉法第10条の4第1項若しくは第11条の福祉の措置に係る者又は当該者の扶養義務者に係る道府県民税又は市町村民税に関する情報

第12条　条例別表第2の9の項の規則で定める事務は，特別児童扶養手当等の支給に関する法律（昭和39年法律第134号）第16条において読み替えて準用する児童扶養手当法（昭和36年法律第238号）第8条第1項の手当の額の改定の請求に係る事実についての審査に関する事務とし，同項の規則で定める情報は，当該請求を行う者又は当該者と同一の世帯に属する者に係る身体障害者福祉法第15条第1項の身体障害者手帳の交付及びその障害の程度に関する情報とする。

第13条　条例別表第2の10の項の規則で定める事務は，母子保健法（昭和40年法律第141号）第21条の4第1項の費用の徴収に関する事務とし，同項の規則で定める情報は，次に掲げる情報とする。
(1) 母子保健法第20条の措置に係る未熟児（以下この条において「被措置未熟児」という。）又は当該被措置未熟児の扶養義務者に係る道府県民税又は市町村民税に関する情報
(2) 被措置未熟児又は当該被措置未熟児の扶養義務者に係る生活困窮外国人生活保護実施関係情報

第14条　条例別表第2の11の項の規則で定める事務は，次の各号に掲げる事務とし，同項の規則で定める情報は，当該各号に掲げる事務の区分に応じ当該各号に定める情報とする。
(1) 高齢者の医療の確保に関する法律による被保険者に係る申請等（申請，届出又は申出をいう。以下この号において同じ。）の受理，その申請等に係る事実についての審査又はその申請等に対する応答に関する事務　次に掲げる情報
　ア　当該申請等に係る者又は当該者と同一の世帯に属する者に係る生活保護実施関係情報
　イ　当該申請等に係る者又は当該者と同一の世帯に属する者に係る中国残留邦人等支援給付実施関係情報
　ウ　当該申請等に係る者又は当該者と同一の世帯に属する者に係る生活困窮外国人生活保護実施関係情報
(2) 高齢者の医療の確保に関する法律による特別徴収の方法による保険料の徴収又は納入に関する事務　当該特別徴収に係る者に係る介護保険法第142条の保険料に関する情報

第15条　条例別表第2の12の項の規則で定める事務は，次の各号に掲げる事務とし，同項の規則で定める情報は，当該各号に掲げる事務の区分に応じ当該各号に定める情報とする。
(1) 中国残留邦人等の円滑な帰国の促進並びに永住帰国した中国残留邦人等及び特定配偶者の自立の支援に関する法律第14条第1項若しくは第3項の支援給付の支給の実施又は中国残留邦人等の円滑な帰国の促進及び永住帰国後の自立の支援に関する法律の一部を改正する法律（平成19年法律第127号。以下この号及び次号において「平成19年改正法」という。）附則第4条第1項の支援給付の支給の実施に関する事務　次に掲げる情報
　ア　中国残留邦人等の円滑な帰国の促進並びに永住帰国した中国残留邦人等及び特定配偶者の自立の支援に関する法律第14条第1項若しくは第3項の支援給付又は平成19年改正法附則第4条第1項の支援給付の支給を必要とする状態にある者又は支給を受けていた者（以下この条において「要支援者等」という。）に係る固定資産税情報
　イ　要支援者等に係る介護保険法第129条第1項の保険料に関する事務
(2) 中国残留邦人等の円滑な帰国の促進並びに永住帰国した中国残留邦人等及び特定配偶者の自立の支援に関する法律第14条第4項（平成19年改正法附則第4条第2項において準用する場合を含む。以下この条において同じ。）の規定によりその例によることとされる生活保護法第24条第1項の開始又は同条第9項の変更の申請に係る事実についての審査に関する事務　前号に掲げる情報
(3) 中国残留邦人等の円滑な帰国の促進並びに永住帰国した中国残留邦人等及び特定配偶者の自立の支援に関する法律第14条第4項の規定によりその例によることとされる生活保護法第25条第1項の職権による開始又は同条第2項の職権による変更に関する事務　第1号に掲げる情報
(4) 中国残留邦人等の円滑な帰国の促進並びに永住帰国した中国残留邦人等及び特定配偶者の自立の支援に関する法律第14条第4項の規定によりその例によることとされる生活保護法第26条の保護の停止又は廃止に関する事務　第1号に掲げる情報
(5) 中国残留邦人等の円滑な帰国の促進並びに永住帰国した中国残留邦人等及び特定配偶者の自立の支援に関する法律第14条第4項の規定によりその例によることとされる生活保護法第77条第1項又は第78条第1項から第3項までの徴収金の徴収（同法第78条の2第1項又は第2項の徴収金の徴収を含む。）に関する事務　第1号に掲げる情報

第16条　条例別表第2の13の項の規則で定める事務は，次の各号に掲げる事務とし，同項の規則で定める情報は，当該各号に掲げる事務の区分に応じ当該各号に定める情報とする。
　(1)　介護保険法による被保険者証，負担割合証又は認定証に関する事務　次に掲げる情報
　　ア　身体障害者福祉法第18条第2項の規定による障害者の日常生活及び社会生活を総合的に支援するための法律（平成17年法律第123号）第5条第11項に規定する障害者支援施設（同法第5条第7項に規定する生活介護（以下この号において「生活介護」という。）を行うものに限る。）への入所に関する情報
　　イ　障害者の日常生活及び社会生活を総合的に支援するための法律第29条第1項に規定する指定障害者支援施設への入所（同法第19条第1項の規定による支給決定（生活介護及び同法第5条第10項に規定する施設入所支援に係るものに限る。）を受けたものに限る。）に関する情報
　(2)　介護保険法第129条第2項の保険料の賦課に関する事務　前号に掲げる情報
　(3)　低所得で特に生計が困難である者及び生活保護受給者に対して社会福祉法人が行う介護保険サービス利用者負担額の軽減制度に対する助成金の交付に関する事務　固定資産税情報

第17条　条例別表第2の14の項の規則で定める事務は，健康増進法（平成14年法律第103号）第17条第1項又は第19条の2の健康増進事業の実施に関する事務とし，同項の規則で定める情報は，当該事業の対象者に係る道府県民税又は市町村民税に関する情報とする。

第18条　条例別表第2の15の項の規則で定める事務は，次の各号に掲げる事務とし，同項の規則で定める情報は，当該各号に掲げる事務の区分に応じ当該各号に定める情報とする。
　(1)　障害者の日常生活及び社会生活を総合的に支援するための法律第6条の自立支援給付（自立支援医療費を除く。）の支給の申請に係る事実についての審査に関する事務　当該申請を行う障害者若しくは当該障害者と同一の世帯に属する者又は当該申請に係る障害児の保護者若しくは当該保護者と同一の世帯に属する者に係る生活困窮外国人生活保護実施関係情報
　(2)　障害者の日常生活及び社会生活を総合的に支援するための法律第24条第2項の支給決定の変更に関する事務　当該変更に係る障害者若しくは当該障害者と同一の世帯に属する者又は障害児の保護者若しくは当該保護者と同一の世帯に属する者に係る生活困窮外国人生活保護実施関係情報
　(3)　障害者の日常生活及び社会生活を総合的に支援するための法律第53条第1項の支給認定の申請に係る事実についての審査に関する事務　当該申請を行う障害者若しくは当該障害者と同一の世帯に属する者又は当該申請に係る障害児の保護者若しくは当該保護者と同一の世帯に属する者に係る生活困窮外国人生活保護実施関係情報
　(4)　障害者の日常生活及び社会生活を総合的に支援するための法律第56条第2項の支給認定の変更に関する事務　当該変更に係る障害者若しくは当該障害者と同一の世帯に属する者又は障害児の保護者若しくは当該保護者と同一の世帯に属する者に係る生活困窮外国人生活保護実施関係情報
　(5)　障害者の日常生活及び社会生活を総合的に支援するための法律第77条又は第78条の地域生活支援事業の実施に関する事務　次に掲げる情報
　　ア　当該地域生活支援事業の当該対象者に係る道府県民税又は市町村民税に関する情報
　　イ　当該地域生活支援事業の当該対象者に係る生活保護実施関係情報，中国残留邦人等支援給付実施関係情報又は生活困窮外国人生活保護実施関係情報
　　ウ　当該地域生活支援事業の当該対象者に係る身体障害者福祉法第15条第1項の身体障害者手帳の交付及びその障害の程度に関する情報
　　エ　当該地域生活支援事業の当該対象者に係る介護保険法第18条第1号の介護給付，同条第2号の予防給付又は同条第3号の市町村特別給付の支給に関する情報
　　オ　当該地域生活支援事業の当該対象者に係る障害者の日常生活及び社会生活を総合的に支援するための法律第6条の自立支援給

付の支給に関する情報
第19条　条例別表第2の16の項の規則で定める事務は，次の各号に掲げる事務とし，同項の規則で定める情報は，当該各号に掲げる事務の区分に応じ当該各号に定める情報とする。
(1) 子ども・子育て支援法（平成24年法律第65号）第20条第1項の支給認定若しくは同法第23条第1項の支給認定の変更の認定の申請の受理，その申請に係る事実についての審査又はその申請に対する応答に関する事務　次に掲げる情報
　ア　当該申請に係る者又は当該者と同一の世帯に属する者に係る児童福祉法第24条の2第1項の障害児入所給付費，同法第24条の6第1項の高額障害児入所給付費又は同法第24条の7第1項の特定入所障害児食費等給付費の支給に関する情報
　イ　当該申請に係る者又は当該者と同一の世帯に属する者に係る身体障害者福祉法第15条第1項の身体障害者手帳の交付及びその障害の程度に関する情報
　ウ　当該申請に係る者又は当該者と同一の世帯に属する者に係る精神保健及び精神障害者福祉に関する法律（昭和25年法律第123号）第45条第1項の精神障害者保健福祉手帳の交付に関する情報
　エ　当該申請に係る者又は当該者と同一の世帯に属する者に係る生活保護実施関係情報，中国残留邦人等支援給付実施関係情報又は生活困窮外国人生活保護実施関係情報
　オ　当該申請に係る者又は当該者と同一の世帯に属する者に係る道府県民税又は市町村民税に関する情報
　カ　当該申請に係る者又は当該者と同一の世帯に属する者に係る児童扶養手当法第4条第1項の児童扶養手当の支給に関する情報
　キ　当該申請に係る者又は当該者と同一の世帯に属する者に係る特別児童扶養手当等の支給に関する法律第3条第1項の特別児童扶養手当の支給に関する情報
　ク　当該申請に係る者又は当該者と同一の世帯に属する者に係る障害者の日常生活及び社会生活を総合的に支援するための法律第6条の自立支援給付の支給に関する情報
(2) 子ども・子育て支援法第59条の地域子ども・子育て支援事業に関する事務　次に掲げる情報
　ア　当該事業に係る者又は当該者と同一の世帯に属する者に係る生活保護実施関係情報，中国残留邦人等支援給付実施関係情報又は生活困窮外国人生活保護実施関係情報
　イ　当該事業に係る者又は当該者と同一の世帯に属する者に係る道府県民税又は市町村民税に関する情報
第20条　条例別表第2の17の項の規則で定める事務は，次の各号に掲げる事務とし，同項の規則で定める情報は，当該各号に掲げる事務の区分に応じ当該各号に定める情報とする。
(1) つくば市医療福祉費支給条例第4条の医療福祉費の支給に係る申請の受理，その申請に係る事実についての審査又はその申請に対する応答に関する事務　次に掲げる情報
　ア　当該申請を行う者若しくはその者の配偶者（婚姻の届出をしていないが，事実上婚姻関係と同様の事情にある者を含む。以下この号において同じ。）又は当該申請を行う者の扶養義務者若しくは当該申請を行う者の配偶者の扶養義務者に係る道府県民税又は市町村民税に関する情報
　イ　当該申請を行う者に係る国民健康保険の被保険者，健康保険若しくは船員保険の被保険者若しくは被扶養者，共済組合の組合員若しくは被扶養者，私立学校教職員共済制度の加入者若しくは被扶養者又は後期高齢者医療の被保険者の資格に関する情報
　ウ　当該申請を行う者に係る母子保健法第15条の妊娠の届出に関する情報
　エ　当該申請を行う者に係る児童扶養手当法第4条第1項の児童扶養手当の支給に関する情報
　オ　当該申請を行う者に係る身体障害者福祉法第15条第1項の身体障害者手帳の交付及びその障害の程度に関する情報
　カ　当該申請を行う者に係る国民年金法第15条第2号の障害基礎年金の支給に関する情報
　キ　当該申請を行う者に係る特別児童扶養手当等の支給に関する法律第3条第1項の特別児童扶養手当の支給に関する情報
　ク　当該申請を行う者に係る生活保護実施関

係情報，中国残留邦人等支援給付実施関係情報又は生活困窮外国人生活保護実施関係情報
(2) つくば市医療福祉費支給条例第6条の届出の受理，その届出に係る事実についての審査又はその届出に対する応答に関する事務　前号に掲げる情報

第21条　条例別表第2の18の項の規則で定める事務は，つくば市立児童館条例第16条の使用料の減免に係る申請の受理，その申請に係る事実についての審査又はその申請に対する応答に関する事務とし，同項の規則で定める情報は，次に掲げる情報とする。
(1) 当該申請に係る放課後児童の保護者に係る生活保護実施関係情報，中国残留邦人等支援給付実施関係情報又は生活困窮外国人生活保護実施関係情報
(2) 当該申請に係る放課後児童の保護者に係る道府県民税又は市町村民税に関する情報

第22条　条例別表第2の19の項の規則で定める事務は，次の各号に掲げる事務とし，同項の規則で定める情報は，当該各号に掲げる事務の区分に応じ当該各号に定める情報とする。
(1) 生活保護法第19条第1項の保護の実施に準じて行う生活に困窮する外国人に対する保護の実施に関する事務　次に掲げる情報
　ア　生活保護法第6条第2項の要保護者又は同条第1項の被保護者であった者に準じた生活に困窮する外国人（以下この号において「要保護者等」という。）に係る医療保険各法（健康保険法（大正11年法律第70号），船員保険法（昭和14年法律第73号），私立学校教職員共済法（昭和28年法律第245号），国家公務員共済組合法（昭和33年法律第128号），国民健康保険法又は地方公務員等共済組合法（昭和37年法律第152号）をいう。）又は高齢者の医療の確保に関する法律による保険給付の支給に関する情報
　イ　要保護者等に係る雇用保険法（昭和49年法律第116号）第10条第1項の失業等給付の支給に関する情報
　ウ　要保護者等に係る職業訓練の実施等による特定求職者の就職の支援に関する法律（平成23年法律第47号）第7条第1項の職業訓練受講給付金の支給に関する情報
　エ　要保護者等に係る児童福祉法第19条の2第1項の小児慢性特定疾病医療費の支給に関する情報
　オ　要保護者等に係る児童福祉法第20条第1項の療育の給付の支給に関する情報
　カ　要保護者等に係る児童福祉法第24条の2第1項の障害児入所給付費の支給に関する情報
　キ　要保護者等に係る母子及び父子並びに寡婦福祉法（昭和39年法律第129号）第13条第1項，第31条の6第1項若しくは第32条第1項又は附則第3条若しくは第6条の資金の貸付けに関する情報
　ク　要保護者等に係る生活保護実施関係情報又は生活保護法第55条の4第1項の就労自立給付金の支給に関する情報
　ケ　要保護者等に係る児童扶養手当法第4条第1項の児童扶養手当の支給に関する情報
　コ　要保護者等に係る母子及び父子並びに寡婦福祉法第31条第1号（同法第31条の10において読み替えて準用する場合を含む。）の給付金の支給に関する情報
　サ　要保護者等に係る特別児童扶養手当等の支給に関する法律第17条の障害児福祉手当，同法第26条の2の特別障害者手当又は国民年金法等の一部を改正する法律（昭和60年法律第34号）附則第97条第1項の福祉手当の支給に関する情報
　シ　要保護者等に係る道府県民税又は市町村民税に関する情報
　ス　要保護者等に係る母子保健法第20条第1項の養育医療の給付又は養育医療に要する費用の支給に関する情報
　セ　要保護者等に係る児童手当法（昭和46年法律第73号）第8条第1項（同法附則第2条第3項において準用する場合を含む。）の児童手当又は特例給付（同法附則第2条第1項の給付をいう。）の支給に関する情報
　ソ　要保護者等に係る介護保険法第18条第1号の介護給付，同条第2号の予防給付又は同条第3号の市町村特別給付の支給に関する情報
　タ　要保護者等に係る障害者の日常生活及び

社会生活を総合的に支援するための法律第6条の自立支援給付の支給に関する情報
チ　要保護者等に係る特定障害者に対する特別障害給付金の支給に関する法律（平成16年法律第166号）第3条第1項の特別障害給付金の支給に関する情報
ツ　要保護者等に係る特別支援学校への就学奨励に関する法律（昭和29年法律第144号）第2条の経費の支弁に関する情報
テ　要保護者等に係る学校保健安全法（昭和33年法律第56号）第24条の援助の実施に関する情報
ト　要保護者等に係る特別児童扶養手当等の支給に関する法律第3条第1項の特別児童扶養手当の支給に関する情報
ナ　要保護者等に係る地方公務員災害補償法（昭和42年法律第121号）第28条の2第1項の傷病補償年金、同法第29条第1項の障害補償年金又は同法第31条の遺族補償年金の支給に関する情報
ニ　要保護者等に係る中国残留邦人等支援給付実施関係情報

(2) 生活保護法第24条第1項の保護の開始若しくは同条第9項の保護の変更に準じて行う生活に困窮する外国人に対する保護の開始若しくは保護の変更の申請の受理、その申請に係る事実についての審査又はその申請に対する応答に関する事務　前項に掲げる情報

(3) 生活保護法第25条第1項の職権による保護の開始又は同条第2項の職権による保護の変更に準じて行う生活に困窮する外国人に対する保護の開始又は職権による保護の変更に関する事務　第1項に掲げる情報

(4) 生活保護法第26条の保護の停止又は廃止に準じて行う生活に困窮する外国人に対する保護の停止又は廃止に関する事務　第1項に掲げる情報

(5) 生活保護法第77条第1項又は第78条第1項から第3項までの徴収金の徴収（同法第78条の2第1項又は第2項の徴収金の徴収を含む。）に準じて行う生活に困窮する外国人に対する徴収金の徴収に関する事務　第1項に掲げる情報

第23条　条例別表第2の20の項の規則で定める事務は、つくば市放課後児童健全育成事業利用費助成金支給規則第3条のつくば市放課後児童健全育成事業利用費助成金の支給に係る申請の受理、その申請に係る事実についての審査又はその申請に対する応答に関する事務とし、同項の規則で定める情報は、次に掲げる情報とする。
(1) 当該申請を行う者に係る生活保護実施関係情報、中国残留邦人等支援給付実施関係情報又は生活困窮外国人生活保護実施関係情報
(2) 当該申請を行う者に係る道府県民税又は市町村民税に関する情報

第24条　条例別表第2の21の項の規則で定める事務は、社会福祉法人による介護保険サービス利用者負担額軽減制度の軽減対象者の確認に係る申請の受理、その申請に係る事実についての審査又はその申請に対する応答に関する事務とし、同項の規則で定める情報は、次に掲げる情報とする。
(1) 当該申請を行う者に係る生活保護実施関係情報、中国残留邦人等支援給付実施関係情報又は生活困窮外国人生活保護実施関係情報
(2) 当該申請を行う者に係る道府県民税又は市町村民税に関する情報

(特定個人情報の照会及び提供)

第25条　条例別表第3の市長の項の規則で定める事務は、次の各号に掲げる事務とし、同項の規則で定める情報は、当該各号に掲げる事務の区分に応じ当該各号に定める情報とする。
(1) 生活保護法第19条第1項の保護の実施に準じて行う生活に困窮する外国人に対する保護の実施に関する事務　当該保護の実施に係る者に係る学校保健安全法第24条の援助の実施に関する情報
(2) 生活保護法第24条第1項の保護の開始若しくは同条第9項の保護の変更に準じて行う生活に困窮する外国人に対する保護の開始若しくは保護の変更の申請の受理、その申請に係る事実についての審査又はその申請に対する応答に関する事務　当該申請に係る者に係る学校保健安全法第24条の援助の実施に関する情報
(3) 生活保護法第25条第1項の職権による保護の開始又は同条第2項の職権による保護の変更に準じて行う生活に困窮する外国人に対する職権による保護の開始又は職権による保護の変更に関する事務　当該職権による保護

の開始又は職権による保護の変更に係る者に係る学校保健安全法第24条の援助の実施に関する情報
(4) 生活保護法第26条の保護の停止又は廃止に準じて行う生活に困窮する外国人に対する保護の停止又は廃止に関する事務　当該保護の停止又は廃止に係る者に係る学校保健安全法第24条の援助の実施に関する情報
(5) 生活保護法第77条第1項又は第78条第1項から第3項までの徴収金の徴収（同法第78条の2第1項又は第2項の徴収金の徴収を含む。）に準じて行う生活に困窮する外国人に対する徴収金の徴収に関する事務　当該徴収金の徴収に係る者に係る学校保健安全法第24条の援助の実施に関する情報

第26条　条例別表第3の教育委員会の項の規則で定める事務は，次の各号に掲げる事務とし，同項の規則で定める情報は，当該各号に掲げる事務の区分に応じ当該各号に定める情報とする。
(1) 子ども・子育て支援法（平成24年法律第65号）第20条第1項の支給認定若しくは同法第23条第1項の支給認定の変更の認定の申請の受理，その申請に係る事実についての審査又はその申請に対する応答に関する事務　次に掲げる情報
　ア　当該申請に係る者又は当該者と同一の世帯に属する者に係る児童福祉法第24条の2第1項の障害児入所給付費，同法第24条の6第1項の高額障害児入所給付費又は同法第24条の7第1項の特定入所障害児食費等給付費の支給に関する情報
　イ　当該申請に係る者又は当該者と同一の世帯に属する者に係る身体障害者福祉法第15条第1項の身体障害者手帳の交付及びその障害の程度に関する情報
　ウ　当該申請に係る者又は当該者と同一の世帯に属する者に係る精神保健及び精神障害者福祉に関する法律（昭和25年法律第123号）第45条第1項の精神障害者保健福祉手帳の交付に関する情報
　エ　当該申請に係る者又は当該者と同一の世帯に属する者に係る生活保護実施関係情報，中国残留邦人等支援給付実施関係情報又は生活困窮外国人生活保護実施関係情報
　オ　当該申請に係る者又は当該者と同一の世帯に属する者に係る道府県民税又は市町村民税に関する情報
　カ　当該申請に係る者又は当該者と同一の世帯に属する者に係る児童扶養手当法第4条第1項の児童扶養手当の支給に関する情報
　キ　当該申請に係る者又は当該者と同一の世帯に属する者に係る特別児童扶養手当等の支給に関する法律第3条第1項の特別児童扶養手当の支給に関する情報
　ク　当該申請に係る者又は当該者と同一の世帯に属する者に係る障害者の日常生活及び社会生活を総合的に支援するための法律第6条の自立支援給付の支給に関する情報
(2) 子ども・子育て支援法第59条の地域子ども・子育て支援事業に関する事務　次に掲げる情報
　ア　当該事業に係る者又は当該者と同一の世帯に属する者に係る生活保護実施関係情報，中国残留邦人等支援給付実施関係情報又は生活困窮外国人生活保護実施関係情報
　イ　当該事業に係る者又は当該者と同一の世帯に属する者に係る道府県民税又は市町村民税に関する情報

　　附　則
この規則は，平成28年1月1日から施行する。
　　附　則
この規則は，公布の日から施行する。
　　附　則
この規則は，公布の日から施行する。

《 事項索引 》

あ

宛名番号	80
洗い出し	33
安全管理措置	41, 144

い

委託先の不正リスク対策	111
移転	139, 146
インターフェイス仕様書	167

か

開示	47, 52, 124
過剰紐づけリスク対策	105
活用	23, 28, 31
鹿屋市個人情報保護条例	38
ガバナンス	140, 142, 148

き

機関	83
技術と制度の整合性	146
基本方針	145
業務の概要図	94
業務フロー	25, 152, 184, 199
業務ユニット	166

け

計画管理書	32, 140
原課照会依頼書	217
現状調査	170
現状の可視化	148

こ

効率化	23
個人情報保護条例	38

さ

再評価	29

し

システム改修	154
事務取扱担当者の明確化	145
事務の洗い出し	132
事務範囲の明確化	144
住民基本台帳事務	80
準拠登録製品	165
情報提供ネットワークシステム	46
情報提供ネットワークシステムによる不正リスク対策	119
情報連携	25, 126
条例改正を行わないための方法・政策	67
条例整備	19, 36
条例の精査	132

た

第三者点検	89
団体内他機関連携条例	83

ち

地域情報化アドバイザー制度	28
地プラ	32, 133, 164, 188, 201
地プラ連携確認シート	137, 171, 178, 187, 188, 192, 213, 214, 216, 217, 224
庁内連携	146, 154

庁内連携条例 ……………………… 21, 73, 81, 214
庁内連携条例の改正 …………………………186

て

適用関係 …………………………………………38

と

問合せ ………………………………………… 124
独自事務条例 …………………………………… 68
特定個人情報ガイドライン …………………… 42
特定個人情報の破棄 ………………………… 151
特定個人情報保護評価 ……… 29, 30, 47, 139
特別法 ………………………………………… 38
取扱規程 ……………………………………… 145

な

名寄せ ………………………………………… 24

ひ

評価書 ………………………………… 88, 128
評価書の構成 ………………………………… 125
評価書の修正 ………………………………… 29

ふ

不正提供・不正移転リスク対策 …………… 116

へ

別表第一事務 ………………………………… 150
別表第二事務 ………………………………… 152
別表第二包括方式 ……………………… 77, 78
ベンダー ……………………… 158, 193, 201

ほ

法改正 ……………………………… 21, 149
包括規定 …………………………………… 204

ま

マイナポータル ……………………… 27, 55, 86
マイナンバーカード …………………………… 86
マイナンバーカード活用条例 ……………… 85
マニフェスト ………………………………… 18

み

民主党 ………………………………………… 18

む

無権限者使用リスク対策 …………………… 108

も

目的外入手リスク対策 ……………………… 101
目的外利用 …………………………………… 74
目的内利用 …………………………………… 74

よ

読み替え ……………………………………… 37

り

利用範囲 ……………………………………… 40
利用目的 ……………………………………… 40

数字・アルファベット

4欄形式 ……………………………………… 185
ICTシステム ………………… 22, 27, 33, 142

おわりに

　自治体ではこれまで、番号制度対応の準備に多大な労力を投下してきた。もっとも、番号制度は稼働後の今後こそが本番である。そのような状況下で浮かび上がってきている自治体が抱える番号制度をめぐる課題について、自治体において過度な負担とならないような、現実的な対策を提示することが、本書の狙いである。

　番号制度は、付番自体が平成27年10月よりスタートしたものの、まだまだ今後発展していく制度である。平成29年には情報連携がスタートし、平成30年には預貯金付番も開始される。平成30年には番号制度全体の見直しを行うことが番号法で規定されており、マイナンバーの対象範囲の拡大も検討されうる。このように番号制度は、一度運用に供された後も、進展・発展が見込まれ、今後も自治体においては番号制度を運用していくことが求められる。そのためには、番号制度・マイナンバー条例の理解が必須であり、本書が少しでもその参考になれば幸いである。

　本書執筆に際して、APPLIC有冨寛一郎理事長、松村浩事務局長、岡本勝美担当部長から貴重なご指導を賜り、大変お世話になった。共著者であるAPPLIC吉本明平担当部長には、豊富な自治体ICTに関するご経験を基に、大変精緻な連携確認シートを作成いただいたり、さまざまなご指導をいただいた。

　学陽書房の伊藤真理江氏には編集をご担当いただき、本書が自治体職員の方々にとって少しでも読みやすい書籍となるよう、ご助言をいただいた。

　宮崎県小林市の今村宏之氏・柴内敏彦氏、福島県白河市の今井寛典氏・荒井優希氏・戸倉美智子氏、茨城県つくば市の家中賢作氏・大久保克己氏、高知県南国市の池知明男氏・崎山雅子氏には、通常業務でご多忙の中、マイナンバー条例の精査・見直し作業を迅速に行っていただき、心より感謝申し上げる。また自治体の現場を知らない筆者に対して、現場の疑問・ご意見をご教示くださり、本書の内容であったり、条例の精査作業が、より現場に近いものになるよう、的確なご助言を賜った。心よりお礼申し上げる。

弁護士　水町雅子

●執筆者紹介

水町　雅子（みずまち　まさこ）※編集責任者［第1編1～5章］

弁護士、アプリケーションエンジニア、第1種情報処理技術者。
東京大学教養学部（相関社会科学）卒業後、現みずほ情報総研にてITコンサルタント・SE業務等に従事し、東京大学法学政治学研究科法曹養成専攻（法科大学院）を経て弁護士登録。西村あさひ法律事務所にてIT案件・企業法務案件に従事後、内閣官房社会保障改革担当室及び現個人情報保護委員会にて番号法（マイナンバー）の制度設計・立法化・執行、ガイドライン案の作成、プライバシー影響評価（特定個人情報保護評価）の制度設計・立法化・承認下審査、ICTシステム調達等に従事。
現在は、五番町法律事務所を共同開設。専門分野は情報法（個人情報保護法・番号法）、IT法、企業法務全般、行政法務全般。自治体の条例制定全般やICT問題も支援。
番号法に関し、『Q&A番号法』（有斐閣、2014年）、『やさしいマイナンバー法入門』（商事法務、2016年）、『担当者の不安解消！マイナンバーの実務入門』（労務行政、2016年）、『論点解説　マイナンバー法と企業実務』（日本法令、2015年）、『あなたのマイナンバーへの疑問に答えます』（中央経済社、2015年）、『マイナンバー法令集』（中央経済社、2016年）、『施行令完全対応　自治体職員のための番号法解説［制度編］［実務編］』（第一法規、2014年）』等、著書・論文・講演・メディア出演等多数。個人情報に関し、首相官邸IT総合戦略本部「パーソナルデータに関する検討会」参考人、地方公共団体（茨城県つくば市、東京都港区）の情報公開・個人情報保護審査会委員等を務め、「個人情報保護」（労政時報第3915号）、「改正個人情報保護法と金融機関の実務対応」（金融法務事情No.2046）、「ライフログにおける法的問題」（NBL No.947）、「ライフログに関するプライバシー権侵害訴訟の検討」（自由と正義Vol.62 No.12）、『特定個人情報保護評価のための番号法解説』（第一法規、2015年）等、論文・講演等多数。

吉本　明平（よしもと　あきひら）［第1編6章・第2編1章］

一般財団法人全国地域情報化推進協会担当部長。
地域情報プラットフォーム標準仕様の策定や、地域情報プラットフォームを活用した地域情報化企画検討、推進を担当。番号制度では制度検討段階から技術分野を中心に参画。自治体への普及促進に取り組んでいる。
元　社会保障・税に関わる番号制度　情報連携基盤技術ワーキンググループ構成員。
共著に『ソーシャルネットワーク時代の自治体広報』（ぎょうせい、2016年）、『新社会基盤　マイナンバーの全貌』（日経BP、2015年）、『マイナンバーがやってくる』（2013年、日経BP）、『地域情報プラットフォームで実現する自治体行財政改革』（2009年、自治日報）がある。

◆宮崎県　小林市
今村　宏之（いまむら　ひろゆき）［第2編2章ケース1］

小林市総合政策部企画政策課情報政策グループ主査。平成14年小林市役所入庁。小林市教育委員会学校教育課、畜産課に所属し、教育行政、畜産行政に従事。平成21年4月から現職。ホスト系各種業務、基幹系システムの全面再構築業務を経て、主にマイナンバー制度導入プロジェクトの組織統括及び庁内連携条例を担当。

◆福島県　白河市
戸倉　美智子（とくら　みちこ）［第2編2章ケース2］

白河市選挙管理委員会事務局長。昭和53年西白河郡大信村（現白河市）に入庁。農業委員会、会計課、福祉行政などを担当。企画政策課主幹兼情報統計係長として国勢調査など各種統計調査事務に携わりながら、番号制度導入に向け円滑な導入計画を構築した。

◆福島県　白河市
今井　寛典（いまい　ひろのり）［第2編2章ケース2］
白河市市長公室企画政策課情報統計係長。平成3年白河市に入庁。農政課、都市計画課、教育委員会、放射線対策課を経て、平成28年4月から現職。個人番号利用に関する条例改正及びシステム構築に携わっている。

◆福島県　白河市
荒井　優希（あらい　ゆき）［第2編2章ケース2］
白河市総務部総務課文書法規係主事。平成25年入庁。条例、規則等の制定、改廃及び審査指導に携わっている。

◆高知県　南国市
池知　明男（いけち　あきお）［第2編2章ケース3］
高知県南国市総務課主査。平成16年南国市役所入庁。異動歴は平成16年4月～平成20年3月税務課（固定資産税担当）、平成20年4月～平成22年3月福祉事務所（生活保護担当）、平成22年4月～総務課（法制執務担当）。個人番号制度においては、条例、規則等の制定・改正の審査に携わっている。

◆高知県　南国市
崎山　雅子（さきやま　まさこ）［第2編2章ケース3］
高知県南国市情報政策課長。昭和61年南国市役所入庁。保健福祉センター、市民課などを経て、平成20年から企画課情報政策係長として、南国市地域情報通信基盤整備事業、南国市・香南市・香美市基幹システムの共同利用型自治体クラウド移行事業などを担当。平成25年から現職。各種システムの管理、セキュリティ対策、地域情報化の推進などを行っている。番号制度関連では、庁内調整、個人情報保護評価、システム改修、マイナンバーカードの普及促進などに携わっている。

◆茨城県　つくば市
大久保　克己（おおくぼ　かつみ）［第2編2章ケース4］
つくば市市長公室ひと・まち連携課課長補佐。昭和62年筑波郡大穂町（現つくば市）に入庁。都市計画課、都市建設部都市環境課、総務部総務課、総務部法務課を経て、平成28年12月から現職。総務部総務課に配属されて以降は、20年以上に渡り、法制執務や訴訟事務に携わった。

◆茨城県　つくば市
家中　賢作（いえなか　けんさく）［第2編2章ケース4］
つくば市総務部IT推進課主任。平成21年つくば市に入庁。保健福祉部障害福祉課、一般財団法人地方自治研究機構出向、総務部総務課において個人情報保護及び番号制度総合調整担当を経て、平成28年4月から現職。

自治体の実例でわかる
マイナンバー条例対応の実務
～地域情報プラットフォーム活用から
特定個人情報保護評価まで～

2017年3月10日　初版発行

編　著　水町雅子（みずまちまさこ）
協　力　APPLIC（一般財団法人 全国地域情報化推進協会）
発行者　佐久間重嘉

発行所　学陽書房

〒102-0072　東京都千代田区飯田橋1-9-3
営業　TEL　03-3261-1111　FAX　03-5211-3300
編集　TEL　03-3261-1112
振替　00170-4-84240
http://www.gakuyo.co.jp/

装丁／佐藤 博
本文デザイン・DTP制作／岸 博久（メルシング）
印刷／文唱堂印刷　　製本／東京美術紙工

★乱丁・落丁本は、送料小社負担にてお取り替え致します。
ISBN 978-4-313-16157-3 C2036
© Masako Mizumachi, APPLIC 2017, Printed in Japan
定価はカバーに表示してあります。

JCOPY ＜出版者著作権管理機構 委託出版物＞
本書の無断複製は著作権法上での例外を除き禁じられています。複製される場合は、そのつど事前に、出版者著作権管理機構（電話03-3513-6969、FAX03-3513-6979、e-mail：info@jcopy.or.jp）の許諾を得てください。

学陽書房の好評既刊！

行政手続三法の解説〈第2次改訂版〉
行政手続法、行政手続オンライン化法、番号法

宇賀 克也 著
A5版並製　344頁
定価　本体3400円+税
ISBN 978-4-313-31246-3

斯界の第一人者による改訂版！個人情報保護法や番号法（マイナンバー法）の改正、政省令、最新の判例や関係法令の改正を反映。行政手続に関する3法（手続法、オンライン化法、番号利用法）を網羅した解説が類書にはない特徴。

見やすい！ 伝わる！
公務員の文書・資料のつくり方

秋田 将人 著
A5版並製　144頁
定価　本体1800円+税
ISBN 978-4-313-15080-5

「公務員の仕事は、文書に始まり、文書に終わる」と言われるほど重要な、文書・資料のつくり方がわかる！「上司に判断を求める」「状況・経過を報告する」「首長・議員に説明する」など具体的な場面の資料作成で使える1冊。